Helms/Zeppernick

Sachenrecht II

Sachenrecht II

Immobiliarsachenrecht

Dr. Tobias Helms
o. Professor an der Philipps-Universität Marburg

Dr. Jens Martin Zeppernick, MBA
Vorsitzender Richter
am Oberlandesgericht Karlsruhe

4. Auflage 2020

C.H.BECK

www.beck.de

ISBN 978 3 406 74991 9

Wilhelmstraße 9, 80801 München
Druck: Druckhaus Nomos
In den Lissen 12, 76547 Sinzheim

Satz: DTP-Vorlagen der Autoren
Umschlaggestaltung: Druckerei C.H.Beck Nördlingen

CO_2 neutral

chbeck.de/nachhaltig

Gedruckt auf säurefreiem, alterungsbeständigem Papier
(hergestellt aus chlorfrei gebleichtem Zellstoff)

Vorwort

Der erfreuliche Zuspruch, den unser Sachenrecht II (Immobiliarsachenrecht) erfährt, hat eine weitere Neuauflage erforderlich gemacht, auch wenn die rechtlichen Grundlagen seit der Erstauflage unverändert geblieben sind. Deshalb haben wir auch nur wenige Änderungen vorgenommen. Literatur und Rechtsprechung wurden auf den neuesten Stand gebracht. An der Konzeption als solches haben wir – auch nach den positiven Reaktionen auf die ersten drei Auflagen – nichts verändert. Mit den Bänden Sachenrecht I und II aus der Reihe „Jurakompakt – Studium und Referendariat" sollen sich Studierende gezielt auf die Prüfungen vorbereiten können. Deshalb legen wir den Schwerpunkt auf die examens- bzw. prüfungsrelevanten Sachverhalte und klammern andere Themen bewusst aus. Zentrale Fragestellungen werden mit Beispielen oder Übungsfällen illustriert und Punkte, die nach unserer Lehr- und Prüfererfahrung Kandidaten oft Schwierigkeiten bereiten, in grauen Kästen als Prüfungstipps hervorgehoben.

Mit dem Immobiliarsachenrecht tun sich Studierende oft besonders schwer. Wir hoffen, dass es uns mit dem vorliegenden Buch und der strikten Stoffbegrenzung gelungen ist, das grundlegende Verständnis für die Zusammenhänge zu fördern und den Leserinnen und Lesern bei der Erarbeitung oder Wiederholung des Immobiliarsachenrechts insbesondere im Hinblick auf die Bewältigung der Leistungsnachweise im Studium oder Examen zu helfen.

Für die Unterstützung bei der Erstellung der Neuauflage bedanken wir uns sehr herzlich bei Herrn Jan Bentien, Wissenschaftlicher Mitarbeiter an der Universität Marburg.

Für Anregungen, Kritik und Feedback jeder Art sind wir nach wie vor sehr dankbar. Sie erreichen uns per E-Mail unter: *helms@jura.uni-marburg.de* und *jens-martin.zeppernick@olgkarlsruhe.justiz.bwl.de*.

Marburg und Mannheim, im Januar 2020

Tobias Helms
Jens Martin Zeppernick

Inhaltsverzeichnis

Abkürzungsverzeichnis

abl.	ablehnend
Abs.	Absatz
a.E.	am Ende
AG	Amtsgericht; Aktiengesellschaft
AGB	Allgemeine Geschäftsbedingungen
AGBG	Gesetz zur Regelung des Rechts der Allgemeinen Geschäftsbedingungen (bis 31.12.2001)
Alt.	Alternative
Arg.	Argument
Art.	Artikel
Aufl.	Auflage
Az.	Aktenzeichen
BauGB	Baugesetzbuch
BB	Betriebs-Berater (Zeitschrift)
BeckOGK-BGB	Beck'scher Online-Großkommentar BGB
BeckOK-BGB	Beck'scher Online-Kommentar BGB
BeckOK-GBO	Beck'scher Online-Kommentar Grundbuchordnung
BeurkG	Beurkundungsgesetz
BGB	Bürgerliches Gesetzbuch
BGH	Bundesgerichtshof
BGHZ	Entscheidungen des Bundesgerichtshofes in Zivilsachen
BImSchG	Bundes-Immissionsschutzgesetz
BT-Drucks.	Bundestagsdrucksache
BtMG	Betäubungsmittelgesetz
bzw.	beziehungsweise
d.h.	das heißt
DNotZ	Deutsche Notar-Zeitschrift
eG	eingetragene Genossenschaft
ErbbauRG	Erbbaurechtsgesetz
etc.	et cetera
f., ff.	folgend(e)
FamFG	Gesetz über das Verfahren in Familiensachen und in den Angelegenheiten der freiwilligen Gerichtsbarkeit
Flst.	Flurstück
GB	Grundbuch
GBO	Grundbuchordnung
GbR	Gesellschaft bürgerlichen Rechts

GBV .... Verordnung zur Durchführung der Grundbuchordnung
geb. .... geboren
gem. .... gemäß
ggf. .... gegebenenfalls
GmbH .... Gesellschaft mit beschränkter Haftung
grds. .... grundsätzlich
HGB .... Handelsgesetzbuch
h.M. .... herrschende Meinung
Hs. .... Halbsatz
i.d.R. .... in der Regel
InsO .... Insolvenzordnung
i.S.d. .... im Sinne des
i.S.v. .... im Sinne von
i.V.m. .... in Verbindung mit
juris-PK .... juris Praxiskommentar BGB
JuS .... Juristische Schulung (Zeitschrift)
JW .... Juristische Wochenschrift (Zeitschrift)
KG .... Kommanditgesellschaft; Kammergericht
lat. .... lateinisch
lfd. .... laufend
LFGG-BW .... Landesgesetz über die freiwillige Gerichtsbarkeit Baden-Württemberg
LG .... Landgericht
lit. .... littera (lat.: *Buchstabe*)
MittBayNot .... Mitteilungen des Bayerischen Notarvereins, der Notarkasse und der Landesnotarkammer Bayern (Zeitschrift)
MüKo-BGB .... Münchener Kommentar zum Bürgerlichen Gesetzbuch
m.w.N. .... mit weiteren Nachweisen
NJW .... Neue Juristische Wochenschrift (Zeitschrift)
NJW-RR .... Neue Juristische Wochenschrift – Rechtsprechungs-Report (Zeitschrift)
Nr. .... Nummer
NZG .... Neue Zeitschrift für Gesellschaftsrecht
OHG .... Offene Handelsgesellschaft
OLG .... Oberlandesgericht
OLGE .... Rechtsprechung der Oberlandesgerichte auf dem Gebiete des Zivilrechts
RG .... Reichsgericht
RGZ .... Entscheidungen des Reichsgerichts in Zivilsachen
Rn. .... Randnummer
RNotZ .... Rheinische Notar-Zeitschrift
Rpfleger .... Der deutsche Rechtspfleger (Zeitschrift)
RPflG .... Rechtspflegergesetz
Rspr. .... Rechtsprechung
S. .... Satz; Seite

SachenR I	*Helms/Zeppernick,* Sachenrecht I, 4. Aufl. 2018
s.o.	siehe oben
sog.	sogenannt
str.	streitig
u.a.	unter anderem
unstr.	unstreitig
usw.	und so weiter
v.a.	vor allem
Var.	Variante
vgl.	vergleiche
WEG	Wohnungseigentumsgesetz
WM	Wohnungswirtschaft & Mietrecht (Zeitschrift)
z.B.	zum Beispiel
Ziff.	Ziffer
ZIP	Zeitschrift für Wirtschaftsrecht
ZJS	Zeitschrift für das juristische Studium
ZPO	Zivilprozessordnung
ZVG	Gesetz über die Zwangsversteigerung und Zwangsverwaltung

Literaturverzeichnis

Baur/Stürner	Sachenrecht, 18. Aufl. 2009
BeckOGK-BGB	Beck'scher Online-Großkommentar BGB
BeckOK-BGB	Beck'scher Online-Kommentar BGB
BeckOK-GBO	Beck'scher Online-Kommentar GBO
Erman	Bürgerliches Gesetzbuch, Band 2, 15. Aufl. 2017
Gursky	Klausurenkurs im Sachenrecht, 12. Aufl. 2008
Helms/Zeppernick	Sachenrecht I (Mobiliarsachenrecht), 4. Aufl. 2018
Hock/Klein/Hilbert/ Deimann	Immobiliarvollstreckung, 5. Aufl. 2011
Jauernig	Bürgerliches Gesetzbuch, 17. Aufl. 2018
juris-PK	juris Praxiskommentar BGB, 8. Aufl. 2017
Lüke	Sachenrecht, 4. Aufl. 2018
Medicus/Petersen	Bürgerliches Recht, 26. Aufl. 2017
MüKo-BGB	Münchener Kommentar zum Bürgerlichen Gesetzbuch, Band 6 und 7, 7. Aufl. 2017
Neuner	Examinatorium Sachenrecht, 5. Aufl. 2017
NK-BGB...............................	Nomos Kommentar Bürgerliches Gesetzbuch, Band 3, Sachenrecht, 4. Aufl. 2016
Palandt	Bürgerliches Gesetzbuch, 79. Aufl. 2020
Prütting	Sachenrecht, 36. Aufl. 2017
Soergel	Bürgerliches Gesetzbuch, Band 14, 13. Aufl. 2002
Staudinger	Kommentar zum Bürgerlichen Gesetzbuch, Neubearbeitung 2002 ff.
Vieweg/Röthel	Fälle zum Sachenrecht, 3. Aufl. 2014
Vieweg/Werner	Sachenrecht, 8. Aufl. 2018
Weirich/Ivo	Grundstücksrecht, 4. Aufl. 2015
Westermann/Gursky/ Eickmann	Sachenrecht, 8. Aufl. 2011
Wieling	Sachenrecht, 5. Aufl. 2007
Wilhelm	Sachenrecht, 6. Aufl. 2019
Wolf/Wellenhofer	Sachenrecht, 34. Aufl. 2019

Kapitel 1. Grundlagen des Immobiliarsachenrechts

A. Grundbegriffe

I. Grundstück und Grundstücksrechte

Immobiliarsachenrecht ist das Recht der unbeweglichen Gegenstände (= Grundstücke) und der Rechte, die an Grundstücken bestehen. Das **Grundstück im Rechtssinne** lässt sich definieren als „räumlich abgegrenzter Teil der Erdoberfläche, der nach seiner Vermessung und Bezeichnung im Grundbuch geführt wird" (vgl. z.B. *Baur/Stürner*, § 15 Rn. 18). Zur räumlichen Lokalisierung des Grundstücks wird im Grundbuch die sog. Flurstücknummer angegeben (vgl. Beispiel Mustergrundbuch im Anhang). 1

Zum Grundstück gehören auch dessen wesentliche Bestandteile: § 93 BGB enthält eine Legaldefinition, die in §§ 94–96 BGB für Grundstücke konkretisiert und erweitert wird (vgl. SachenR I, Rn. 116 ff.). Nach § 93 BGB kann über wesentliche Bestandteile nicht getrennt verfügt werden.

Beispiel: Die Übereignung eines Gebäudes allein ist nicht möglich. Gem. § 94 Abs. 1 BGB ist es wesentlicher Bestandteil des Grundstücks, so dass beides nur gemeinsam übereignet werden kann.

Grundstücksrechte ist der Sammelbegriff für das Eigentum (vgl. § 903 BGB) am Grundstück und die **beschränkten dinglichen Rechte**, die dem Inhaber nur einen Teil des Vollrechts gewähren. 2

II. Beschränkte dingliche Grundstücksrechte

Während das Eigentum als umfassendes Herrschaftsrecht an einer Sache dem Eigentümer sämtliche rechtliche Befugnisse über die Sache verleiht (er kann sie z.B. nutzen, veräußern oder belasten, vgl. § 903 BGB), sind beschränkte dingliche Rechte nur **Teilrechte**, die der Eigentümer aus seinem umfassenden Herrschaftsrecht abspalten und auf einen anderen übertragen kann. Dessen Rechtsmacht beschränkt sich dann auf das übertragene Recht, während dem Eigentümer alle anderen aus dem Eigentum fließenden Teilrechte noch zustehen. 3

Beispiel: Räumt A als Eigentümer eines Grundstücks seinen Eltern einen Nießbrauch (dingliches Nutzungsrecht i.S.v. § 1030 BGB) ein, kann A sein Grundstück zwar noch an B übereignen, darf es aber nicht mehr nutzen. Auch der neue Eigentümer B darf das Grundstück nicht nutzen, da das Eigentum nur in der vorhandenen, also um das Nutzungsrecht geminderten Form übertragen wurde. Die Nutzung steht vor und nach der Übereignung nur den Eltern des A als Inhaber des dinglichen Nutzungsrechts zu. Die Eltern wiederum können das Grundstück nicht als Berechtigte übereignen, da ihnen nicht die umfassende Herrschaftsbefugnis, sondern nur ein Teil der Eigentumsbefugnisse übertragen wurde.

4 Da die allgemeinen Vorschriften nur verständlich sind, wenn man auch eine Grundvorstellung von den beschränkten dinglichen Rechten hat, wird hier ein erster kurzer Überblick geboten. Eine ausführliche Darstellung erfolgt an späterer Stelle.

Bei den beschränkten dinglichen Grundstücksrechten ist zwischen den **Verwertungs-, Nutzungs- und Erwerbsrechten** zu unterscheiden. Die Vormerkung ist zwar streng genommen kein dingliches Recht an einem Grundstück, hat aber eine ganz ähnliche Rechtsnatur (vgl. ausführlich Rn. 109 ff., insbes. 137).

Beschränkte dingliche Grundstücksrechte
Verwertungsrechte – Hypothek (§§ 1113 ff. BGB) – Grundschuld (§§ 1191 ff. BGB) – Rentenschuld (§§ 1199 ff. BGB)

Nutzungsrechte
– Dienstbarkeiten:
  – Grunddienstbarkeit (§§ 1018 ff. BGB)
  – Nießbrauch (§§ 1030 ff. BGB)
  – beschränkte persönliche Dienstbarkeit (§§ 1090 ff. BGB)
– Reallast (§§ 1105 ff. BGB)
– Erbbaurecht (ErbbauRG)

Erwerbsrecht – dingliches Vorkaufsrecht (§§ 1094 ff. BGB)

5 Unter den beschränkten dinglichen Rechten besitzen die **Hypothek** und die **Grundschuld** in Klausuren die größte Bedeutung (vgl. ausführlich Rn. 165 ff.). Bei der Hypothek und der Grundschuld handelt es sich um sog. **Grundpfandrechte** (= Pfandrechte an einem Grundstück). Sie dienen vor allem der Sicherung von Krediten, indem sie den Gläubigern, wenn der Kredit „notleidend" wird, d.h. dessen Rückzahlung gefährdet ist, den Zugriff auf das belastete Grundstück ermöglichen (vgl. § 1113 Abs. 1 BGB und § 1191 Abs. 1 BGB).

Beispiel: E möchte ein Familienheim bauen. B gewährt ihm dafür ein Darlehen in Höhe von 200.000 €. Als Sicherheit wird für das Grundstück des E in das Grundbuch eine Hypothek zugunsten des B eingetragen. Wenn E nicht mehr in der Lage ist, den Kredit zu bedienen, kann B das Grundstück verwerten (vgl. § 1147 BGB).

Die **dinglichen Nutzungsrechte** spielen in Klausuren nahezu keine Rolle. Am ehesten relevant sind noch die Dienstbarkeiten, zu denen auch der Nießbrauch gehört (vgl. Beispiel Rn. 3, ausführlich Rn. 271 f.). **6**

Das **dingliche Vorkaufsrecht** (vgl. ausführlich Rn. 143 ff.) dient der Absicherung einer Kaufaussicht: Nach § 1094 Abs. 1 BGB kann ein Grundstück in der Weise belastet werden, dass derjenige, zu dessen Gunsten die Belastung erfolgt, dem Eigentümer gegenüber zum Vorkauf berechtigt ist. Das Vorkaufsrecht ermöglicht dem Inhaber, das betreffende Grundstück im Falle des Verkaufs an einen Dritten (= Vorkaufsfall) zu den Konditionen zu erwerben, die der Eigentümer mit dem Dritten vereinbart hat. **7**

Beispiel: Da sich Grundstückseigentümer K für das angrenzende Grundstück des V interessiert, wird (gegen Zahlung eines Entgelts) ein dingliches Vorkaufsrecht zugunsten des K in das Grundbuch eingetragen. Wenn V das Grundstück nun dem D für 50.000 € verkauft, wird dadurch der sog. Vorkaufsfall ausgelöst (§§ 463, 1098 Abs. 1 S. 1 BGB). Erklärt K fristgerecht die Ausübung seines Vorkaufsrechts, kommt gem. §§ 1098 Abs. 1 S. 1, 464 Abs. 2 BGB ein Kaufvertrag zwischen K und V zu den gleichen Bedingungen zustande, die V und D vereinbart hatten.

Eine **Vormerkung** (§ 883 Abs. 1 S. 1 BGB) ist zwar streng genommen kein dingliches Grundstücksrecht, doch besitzt sie dingliche Wirkung: Es handelt sich um ein im Grundbuch eingetragenes Sicherungsmittel, das dazu dient, die Erfüllung schuldrechtlicher Ansprüche auf Vornahme dinglicher Rechtsänderungen zugunsten des Gläubigers zu sichern (ausführlich Rn. 109 ff.). **8**

Beispiel: Baugesellschaft B verkauft (§§ 433, 311b Abs. 1 S. 1 BGB) K ein Grundstück, auf dem sie ein Haus errichten soll. B will das Grundstück erst nach Errichtung des Hauses und Zahlung der letzten Kaufpreisrate übereignen. K will schon beim Abschluss des Kaufvertrags, insbesondere nach Zahlung der ersten Kaufpreisrate sicher sein, dass er später auch das Eigentum übertragen bekommt. Der Kaufvertrag reicht nicht als Sicherheit, da er B nicht daran hindert, das Grundstück abredewidrig an einen Dritten zu übereignen (§ 137 S. 1 BGB). Der Anspruch des K auf Übereignung des Grundstücks kann jedoch durch Eintragung einer Vormerkung in das Grundbuch gesichert werden (§§ 883 Abs. 1 S. 1, 885 Abs. 1 S. 1 BGB), die zur Folge hat, dass vormerkungswidrige Verfügungen gegenüber dem Vormerkungsberechtigten unwirksam sind (§ 883 Abs. 2 S. 1 BGB).

III. Miteigentum und Gesamthandseigentum

9 Eigentümer einer beweglichen oder unbeweglichen Sache können auch mehrere Personen gemeinsam sein (vgl. SachenR I, Rn. 7). Beim **Miteigentum** handelt es sich um sog. Bruchteilseigentum nach §§ 1008 ff. BGB.

Beispiel: A und B sind (gemeinsam) Eigentümer eines Fabrikgrundstücks. Keinem der beiden gehört ein realer Teil der Sache (etwa A das Fabrikgebäude und B das Grundstück), sondern jedem nur ein sog. ideeller Bruchteil des Eigentumsrechts an der ganzen Sache.

10 Miteigentum entsteht entweder kraft Gesetzes (vgl. z.B. §§ 947 Abs. 1, 948, 984 BGB) oder aufgrund rechtsgeschäftlicher Übertragung.

Beispiel: Der Fabrikeigentümer F überträgt die Fabrik an A und B als Miteigentümer (§§ 873 Abs. 1 Var. 1, 925 BGB).

11 Miteigentümer bilden eine sog. Bruchteilsgemeinschaft, die in §§ 741 ff. BGB allgemein geregelt ist, ergänzend gelten einige spezielle Bestimmungen für das Miteigentum (§§ 1008 ff. BGB). Über die **gemeinschaftliche Sache** kann nach § 747 S. 2 BGB nur von sämtlichen Miteigentümern gemeinsam verfügt werden. Für die Verfügung gelten die allgemeinen Regeln, je nachdem, ob es sich um eine bewegliche (§§ 929 ff. BGB) oder unbewegliche (§§ 873, 925 BGB) Sache handelt. Davon zu unterscheiden ist die Verfügung über den eigenen ideellen Anteil an der Sache. Dieser **Bruchteil ist selbst Eigentum im Rechtssinne** (BGHZ 36, 365, 368), über den jeder Miteigentümer individuell verfügen kann (§ 747 S. 1 BGB), und zwar nach den Regeln, die für die Verfügung über die Sache selbst gelten (also §§ 929 ff. BGB oder §§ 873, 925 BGB). Nach § 1011 BGB kann jeder Miteigentümer die Ansprüche aus dem Eigentum (z.B. Schadensersatz nach § 823 BGB) Dritten gegenüber in Ansehung der ganzen Sache geltend machen, doch kann Herausgabe (z.B. aus § 985 BGB) nur an alle gemeinsam verlangt werden (§ 432 Abs. 1 BGB).

Beispiel: A und B sind Miteigentümer eines Grundstücks. B überträgt seinen Miteigentumsanteil gem. §§ 873, 925 BGB auf C. Die Zustimmung des A ist hierfür nicht erforderlich. A und C werden Mitglieder einer neuen Bruchteilsgemeinschaft an dem Grundstück.

12 Vom Miteigentum zu unterscheiden ist das sog. **Gesamthandseigentum**, das den Mitgliedern einer Gesamthandsgemeinschaft (Personengesellschaft nach §§ 718 f. BGB, Gütergemeinschaft nach §§ 1416, 1419 BGB, Erbengemeinschaft nach §§ 2032 f. BGB) an den Gegenständen zusteht, die zum Gesamthandsvermögen gehören. Dieses Vermögen unterliegt einer engeren Bindung als die Miteigentumsanteile einer Bruchteilsgemeinschaft: Nach §§ 719 Abs. 1, 1419 Abs. 1 und

2033 Abs. 2 BGB kann ein Gesamthänder über „seinen Anteil“ an den „einzelnen Gegenständen“ nicht verfügen, einen solchen Anteil gibt es nach ganz h.M. nämlich gar nicht (BeckOK-BGB/*Schöne*, § 719 Rn. 4). Das Eigentum am Gesamthandsvermögen steht vielmehr ungeteilt der Gesamthandsgemeinschaft als „gemeinschaftliches Vermögen“ (vgl. §§ 718 Abs. 1, 1416 Abs. 1 S. 1 und 2032 Abs. 1 BGB) zu. Demgemäß gehört den Gesamthändern kein Anteil an den einzelnen Gegenständen, sondern nur ein Anteil an der Gesamthandsgemeinschaft (vgl. § 2033 Abs. 1 S. 1 BGB).

IV. Wohnungseigentum

Ein bedeutender Teil des Immobilienmarktes besteht in der Praxis aus **13**
Eigentumswohnungen. An sich sind Eigentumswohnungen nach §§ 93, 94 BGB Teil des Eigentums, welches am Grundstück besteht. Doch ermöglicht es das Wohnungseigentumsgesetz (WEG), unter Durchbrechung der §§ 93, 94 BGB an einzelnen Wohnungen **(Wohn-)Eigentum** zu erwerben (§ 1 Abs. 1 WEG). Dem liegt folgende rechtliche Konstruktion zu Grunde: Wohnungseigentum i.S.v. § 1 Abs. 1 WEG besteht aus **Sondereigentum** an einer Wohnung und dem **Miteigentumsanteil** an dem gemeinschaftlichen Eigentum, zu dem es gehört (§ 1 Abs. 2 WEG). Beide Positionen (Sonder[allein]eigentum und Miteigentumsanteil) stellen eine rechtlich untrennbare Einheit dar (vgl. § 6 WEG), weshalb über sie insbesondere nur gemeinsam verfügt werden kann. Die Übertragung von Wohnungseigentum vollzieht sich nach §§ 873 Abs. 1 Var. 1, 925 BGB durch dingliche Einigung und Eintragung; insbesondere sind die allgemeinen Regeln über den gutgläubigen Erwerb von Grundstücksrechten (Rn. 57 ff.) auch in Bezug auf Wohnungseigentum anwendbar.

B. Verfügungen über Grundstücksrechte

I. Grundtatbestand des § 873 BGB

§ 873 Abs. 1 BGB ist der Grundtatbestand, der die **allgemeinen** **14**
Wirksamkeitsvoraussetzungen für Verfügungen über Grundstücke und über Rechte an Grundstücken regelt. § 873 Abs. 1 BGB gilt damit nicht nur für die Übertragung des Eigentums, sondern etwa auch für die Belastung eines Grundstücks mit einem dinglichen Recht (z.B. Hypothek, Grundschuld oder Dienstbarkeit) oder die Übertragung eines solchen dinglichen Rechts. Für manche besonderen Verfügungsarten treten spezielle Vorschriften ergänzend hinzu. So enthalten bei-

spielsweise die **§§ 925–928 BGB Sonderregeln für den Erwerb und Verlust des Eigentums an einem Grundstück**.

Zum Vergleich: Bei beweglichen Sachen ist in §§ 929 ff. BGB nur die Übereignung normiert, während die Belastung des Eigentums mit einem Pfandrecht eine eigenständige Regelung in den §§ 1204 ff. BGB erfahren hat.

15 Der **Anwendungsbereich des § 873 BGB** umfasst insgesamt vier Tatbestände:

- Übertragung des Eigentums an einem Grundstück (Abs. 1 Var. 1)
- Belastung eines Grundstücks mit einem (beschränkten dinglichen) Recht, z.B. mit einer Hypothek, Grundschuld oder Dienstbarkeit (Abs. 1 Var. 2)
- Übertragung eines solchen (beschränkten dinglichen) Rechts (Abs. 1 Var. 3)
- Belastung eines solchen (beschränkten dinglichen) Rechts (Abs. 1 Var. 4)

Der Erwerb von Grundeigentum oder beschränkten dinglichen Rechten setzt nach § 873 Abs. 1 BGB stets dreierlei voraus:

Allgemeine Voraussetzungen für den Erwerb von Grundstücksrechten (§ 873 Abs. 1 BGB)
– Einigung – Eintragung im Grundbuch – Berechtigung

16 Von zentraler Bedeutung für das Verständnis des Immobiliarsachenrechts ist zunächst die **Übereignung von Grundstücken** (dazu ausführlich Rn. 23 ff.). Hier ist in Ergänzung zu § 873 Abs. 1 Var. 1 BGB die Formvorschrift des § 925 Abs. 1 S. 1 BGB anwendbar. Danach muss die dingliche Einigung zur Übertragung des Eigentums an einem Grundstück (= Auflassung) bei gleichzeitiger Anwesenheit beider Teile vor einer zuständigen Stelle erklärt werden (zuständig ist gem. § 925 Abs. 1 S. 2 BGB i.d.R. der Notar). Das Eigentum an Grundstücken wird vom **Berechtigten** demnach übertragen durch **Einigung i.S.v. § 873 Abs. 1 Var. 1 BGB in der Form des § 925 BGB** und **Eintragung im Grundbuch**.

Zum Vergleich: Die Übertragung von Immobilien weist eine weitgehend parallele Struktur zur Übereignung von Mobilien auf: Für beide ist eine (dingliche) Einigung (§ 929 S. 1 BGB bzw. § 873 Abs. 1 Var. 1 BGB) erforderlich; die bei Immobilien nicht praktikable Übergabe i.S.v. § 929 S. 1 BGB wird bei der Übertragung von Immobilien nicht zuletzt aus Gründen der Rechtssicherheit durch die Eintragung im Grundbuch ersetzt (§ 873 Abs. 1 BGB).

17 Neben der Übereignung von Grundstücken richtet sich auch die **Belastung eines Grundstücks** – etwa durch Bestellung einer Hypothek oder Grundschuld (vgl. Rn. 5) – nach dieser Vorschrift (§ 873 Abs. 1 Var. 2 BGB). Eine solche dingliche Belastung eines Grundstücks kann ihrerseits wiederum nur nach § 873 Abs. 1 BGB übertragen (§ 873 Abs. 1 Var. 3 BGB) oder belastet werden (§ 873 Abs. 1 Var. 4 BGB).

Beispiel: E möchte zugunsten des G eine Buchgrundschuld an seinem Grundstück bestellen. Neben den speziellen Voraussetzungen für die Entstehung einer Grundschuld nach §§ 1191 ff. BGB müssen die allgemeinen Voraussetzungen des § 873 Abs. 1 Var. 2 BGB erfüllt sein: E muss sich als Berechtigter mit G über die Bestellung der Grundschuld nach § 873 Abs. 1 BGB geeinigt haben (§ 925 Abs. 1 BGB gilt insofern nach seinem klaren Wortlaut nicht, die Einigung ist daher formlos möglich) und G muss als Inhaber der Buchgrundschuld ins Grundbuch eingetragen werden (§ 873 Abs. 1 BGB). Zu den weiteren Einzelheiten der Bestellung und Übertragung einer Grundschuld vgl. Rn. 174 ff.

II. Aufhebung (§ 875 BGB)

18 Die Aufhebung eines Grundstücksrechts richtet sich nach § 875 BGB, wobei für die praktisch überaus seltene Aufgabe des Eigentums (= Verzicht) nach § 928 BGB spezielle Anforderungen gelten. Nach § 875 Abs. 1 S. 1 BGB ist für die Aufgabe eines Grundstücksrechts eine (einseitige) **Aufhebungserklärung** des Berechtigten und die **Löschung des Rechts im Grundbuch** notwendig. Die Aufhebungserklärung ist formlos gültig.

III. Inhaltsänderung (§ 877 BGB)

19 Nach § 877 BGB i.V.m. § 873 Abs. 1 BGB ist auch die (inhaltliche) Änderung von Grundstücksrechten durch **Einigung** und **Eintragung** möglich.

Beispiel: Verlängerung der vereinbarten Nießbrauchszeit.

Der **Begriff der Verfügung** ist von so zentraler Bedeutung, dass Sie die Definition auswendig lernen sollten: Eine Verfügung ist ein Rechtsgeschäft, durch das unmittelbar auf ein bestehendes Recht eingewirkt wird, sei es durch Übertragung, Belastung, Inhaltsänderung oder Aufhebung. Die vier Verfügungstatbestände können aus **§ 873 Abs. 1 BGB** („Übertragung" und „Belastung"), **§ 875 Abs. 1 BGB** („Aufhebung") und **§ 877 BGB** („Rechtsänderung") abgelesen werden.

C. Grundprinzipien des (Immobiliar-)Sachenrechts

20 Die Grundprinzipien des Sachenrechts (SachenR I, Rn. 11 f.) sind im Immobiliarsachenrecht in gleicher Weise zu beachten wie im Mobiliarsachenrecht. So muss auch bei Grundstücksgeschäften nach dem **Trennungsprinzip** die (dingliche) Verfügung (z.B. Eigentumsübertragung) streng von dem zu Grunde liegenden schuldrechtlichen Vertrag (z.B. Kauf, Tausch, Schenkung) unterschieden werden.

21 Ein Vertrag, durch den sich der eine Teil verpflichtet, das Eigentum an einem Grundstück zu übertragen oder zu erwerben, bedarf nach **§ 311b Abs. 1 S. 1 BGB** der notariellen Beurkundung. Allerdings wird ein ohne Beachtung dieser Form geschlossener Vertrag gem. § 311b Abs. 1 S. 2 BGB wirksam, wenn die „Auflassung und die Eintragung in das Grundbuch erfolgen“ (= Vollzug der Eigentumsübertragung). Wichtig ist zu unterscheiden: Die Formvorschrift des § 311b Abs. 1 S. 1 BGB bezieht sich auf **schuldrechtliche Verpflichtungsgeschäfte**, vor allem auf den Abschluss eines Kaufvertrags über ein Grundstück. Demgegenüber richtet sich die Form der für die Eigentumsübertragung erforderlichen dinglichen Einigung (= Auflassung) nach § 925 Abs. 1 S. 1 BGB.

Um die Umgehung der Form des § 311b Abs. 1 S. 1 BGB für das Verpflichtungsgeschäft durch Heilung in der Praxis zu verhindern, bestimmt § 925a BGB allerdings, dass die Erklärung der Auflassung (durch den Notar) nur entgegengenommen werden soll, wenn das Verpflichtungsgeschäft unter Beachtung der Form abgeschlossen wurde. Beachtet der Notar die **Sollvorschrift des § 925a BGB** nicht, ändert dies allerdings nichts an der Wirksamkeit der Auflassung.

22 Selbstverständlich besitzt auch das **Abstraktionsprinzip** im Immobiliarsachenrecht Gültigkeit (SachenR I, Rn. 26 ff.).

Beispiel: V will sein Grundstück an K verkaufen. Um Steuern und Gebühren zu sparen, vereinbaren die beiden vor dem Notar statt des wirklich gewollten Kaufpreises von 200.000 € nur einen Kaufpreis von 100.000 €. Der beurkundete Kaufvertrag über 100.000 € ist als Scheingeschäft nach § 117 Abs. 1 BGB nichtig. Der wirklich gewollte Kaufvertrag über 200.000 € erfüllt nicht die Form des § 311b Abs. 1 S. 1 BGB (vgl. § 117 Abs. 2 BGB) und ist daher gem. § 125 S. 1 BGB ebenfalls unwirksam. Wird allerdings das Eigentum an dem fraglichen Grundstück durch Einigung und Eintragung im Grundbuch (§§ 873 Abs. 1 Var. 1, 925 BGB) auf K übertragen, steht nach dem Abstraktionsprinzip die Unwirksamkeit des Kaufvertrags der wirksamen Eigentumsübertragung nicht entgegen. Durch die Eigentumsübertragung wird für den wirklich gewollten Kaufvertrag über 200.000 € nach § 311b Abs. 1 S. 2 BGB der Mangel der Form geheilt, so dass V das Eigentum nicht gem. § 812 Abs. 1 S. 1 Alt. 1 BGB kondizieren kann.

Im Immobiliarsachenrecht kann vielfach auf das im Rahmen des Mobiliarsachenrechts Erlernte zurückgegriffen werden. Auch hier gelten die allgemeinen Prinzipien des Sachenrechts, neben dem Trennungs- und Abstraktionsprinzip also auch der Spezialitätsgrundsatz, der Bestimmtheitsgrundsatz sowie Typenzwang und Publizitätsprinzip (vgl. im Einzelnen SachenR I, Rn. 11 f.).

Kapitel 2. Eigentumserwerb vom Berechtigten

Die Übereignung von Grundstücken richtet sich nach § 873 Abs. 1 Var. 1 BGB i.V.m. § 925 BGB. Erforderlich ist danach die **Einigung** über den Eintritt der dinglichen Rechtsänderung in der Form des § 925 BGB (= Auflassung), die **Eintragung** im Grundbuch und die **Berechtigung** des Veräußerers. § 925 Abs. 1 S. 1 BGB definiert den Begriff der **„Auflassung"** als (dingliche) Einigung über die Übertragung des Eigentums an einem Grundstück i.S.v. § 873 Abs. 1 Var. 1 BGB. Wie bei § 929 S. 1 BGB handelt es sich also auch bei § 873 Abs. 1 BGB um einen doppelaktigen Erwerbstatbestand: Einigung und Eintragung (§ 873 Abs. 1 BGB) statt Einigung und Übergabe (§ 929 S. 1 BGB). 23

A. Übereignung nach §§ 873 Abs. 1 Var. 1, 925 BGB

Übereignung von Grundstücken (§§ 873 Abs. 1 Var. 1, 925 BGB)
– Auflassung = Einigung nach § 873 Abs. 1 Var. 1 BGB in der Form des § 925 BGB
– Eintragung im Grundbuch
– Berechtigung

I. Allgemeine Grundsätze

Bei der Einigung handelt es sich um einen dinglichen Vertrag, der aus zwei übereinstimmenden Willenserklärungen besteht, so dass (wie bei der Einigung i.S.v. § 929 S. 1 BGB) die allgemeinen **Vorschriften des BGB über Rechtsgeschäfte** anwendbar sind, z.B. die §§ 104 ff., 116 ff., 145 ff., 164 ff. BGB. 24

Beispiel: Der unerkannt geisteskranke E verkauft und übereignet sein Grundstück formgerecht an K. Wegen §§ 104 Nr. 2, 105 Abs. 1 BGB ist nicht nur das Verpflichtungsgeschäft (Kaufvertrag) unwirksam, sondern auch die Auflassung.

Fall: V verkauft K eines seiner Grundstücke. Dabei gehen beide übereinstimmend davon aus, dass es sich um das Flurstück Nr. 123 (= Grundstück A) handelt. Aufgrund eines Versehens der Parteien wird aber sowohl im notariellen Kaufvertrag als auch in der Auflassung das Flurstück Nr. 132 (= Grundstück B) angegeben, das ebenfalls dem V gehört. K wird als Eigentümer des Grundstücks B in das Grundbuch eingetragen. (1) Haben V und K einen wirksamen Kaufvertrag geschlossen? (2) Ist K Grundstückseigentümer geworden?

Lösung: (1) An der Wirksamkeit des Kaufvertrags bestehen Zweifel, weil der Verkauf des Grundstücks B beurkundet wurde, obwohl der Verkauf des Grundstücks A von den Parteien gewollt war. Grundsätzlich sind empfangsbedürftige Willenserklärungen nach dem objektiven Empfängerhorizont auszulegen (§§ 133, 157 BGB), doch gilt der **Vorrang des übereinstimmend Gewollten** (falsa demonstratio non nocet). Der übereinstimmende Wille der Vertragsparteien ging hier dahin, dass das Grundstück A verkauft werden sollte. Diese Einigung könnte jedoch **gem. § 125 S. 1 BGB i.V.m. § 311b Abs. 1 S. 1 BGB formnichtig** sein, weil der Verkauf dieses Grundstücks nicht beurkundet wurde. Entscheidend ist aber, ob die wesentlichen **Formzwecke** erfüllt werden. Die Warn- und Schutzfunktion des § 311b Abs. 1 BGB wird auch bei Beurkundung des falschen Grundstücks erreicht, und die Verfehlung der Beweisfunktion ist nach h.M. nicht so zentral, dass die Wirksamkeit des Vertrages in Frage gestellt würde (BGH NJW 1983, 1610). Hier steht fest, dass sich V und K auf den Verkauf des Grundstücks A geeinigt hatten, so dass in Bezug auf dieses Grundstück ein wirksamer Kaufvertrag geschlossen wurde.

(2) Ursprünglich war V Eigentümer beider Grundstücke. Er könnte sein Eigentum aber gem. §§ 873 Abs. 1 Var. 1, 925 BGB durch Einigung (= Auflassung) und Eintragung an K verloren haben. Notariell beurkundet wurde die Auflassung des Grundstücks B, doch gilt **auch bei der Auflassung der Vorrang des übereinstimmend Gewollten** (BGH NJW 2002, 1038), so dass sich die dingliche Einigung auf das Grundstück A bezieht. Jedoch ist eine Eigentumsübertragung des Grundstücks A nicht in das Grundbuch eingetragen worden. Bezüglich des Grundstücks B liegt zwar eine solche Eintragung vor, jedoch fehlt insofern die Auflassung. K ist daher weder Eigentümer des Grundstücks A noch des Grundstücks B geworden.

II. Formerfordernis (§ 925 Abs. 1 BGB)

Grundsätzlich ist die Einigung, die bei jeder Verfügung i.S.v. § 873 Abs. 1 BGB erforderlich ist (Rn. 14 f.), formlos gültig. Eine **besondere Formvorschrift** gilt jedoch für die **Übertragung von Grundstückseigentum**: Die Einigung hinsichtlich der Eigentumsübertragung an einem Grundstück (= Auflassung) muss nach § 925 Abs. 1 S. 1 BGB bei „gleichzeitiger Anwesenheit beider Teile vor einer zuständigen Stelle" erklärt werden. Zuständig ist nach § 925 Abs. 1 S. 2 BGB jeder **Notar**. Auch vor Gericht kann im Rahmen eines gerichtlichen Vergleichs nach § 925 Abs. 1 S. 3 BGB die Auflassung formwirksam erklärt werden (vgl. § 127a BGB). Eine Beurkundung schreibt § 925 BGB nicht vor. Da die Grundbucheintragung aber nur erfolgt, wenn die Auflassung durch „öffentliche oder öffentlich beglaubigte Urkunde" (§§ 20, 29 Abs. 1 S. 1 GBO) nachgewiesen ist (vgl. Rn. 44), wird die Auflassung in der Praxis stets beurkundet. Näheres zur Beurkundung ist im BeurkG geregelt. **25**

Soweit § 925 Abs. 1 S. 1 BGB die **„gleichzeitige Anwesenheit"** beider Teile fordert, muss beachtet werden, dass „gleichzeitige Anwesenheit" nicht „persönliche Anwesenheit" bedeutet. **Stellvertretung** ist also ohne Weiteres möglich (vgl. demgegenüber § 1311 S. 1 BGB für die Eheschließung). § 925 BGB ist eine Ausnahme von §§ 152, 128 BGB, wonach eigentlich auch zeitlich aufeinanderfolgende Erklärungen (= Sukzessivbeurkundung) möglich sind. **26**

Beispiel 1: K aus Hamburg will das Grundstück des V aus München erwerben. Da sie sich nicht auf einen gemeinsamen Beurkundungstermin verständigen können, ermächtigen beide die Sekretärin S des beurkundenden Notars und befreien sie von den Beschränkungen des § 181 Alt. 2 BGB. Jetzt kann S die Auflassung einmal als Vertreterin des V und einmal als Vertreterin des K in Anwesenheit des Notars erklären. Die Anforderungen des § 925 Abs. 1 BGB bleiben gewahrt.

Beispiel 2: V wird bei der Übereignung seines Grundstücks von seinem Prokuristen P vertreten, der allerdings als Vertreter ohne Vertretungsmacht (*falsus procurator*) auftritt, da er zu einer solchen Veräußerung nicht gesondert ermächtigt wurde (§ 49 Abs. 2 HGB). Genehmigt nun V nachträglich das Handeln des P (§ 184 Abs. 1 BGB), wird die dingliche Einigung insgesamt rückwirkend wirksam (§ 177 Abs. 1 BGB), da durch die Rückwirkung auf den Zeitpunkt der beiderseitigen Auflassungserklärungen der Formvorschrift des § 925 Abs. 1 S. 1 BGB Genüge getan ist (Staudinger/*Pfeifer*, § 925 Rn. 74).

III. Bedingungsfeindlichkeit (§ 925 Abs. 2 BGB)

Nach § 925 Abs. 2 BGB ist eine Auflassung (= dingliche Einigung zur Übertragung von Grundstückseigentum), die **unter einer Bedin-** **27**

gung oder Zeitbestimmung erfolgt, unwirksam. Der Grund liegt darin, dass das Grundbuch den wahren Eigentümer ausweisen soll. Damit ist vor allem die Veräußerung von Grundstückseigentum unter Eigentumsvorbehalt unwirksam. § 449 BGB spricht daher auch ausdrücklich nur den Eigentumsvorbehalt bei Verkauf einer beweglichen Sache an („Hat sich der Verkäufer einer *beweglichen Sache* …").

28 Um dem legitimen **Sicherungsbedürfnis** der Parteien Rechnung zu tragen, sind aber andere Konstruktionen möglich:

- Eigentumsübertragung auch ohne vollständige Kaufpreiszahlung unter gleichzeitiger Belastung des Grundstücks mit einer Hypothek oder Grundschuld (vgl. Rn. 5) zur Sicherung der noch ausstehenden Kaufpreisraten oder
- unbedingte Einigung, aber Anweisung an den beurkundenden Notar, den Eintragungsantrag (§ 13 Abs. 1 GBO) beim Grundbuchamt erst nach vollständiger Kaufpreiszahlung zu stellen, oder
- Eigentumsübertragung erst nach vollständiger Kaufpreiszahlung, aber Vereinbarung einer Auflassungsvormerkung (vgl. Rn. 8) zur Sicherung des vertraglichen Übereignungsanspruchs.

IV. Widerruflichkeit der Einigung (§ 873 Abs. 2 BGB)

29 Nach § 873 Abs. 2 BGB sind die Beteiligten an die dingliche Einigung **nur unter bestimmten Voraussetzungen gebunden**. Daraus lässt sich ablesen, dass die Einigung i.S.v. § 873 Abs. 1 BGB bis zur Vollendung des Rechtserwerbs grundsätzlich wie bei § 929 S. 1 BGB frei widerruflich ist (vgl. SachenR I, Rn. 38 f.). Da die Auflassung aber im Hinblick auf §§ 20, 29 Abs. 1 S. 1 GBO (siehe dazu Rn. 44) üblicherweise notariell beurkundet wird, liegt bei der Eigentumsübertragung von Grundstücken in aller Regel eine bindende Einigung nach § 873 Abs. 2 Var. 1 BGB („wenn die Erklärungen notariell beurkundet sind") vor.

> § 873 Abs. 2 BGB gilt nicht nur für die Einigung zur Übertragung von Grundstückseigentum nach § 873 Abs. 1 Var. 1 BGB, sondern für alle Verfügungen i.S.v. § 873 Abs. 1 BGB.

B. Eintragung

30 Neben der dinglichen Einigung ist nach § 873 Abs. 1 BGB zur Übertragung des Eigentums an Immobilien die Eintragung des Eigentumsübergangs im Grundbuch erforderlich.

Übereignung von Grundstücken (§§ 873 Abs. 1 Var. 1, 925 BGB)
– Auflassung = Einigung nach § 873 Abs. 1 Var. 1 BGB in der Form des § 925 BGB
– Eintragung im Grundbuch
– Berechtigung

Die Eintragung in das Grundbuch ersetzt im Vergleich zur Übereignung von Mobilien die Übergabe i.S.v. § 929 S. 1 BGB. Beide Akte sind **Ausdruck des Publizitätsprinzips** und sollen sicherstellen, dass für Dritte erkennbar ist, wem das Eigentum an einem Gegenstand zusteht (vgl. Beispiel Mustergrundbuch Abteilung 1 im Anhang). 31

Zwar setzt der Eigentumserwerb an einem Grundstück keine Übergabe voraus. Doch verpflichtet § 433 Abs. 1 S. 1 BGB den Verkäufer einer Sache, also auch eines Grundstücks (vgl. § 90 BGB) zur Übergabe. Nur: Diese Übergabe hat nichts mit dem Eigentumserwerb zu tun. Es ist also denkbar, dass ein Verkäufer den Käufer zwar zum Eigentümer gemacht, aber seine Verpflichtungen aus dem Kaufvertrag mangels Übergabe (= Eröffnung des Zugangs zum Grundstück z.B. durch Schlüsselübergabe) noch nicht vollständig erfüllt hat.

Welche Schritte unternommen werden müssen, um eine Rechtsänderung im Grundbuch eintragen zu lassen, wird in dem Abschnitt über die Grundzüge des Grundbuchverfahrens vorgestellt (Rn. 38 ff.). Für die Zwecke des § 873 Abs. 1 BGB ist jedoch allein entscheidend, dass eine **Eintragung in das Grundbuch tatsächlich erfolgt**. Ob dabei alle formalen Anforderungen an den ordnungsgemäßen Ablauf des Grundbuchverfahrens eingehalten wurden, spielt materiell-rechtlich keine Rolle. 32

Beispiel: V verkauft eines seiner Grundstücke erst an K1 und kurze Zeit später dann auch an K2 und erklärt gegenüber beiden Käufern die Auflassung (§§ 873 Abs. 1 Var. 1, 925 Abs. 1 BGB). Der Antrag des K1 auf Eintragung in das Grundbuch geht einen Tag vor dem Antrag des K2 beim Grundbuchamt ein. Daher müsste nach § 17 GBO K1 als neuer Eigentümer in das Grundbuch eingetragen werden. Wenn allerdings K2 eingetragen wird, hat er wirksam das Eigentum am Grundstück erworben: Einigung und Eintragung i.S.v. §§ 873 Abs. 1 Var. 1, 925 BGB liegen dann vor. Die Verletzung des formellen Grundbuchrechts (§ 17 GBO) hat keine Auswirkungen auf den materiell-rechtlichen Rechtserwerb.

C. Berechtigung

§ 873 Abs. 1 BGB regelt ausdrücklich den Erwerb von Grundstücksrechten vom „Berechtigten“. 33

Übereignung von Grundstücken (§§ 873 Abs. 1 Var. 1, 925 BGB)
– Auflassung = Einigung nach § 873 Abs. 1 Var. 1 BGB in der Form des § 925 BGB
– Eintragung im Grundbuch
– Berechtigung

34 Zur Verfügung berechtigt ist zunächst der Eigentümer. Doch ist auch ein Dritter befugt, über ein fremdes Grundstück zu verfügen, wenn er vom Eigentümer gem. **§ 185 Abs. 1 BGB** hierzu ermächtigt worden ist (sog. Verfügungsermächtigung). Außerdem ist auch derjenige berechtigt, der **kraft Gesetzes** zur Verfügung über fremdes Eigentum ermächtigt ist: insbesondere der Testamentsvollstrecker nach § 2205 S. 2 BGB und der Insolvenzverwalter nach § 80 Abs. 1 InsO.

35 Für die wirksame Verfügung über das Eigentum an einem Grundstück müssen grundsätzlich sämtliche Wirksamkeitsvoraussetzungen im **Zeitpunkt der Vollendung des Rechtserwerbs** (i.d.R. bei Eintragung in das Grundbuch) vorliegen. Insbesondere muss der Verfügende zu diesem Zeitpunkt noch Inhaber des Rechts sein und darf es nicht etwa durch Übertragung an einen Dritten verloren haben.

36 Da es die Beteiligten bei Verfügungen über Immobiliarsachenrechte regelmäßig nicht in der Hand haben, wann das Grundbuchamt die Eintragung vornimmt, ist ausnahmsweise gem. **§ 878 BGB eine nachträgliche Verfügungsbeschränkung unbeachtlich** (vgl. dazu auch Rn. 86 ff.), wenn die Erklärung für den Berechtigten bindend geworden ist und die Beteiligten alles in ihrer Macht Stehende getan haben, um die Übertragung herbeizuführen.

Beispiel: E verkauft sein Grundstück an K, die Auflassung wird notariell beurkundet, der Eintragungsantrag beim Grundbuchamt wird gestellt. Bevor die Eintragung ins Grundbuch erfolgt ist, fällt E in Insolvenz. Kurze Zeit später wird K als Eigentümer in das Grundbuch eingetragen. E hat mit der Eröffnung des Insolvenzverfahrens gem. § 80 Abs. 1 InsO die Verfügungsbefugnis verloren. Im Zeitpunkt der Eintragung des K in das Grundbuch war E somit nicht mehr „Berechtigter" i.S.v. § 873 Abs. 1 BGB. Allerdings kann sich gem. § 878 BGB, auf den § 91 Abs. 2 InsO verweist, der Rechtserwerb trotz Insolvenzeröffnung wirksam vollenden. Aufgrund der notariellen Beurkundung lag eine gem. § 873 Abs. 2 BGB bindende (dingliche) Einigung (= Auflassung) zwischen E und K vor, und der Antrag auf Eintragung beim Grundbuchamt war gestellt. Damit wurde K durch die Eintragung im Grundbuch gem. §§ 873 Abs. 1, 925 BGB i.V.m. § 878 BGB Eigentümer des Grundstücks. § 878 BGB wäre in diesem Fall nicht anwendbar, wenn neben der Eintragung auch andere Erwerbsvoraussetzungen (z.B. eine öffentlich-rechtlich notwendige Genehmigung der Gemeinde) noch fehlten, da § 878 BGB ausschließlich die Verzögerung durch das Grundbuchamt ausgleichen will.

Voraussetzungen des § 878 BGB
– Bindende Erklärung des Berechtigten gem. § 873 Abs. 2 BGB – Antrag gem. § 13 GBO durch einen der Beteiligten – Vorliegen aller Eintragungsvoraussetzungen
Rechtsfolge: Unbeachtlichkeit von nachträglichen Verfügungsbeschränkungen

Verfügt jemand über **fremdes Eigentum**, ohne dazu berechtigt zu 37
sein, kommt nur ein gutgläubiger Erwerb nach §§ 873, 892 BGB in Frage (vgl. dazu Rn. 60 ff.).

D. Exkurs: Grundzüge des Grundbuchverfahrens

I. Einführung

Das Grundbuch wird vom Grundbuchamt geführt. **Grundbuchamt** 38
ist nach § 1 Abs. 1 S. 1 GBO das Amtsgericht. Funktionell zuständig für die Vornahme der Eintragungen ist grundsätzlich der Rechtspfleger (§ 3 Nr. 1h RPflG). Das herkömmliche „Papier-Grundbuch" ist in den letzten Jahren in immer weiteren Teilen Deutschlands durch das elektronische Grundbuch ersetzt worden. Die Regeln für die Führung des Grundbuchs finden sich überwiegend in der Grundbuchordnung (GBO). Da es sich um eine Angelegenheit der freiwilligen Gerichtsbarkeit handelt, gelten ergänzend die Vorschriften des FamFG, dazu treten noch eher technische Bestimmungen der sog. Grundbuchverfügung (GBV).

II. Aufbau des Grundbuchs

Nach § 3 Abs. 1 GBO ist im Grundbuch jedem Grundstück ein ei- 39
genes Grundbuchblatt zugewiesen. Das Grundbuchblatt teilt sich nach § 4 GBV in drei Bereiche auf: Die **Aufschrift** (= Bezeichnung des Grundbuchs nach Nummer des Bandes und des Blattes), das **Bestandsverzeichnis**, das die Vermessungsdaten des Grundstücks enthält, und die **Abteilungen I bis III**, die sich wiederum in Spalten unterteilen. Abteilung I gibt die Eigentumslage wieder (§ 9 GBV). Abteilung II ist reserviert für Belastungen des Grundstücks (z.B. Grunddienstbarkeiten) mit Ausnahme der Grundpfandrechte (§ 10 GBV). Abteilung III weist schließlich die Grundpfandrechte (Hypo-

thek, Grundschuld und Rentenschuld) aus (§ 11 GBV) (vgl. Beispiele Mustergrundbuch im Anhang).

III. Eintragungsvoraussetzungen

40 Eintragungen im Grundbuch setzen in aller Regel einen Eintragungsantrag voraus. Dieser Antrag kann entweder auf eine rechtsändernde Eintragung oder eine berichtigende Eintragung abzielen. Die **rechtsändernde Eintragung** betrifft die Begründung, Übertragung, Belastung, Inhaltsänderung oder Aufgabe dinglicher Rechte an Grundstücken.

1. Rechtsändernde Eintragung

Rechtsändernde Eintragung
– Antrag (§ 13 GBO)
– Bewilligung durch Betroffenen (§ 19 GBO) und Nachweis der Einigung in Fällen des § 20 GBO
– Form (§ 29 GBO)
– Voreintragung des Betroffenen (§ 39 GBO), Ausnahme: § 40 GBO

a) Antrag

41 Antragsberechtigt sind nach § 13 Abs. 1 S. 2 GBO sowohl der Betroffene als auch der Begünstigte. Gem. § 15 Abs. 2 GBO gilt der Notar als ermächtigt, den Antrag zu stellen, wenn die der Eintragung zu Grunde liegende Erklärung von ihm beurkundet oder beglaubigt wurde. Nach § 30 GBO unterliegt der Antrag grundsätzlich nicht der strengen Form des § 29 GBO. Werden mehrere Anträge gestellt, die dasselbe Recht betreffen, gilt gem. § 17 GBO das **Prioritätsprinzip**: Ein später eingegangener Antrag darf nicht vor einem vorher eingegangenen erledigt werden (vgl. deshalb auch § 13 Abs. 2 S. 1 GBO).

b) Bewilligung

42 Derjenige, dessen Recht „betroffen" wird, muss der Eintragung gem. § 19 GBO zustimmen. Dabei kommt es für das Betroffensein grds. auf die **formelle Grundbuchposition** und nicht die wahre Rechtslage an, denn im Grundbuchverfahren muss das Grundbuchamt gem. § 891 Abs. 1 BGB davon ausgehen, dass demjenigen, der im

Grundbuch eingetragen ist, das materielle Recht auch zusteht (BeckOK-GBO/*Holzer*, § 19 Rn. 61).

Bei der Bewilligung handelt es sich um eine **rein verfahrensrechtliche Zustimmung**, die keine materiell-rechtliche Wirkung besitzt und von der Einigung nach § 873 Abs. 1 BGB zu unterscheiden ist. Gegenüber dem Grundbuchamt muss zur Erleichterung des Grundbuchverkehrs die materiell-rechtliche Einigung i.S.v. § 873 Abs. 1 BGB grundsätzlich nicht nachgewiesen werden (sog. **formelles Konsensprinzip**). Dem liegt die Annahme zu Grunde, dass ohne materielle Einigung auch keine Bewilligung i.S.v. § 19 GBO erteilt wird. Doch gilt für die Fälle des § 20 GBO, insbesondere bei der Übereignung von Grundstücken, eine wichtige Ausnahme: Hier **ist zusätzlich der Nachweis der materiell-rechtlichen Einigung** i.S.v. §§ 873 Abs. 1, 925 Abs. 1 BGB (= Auflassung) in der Form des § 29 GBO erforderlich (sog. **materielles Konsensprinzip**). Denn wegen der überragenden Bedeutung der Übereignung im Liegenschaftsrecht besteht ein besonderes Interesse an einer Übereinstimmung von Grundbucheintragung und materieller Rechtslage. Dabei gehen die Formanforderungen des § 29 GBO (Rn. 44) über die materiell-rechtlichen Anforderungen des § 925 BGB (Rn. 25) hinaus. 43

Beispiel für notarielle Urkunde zur Grundschuldbestellung (Auszug mit Erläuterungen):

Die Erschienenen sind sich über die Bestellung einer Grundschuld über 100.000 € mit 12% Zinsen ab heute für die B-Bank in Marburg an dem Grundstück Flurstück Nr. 282, eingetragen im Grundbuch des AG Marburg, Blatt 2907 einig. (= Einigung i.S.v. § 873 Abs. 1 Var. 2 BGB) …

Der Eigentümer bewilligt (= Bewilligung i.S.v. § 19 GBO) und die Erschienenen beantragen zugleich (= Antrag i.S.v. § 13 GBO) die Eintragung der Grundschuld. …

c) Formanforderungen

Nach § 29 GBO müssen alle für die Eintragung erforderlichen Erklärungen (v.a. die Bewilligung nach § 19 GBO) durch **öffentliche Urkunden** (vgl. § 415 ZPO) oder **öffentlich beglaubigte Urkunden** (vgl. § 129 BGB) nachgewiesen werden. 44

Eine **öffentliche Urkunde** liegt nach der Legaldefinition des § 415 Abs. 1 ZPO vor, wenn die Urkunde durch eine öffentliche Behörde oder eine mit öffentlichem Glauben versehene Person (z.B. Notar) innerhalb der Grenzen ihrer Zuständigkeit in der vorgeschriebenen Form ausgestellt wurde und eine Gedankenerklärung enthält, die vor der öffentlichen Stelle abgegeben wurde (z.B. notarielle Urkunde nach dem BeurkG). Hiervon zu unterscheiden ist die **öffentlich beglaubigte Urkunde** i.S.v. § 129 BGB. Dabei handelt es sich um eine reine „Privaturkunde" (= private Gedankenerklärung), bei der die Unterschrift des Ausstellers gem. §§ 39, 40 BeurkG durch den notariellen Bestätigungsvermerk in ihrer Echtheit beglaubigt wird (juris-PK/*Ludwig*, § 129 Rn. 1).

d) Voreintragung

45 Gem. § 39 GBO soll eine Eintragung nur erfolgen, wenn die Person, deren Recht durch sie „betroffen" ist (dazu Rn. 42), als Berechtigter voreingetragen ist. Durch diese Vorschrift wird grundsätzlich gewährleistet, dass nicht nur der jeweilige Ist-Zustand des Grundbuchs ersichtlich ist, sondern die gesamte Entwicklung des Rechtsbestandes lückenlos nachvollzogen werden kann. Eine Ausnahme vom Grundsatz der Voreintragung gilt nach § 40 GBO.

Beispiel: Im Grundbuch ist der verstorbene B als Eigentümer eines Grundstücks eingetragen. Dessen Erbe E (= materiell berechtigter Grundstückseigentümer mit dem Erbfall nach § 1922 Abs. 1 BGB) überträgt das fragliche Grundstück an K. Dieser muss allerdings noch ins Grundbuch eingetragen werden, damit der Rechtserwerb wirksam wird. Nach dem Grundsatz des § 39 Abs. 1 GBO müsste an sich erst E ins Grundbuch eingetragen werden, bevor schließlich K an der Reihe wäre. Von diesem Voreintragungserfordernis suspendiert § 40 Abs. 1 GBO u.a. dann, wenn der Erbe sein Eigentum übertragen will. K kann demnach unmittelbar nach B ins Grundbuch eingetragen werden, wenn E sein Erbrecht in der nach § 35 Abs. 1 GBO vorgeschriebenen Form nachweist.

2. Berichtigende Eintragung

46 Stimmt eine Eintragung im Grundbuch nicht mit den tatsächlichen Gegebenheiten überein, besteht die Möglichkeit, diese Abweichung auf Antrag durch eine berichtigende Eintragung korrigieren zu lassen. In diesem Fall ist eine Eintragungsbewilligung nach § 19 GBO durch den Betroffenen (§ 39 GBO) nicht zwingend notwendig, sondern kann **nach § 22 Abs. 1 GBO durch den Nachweis der Unrichtigkeit des Grundbuchs** ersetzt werden. Allerdings muss der Nachweis gem. § 29 GBO grds. durch öffentliche Urkunde geführt werden.

Im Beispiel Rn. 45 könnte E zunächst eine Berichtigung des Grundbuchs herbeiführen. Der Nachweis der Unrichtigkeit des Grundbuchs kann nach § 35 Abs. 1 GBO durch Vorlage eines Erbscheins oder einer Verfügung von Todes wegen, die in einer öffentlichen Urkunde enthalten ist (vgl. § 2232 BGB), erfolgen.

IV. Verhältnis materielles und formelles Grundstücksrecht

Das **materielle Recht** bestimmt, welche Voraussetzungen vorliegen müssen, damit eine dingliche Rechtsänderung an einem Grundstück eintritt. Dafür verlangt § 873 Abs. 1 BGB neben der Einigung die Eintragung im Grundbuch. Wie es zu dieser Eintragung kommt, wann und unter welchen Voraussetzungen ein Grundbuchbeamter eine Eintragung vornehmen darf, bestimmt das vor allem in der Grundbuchordnung geregelte **formelle Grundbuchrecht**. § 873 Abs. 1 BGB begnügt sich materiell-rechtlich damit, dass die Eintragung überhaupt erfolgt. **Ob die Eintragung unter Verstoß gegen grundbuchrechtliche Vorschriften vorgenommen wird, interessiert materiell-rechtlich nicht.** Decken sich Eintragung und Einigung, so ist die Rechtsänderung vollzogen. Hätte der Grundbuchbeamte die Eintragung nicht oder noch nicht vornehmen dürfen, so kommt lediglich ein Amtshaftungsanspruch des Geschädigten nach Art. 34 GG, § 839 BGB in Betracht. 47

Beispiel: V verkauft dem K1 sein Grundstück formgerecht (§§ 433, 311b Abs. 1 S. 1 BGB) für 100.000 €. V und K1 erklären anlässlich des Abschlusses des Grundstückskaufvertrags auch die Auflassung (§ 925 Abs. 1 BGB). Der Notar stellt gem. §§ 13, 15 Abs. 2 GBO im Namen von V und K1 den Antrag auf Eintragung des K1 als neuen Eigentümer. Einige Tage später verkauft V dasselbe Grundstück formgerecht an einen anderen Kaufinteressenten (K2) vor einem anderen Notar für 120.000 €, auch die Auflassung wird erklärt. Dieser Notar stellt ebenfalls nach §§ 13, 15 Abs. 2 GBO einen Antrag auf Eintragung des K2 als neuen Eigentümer.

Nach § 17 GBO hat der Grundbuchbeamte im Falle mehrerer Eintragungen, durch die dasselbe Recht betroffen wird, nach der zeitlichen Reihenfolge der Anträge vorzugehen. Erledigt der Grundbuchbeamte unter Beachtung dieses Grundsatzes im Beispielsfall den früheren Antrag zuerst, so wird K1 Eigentümer, und alles hat seine Ordnung. Der Antrag des K2 müsste zurückgewiesen werden, weil K1 nunmehr Eigentümer des Grundstücks geworden ist. K2 hätte gegen V lediglich einen Schadensersatzanspruch nach § 311a Abs. 2 BGB, weil wegen des bereits gestellten Antrags zugunsten von K1 im Zeitpunkt des Vertragsschlusses bereits feststand, dass V dem K2 kein Eigentum würde verschaffen können (anfängliche Unmöglichkeit). 48

Erledigt der Grundbuchbeamte aber versehentlich unter Verstoß gegen § 17 GBO den Antrag des K2 zuerst, so wird K2 Grundstückseigentümer, weil **Auflassung (§ 925 BGB) und Eintragung sich decken**. Der Antrag des K1 müsste zurückgewiesen werden. Auch wenn der Grundbuchbeamte seinen Fehler sofort bemerken sollte, könnte er die eingetretene Rechtsänderung nicht mehr korrigieren. Es bliebe beim Rechtserwerb des K2. Entsteht K1 ein Schaden, hat er gegen V einen Anspruch aus §§ 280 Abs. 1, Abs. 3, 283 BGB; außerdem 49 kommt – wegen des Fehlers des Grundbuchbeamten – auch ein Amtshaftungsanspruch (Art. 34 GG, § 839 BGB) in Frage.

Aus dem **formellen Grundbuchrecht** ergibt sich, **ob** eine Eintragung erfolgen darf. Für die **materielle Rechtslage** (z.B. § 873 BGB) kommt es allerdings nur darauf an, **dass** eine Eintragung erfolgte.

E. Anwartschaftsrecht des Auflassungsempfängers

I. Problemstellung

50 Der Erwerb von Grundstückseigentum (§§ 873 Abs. 1 Var. 1, 925 Abs. 1 BGB) ist ein **mehraktiges Rechtsgeschäft**, das sich aus Auflassung (= dingliche Einigung) und Eintragung im Grundbuch zusammensetzt. Da eine Eintragung ins Grundbuch erst vorgenommen wird, wenn alle formellen Anforderungen der GBO erfüllt sind, kann zwischen beiden Teilakten ein längerer Zeitraum liegen.

Beispiel: V schließt am 1.3.2014 mit K einen Kaufvertrag (§§ 433, 311b Abs. 1 S. 1 BGB), dabei wird gleichzeitig die Auflassung (§§ 873 Abs. 1, 925 BGB) erklärt. Am 2.3.2014 stellt K beim Grundbuchamt den Antrag auf Eigentumsumschreibung (§ 13 GBO). Die Eintragung erfolgt jedoch erst am 1.6.2014.

51 Aus Sicht des K stellt sich die Frage, ob er schon vor Erwerb des Eigentums durch Eintragung in das Grundbuch eine **gesicherte Rechtsposition** erwirbt, die er wirtschaftlich verwerten kann. Sind von dem mehraktigen Entstehungstatbestand eines Rechts schon so viele Erfordernisse erfüllt, dass der Veräußerer die Rechtsposition des Erwerbers nicht mehr einseitig zerstören kann, spricht man von einem **Anwartschaftsrecht** (vgl. schon BGH NJW 1955, 544). Das Anwartschaftsrecht ist eine Art Vorstufe zum Vollrecht und wird als „wesensgleiches Minus“ zum Eigentum beschrieben. So können wegen einer Beeinträchtigung des Anwartschaftsrechts beispielsweise Schadensersatzansprüche aus § 823 Abs. 1 BGB wegen Verletzung eines sonstigen Rechts geltend gemacht werden (MüKo-BGB/*Wagner*, § 823 Rn. 276).

Ein Anwartschaftsrecht entsteht beispielsweise beim **Kauf unter Eigentumsvorbehalt** (vgl. ausführlich SachenR I, Rn. 250 ff.). Dabei wird die Übertragung des Eigentums aufschiebend bedingt von der vollständigen Zahlung des Kaufpreises abhängig gemacht (§§ 449 Abs. 1, 158 Abs. 1 BGB), so dass der Zeitpunkt der Übergabe der Sache und der Zeitpunkt des endgültigen Rechtserwerbs auseinanderfallen. Bei der Grundstücksübereignung ist eine solche Konstruktion wegen der Bedingungsfeindlichkeit der Auflassungserklärung (§ 925 Abs. 2 BGB) nicht möglich.

II. Entstehungsvoraussetzungen

Welche Voraussetzungen beim Grundstückskauf für die Entstehung eines Anwartschaftsrechts erfüllt sein müssen, ist umstritten. Man könnte in Erwägung ziehen, ein Anwartschaftsrecht bereits dann zu bejahen, wenn eine **nach § 873 Abs. 2 BGB bindende Auflassung erklärt** worden ist. Doch hindert eine bindende Auflassung den Berechtigten nicht daran, über sein Grundstück anderweitig zu verfügen, so dass der Auflassungsempfänger in diesem Stadium noch keine hinreichend gesicherte Position besitzt. 52

Beispiel: E hat sein Grundstück für 500.000 € an K verkauft (§§ 433, 311b Abs. 1 S. 1 BGB), die Auflassung wurde formgerecht erklärt (§§ 873 Abs. 1, 925 Abs. 1 BGB). Doch noch bevor der Antrag auf Umschreibung des Eigentums beim Grundbuchamt gestellt wird, verkauft E dasselbe Grundstück an D und überträgt diesem das Eigentum durch Auflassung und Eintragung. Am Eigentumserwerb des D bestehen keine Zweifel, da die vorher von E und K erklärte Auflassung den E in seiner Verfügungsfreiheit nicht beschränkt (vgl. § 137 S. 1 BGB). Dass E gegenüber K nach §§ 280 Abs. 1 und 3, 283 BGB schadensersatzpflichtig ist, weil ihm – aus eigenem Verschulden – die Erfüllung des Kaufvertrags mit K unmöglich geworden ist, steht auf einem anderen Blatt.

Nach herrschender Meinung entsteht ein Anwartschaftsrecht daher erst dann, wenn der **Auflassungsempfänger den Eintragungsantrag nach § 13 GBO gestellt hat**, denn nach § 17 GBO muss dieser Antrag vor allen später gestellten Anträgen erledigt werden (BGHZ 49, 197, 201 f.; Soergel/*Stürner*, § 873 Rn. 14a). Demgegenüber ist ein Antrag des bisherigen Grundstückseigentümers nicht ausreichend, da er nach § 31 GBO wieder zurückgenommen werden kann. Eine Gegenansicht (MüKo-BGB/*Kohler*, § 873 Rn. 91) hält demgegenüber auch einen Antrag des Auflassungsempfängers nach § 13 GBO nicht für ausreichend, da § 17 GBO lediglich eine Ordnungsvorschrift darstelle und ein Verstoß hiergegen materiell-rechtlich unbeachtlich sei (vgl. Beispiel Rn. 47). Tritt demgegenüber zur Auflassung eine **Auflassungsvormerkung** hinzu (vgl. Rn. 8 und ausführlich Rn. 109 ff.), kann die Rechtsposition des Erwerbers wegen der dinglichen Sicherungswirkung der Vormerkung (§§ 883 Abs. 2, 888 Abs. 1 BGB) nicht mehr durch weitere Verfügungen des Veräußerers vereitelt werden. Nach ganz h.M. entsteht daher jedenfalls dann ein Anwartschaftsrecht, wenn die Auflassung erfolgte und eine Vormerkung zugunsten des Erwerbers eingetragen ist (BGHZ 83, 395, 399; Soergel/*Stürner*, § 873 Rn. 14a). 53

Beispiel (wie oben Rn. 52): Der Anspruch des K aus dem Kaufvertrag auf Übereignung des Grundstücks (§§ 433 Abs. 1 S. 1, 311b Abs. 1 BGB) wird sogleich durch Eintragung einer Vormerkung (§§ 883 Abs. 1 S. 1, 885 Abs. 1

BGB) gesichert. Überträgt E sodann das Eigentum an dem Grundstück auf D, ist diese Verfügung gegenüber K relativ unwirksam (§ 883 Abs. 2 BGB). K kann daher von D gem. § 888 Abs. 1 BGB die Zustimmung zur Eintragung ins Grundbuch verlangen. Damit befindet sich K in einer gesicherten Position.

Beachte: Wurde zugunsten des Erwerbers eine Vormerkung eingetragen, ist aber **noch keine Auflassung** erklärt, liegt kein Anwartschaftsrecht vor. Denn dann ist noch kein Teilakt des mehraktigen Entstehungstatbestandes des Vollrechts (Auflassung + Eintragung) erfüllt.

Anwartschaftsrecht des Auflassungsempfängers (h.M.)
– Auflassung = Einigung nach § 873 Abs. 1 Var. 1 BGB in der Form des § 925 BGB – Auflassungsvormerkung oder Eintragungsantrag des Erwerbers

III. Übertragung und Belastung des Anwartschaftsrechts

54 Das Anwartschaftsrecht wird als „wesensgleiches Minus" grundsätzlich wie das Vollrecht behandelt. Daher ist es nach §§ 873 Abs. 1, 925 BGB übertragbar, doch ist **eine Eintragung in das Grundbuch für den Erwerb des Anwartschaftsrechts nicht erforderlich** (BGHZ 49, 197, 202) und grundbuchrechtlich auch nicht vorgesehen. Schließlich liegt die Besonderheit des Anwartschaftsrechts gerade darin, dass der Auflassungsempfänger bereits ohne Eintragung in das Grundbuch eine verkehrsfähige Rechtsposition erwirbt. Die Formvorschriften der §§ 311b Abs. 1 S. 1, 925 Abs. 1 BGB sind zu beachten, da Kern des Anwartschaftsrechts der zukünftige Erwerb des Grundstücks ist.

Beispiel: E hat sein Grundstück an K aufgelassen (§§ 873 Abs. 1, 925 Abs. 1 BGB), und K hat den Antrag auf Eintragung im Grundbuch gestellt (§ 13 Abs. 1 GBO). Mangels Eintragung im Grundbuch ist K zwar noch nicht Eigentümer des Grundstücks geworden; doch hat er nach h.M. ein Anwartschaftsrecht erworben. **Verkauft** (§ 433 BGB) K dieses Anwartschaftsrecht an D, sind die Formanforderungen des § 311b Abs. 1 S. 1 BGB zu beachten. Die **Übertragung** des Anwartschaftsrechts geschieht nach h.M. analog §§ 873 Abs. 1, 925 Abs. 1 BGB allein durch Auflassung. Sobald D als neuer Eigentümer in das Grundbuch eingetragen wird, erwirbt er automatisch das Eigentum am Grundstück von E ohne Durchgangserwerb des K. Da D mit Erwerb des Anwartschaftsrechts vollständig in die Stellung des Auflassungsempfängers einrückt, kann er unmittelbar die Eintragung im Grundbuch als neuer Eigentümer beantragen (MüKo-BGB/*Kanzleiter*, § 925 Rn. 39).

55 Die Verpfändung des Anwartschaftsrechts ist nach § 1274 BGB möglich. Auch hierfür muss lediglich die Einigung in der Form des § 925 Abs. 1 BGB und keine Eintragung in das Grundbuch erfolgen. Erwirbt der Anwartschaftsberechtigte

das Eigentum am Grundstück, so wandelt sich das Pfandrecht analog § 1287 BGB in eine Sicherungshypothek (siehe Rn. 230) um. Auch eine Pfändung ist gem. § 857 ZPO möglich; bei Erstarken zum Vollrecht entsteht eine Sicherungshypothek nach § 848 Abs. 2 S. 2 ZPO analog (*Vieweg/Werner*, § 13 Rn. 66 f.).

Die Übertragung eines Anwartschaftsrechts ist in den Fällen der **56** sog. **Kettenauflassung** von der (konkludenten) Erteilung einer Verfügungsermächtigung zu unterscheiden.

Fall: V veräußert sein Grundstück an K, die Auflassung ist erklärt und eine Auflassungsvormerkung zugunsten des K eingetragen. Noch bevor der Antrag auf Eintragung des K als Eigentümer in das Grundbuch gestellt wird, lässt K das Grundstück an D auf, der die direkte Eintragung im Grundbuch beantragt, die auch ohne vorherige Eintragung des K erfolgt. Ist D Eigentümer des Grundstücks geworden?

Lösung: D könnte nach §§ 873 Abs. 1, 925 Abs. 1 BGB Eigentümer des Grundstücks geworden sein. Die Auflassung i.S.v. §§ 873 Abs. 1, 925 BGB ist formgerecht erfolgt, und D wurde auch in das Grundbuch eingetragen. Allerdings müsste K zur Verfügung über das Grundstück berechtigt gewesen sein. Mangels Eintragung im Grundbuch war K selbst nicht nach §§ 873 Abs. 1, 925 Abs. 1 BGB Eigentümer des Grundstücks geworden. Doch könnte er vom Berechtigten V **gem. § 185 Abs. 1 BGB zur Verfügung ermächtigt** worden sein. Dafür spricht die bereits erfolgte **Auflassung**, in der – konkludent – auch die Einwilligung in eine Weiterveräußerung liegen könnte. Denn normalerweise spricht in diesem Stadium aus Sicht des Verkäufers nichts dagegen, dem Käufer bereits die Verfügung über das Grundstück zu ermöglichen (vgl. BGH NJW 1997, 936, 937).

Soweit jedoch der Käufer – wie im vorliegenden Fall – bereits ein **Anwartschaftsrecht** besitzt (vgl. Rn. 53), geht die h.M. davon aus, dass es der Konstruktion einer konkludenten Ermächtigung nicht bedarf. Denn die Interessen des Käufers sind bereits durch das Anwartschaftsrecht ausreichend geschützt (BGHZ 49, 197, 202). Dieses kann nämlich auch ohne Eintragung in das Grundbuch auf Dritte übertragen werden. Die Verfügung des K ist daher in eine Übertragung seines Anwartschaftsrechts (§§ 873 Abs. 1, 925 Abs. 1 BGB analog) umzudeuten (§ 140 BGB), das mit der Eintragung des D als Eigentümer zum Vollrecht erstarkt (als Inhaber des Anwartschaftsrechts ist er berechtigt, seine Eintragung herbeizuführen, vgl. Rn. 54). D hat somit direkt vom Berechtigten, dem Eigentümer V, das Eigentum erworben. Letztlich führen im vorliegenden Fall damit beide Konstruktionen zum selben Ergebnis.

Anders wäre es, wenn K noch kein Anwartschaftsrecht besitzen würde (z.B. weil keine Auflassungsvormerkung eingetragen wurde). Dann könnte ein Eigentumserwerb des D nur über die Annahme einer konkludenten Veräußerungsermächtigung i.S.v. § 185 Abs. 1 BGB konstruiert werden. In einem solchen Fall ist auch die h.M. diesem Lösungsweg gegenüber aufgeschlossen.

Kapitel 3. Gutgläubiger Erwerb vom Nichtberechtigten

A. Öffentlicher Glaube des Grundbuchs

Nach § 891 Abs. 1 BGB wird vermutet, dass ein im Grundbuch eingetragenes Recht demjenigen zusteht, zu dessen Gunsten es eingetragen ist (**sog. positive Publizität**). 57

Beispiel: Ist für A eine Grunddienstbarkeit im Grundbuch eingetragen, trägt im Streitfall derjenige die Beweislast, der behauptet, dass die Grunddienstbarkeit nicht besteht oder dass die Grunddienstbarkeit nicht A zusteht.

In gleicher Weise wird nach § 891 Abs. 2 BGB vermutet, dass ein im Grundbuch gelöschtes Recht nicht (mehr) besteht (**sog. negative Publizität**). 58

Beispiel: Wurde die für A bestehende Grunddienstbarkeit im Grundbuch gelöscht, müsste A im Streitfall beweisen, dass die Grunddienstbarkeit doch noch besteht, die Löschung also zu Unrecht erfolgte.

Diese gesetzlichen Richtigkeitsvermutungen sind deshalb gerechtfertigt, weil eine wirksame rechtsgeschäftliche Verfügung über Grundstücksrechte gem. § 873 Abs. 1 BGB stets eine Eintragung in das Grundbuch voraussetzt und die strengen formellen Anforderungen der Grundbuchordnung sicherstellen, dass i.d.R. die durch das Grundbuch ausgewiesene Rechtslage auch der materiellen (= wahren) Rechtslage entspricht. 59

In Klausuren, in denen der dargestellte Sachverhalt regelmäßig unstreitig ist, spielt § 891 BGB so gut wie keine Rolle, da die Vorschrift nur in Zweifelsfällen relevant wird.

B. Gutgläubiger Erwerb von Grundstückseigentum

Der öffentliche Glaube des Grundbuchs ist die Grundlage für die durch §§ 892, 893 BGB eröffnete Möglichkeit eines gutgläubigen Erwerbs von Grundstücksrechten. Insoweit fungiert das Grundbuch als **Rechtsscheinträger**. 60

Während § 891 BGB nur eine widerlegliche Vermutung aufstellt, die für die Beweislast Relevanz besitzt, gehen §§ 892, 893 BGB darüber hinaus und ermöglichen den gutgläubigen Erwerb von Grundstücksrechten.

Zum Vergleich: Im Mobiliarsachenrecht ist Rechtsscheinträger der Besitz (vgl. § 1006 BGB): Die §§ 932 ff. BGB ermöglichen einen gutgläubigen Eigentumserwerb, soweit der Veräußerer durch den Besitz legitimiert wird.

I. Überblick

61 Nach § 892 Abs. 1 S. 1 Alt. 1 BGB wird zugunsten desjenigen, welcher „ein Recht an einem Grundstück“ durch Rechtsgeschäft erwirbt, vermutet, dass der Inhalt des Grundbuchs richtig ist. Als „Recht an einem Grundstück“ kommen sowohl das Eigentum als Vollrecht als auch die sog. beschränkten dinglichen Rechte (Hypothek, Grundschuld usw.) in Frage. In diesem Abschnitt geht es zunächst um den **gutgläubigen Erwerb von Grundstückseigentum** (zum gutgläubigen Erwerb anderer Grundstücksrechte vgl. allgemein Rn. 88 ff. und speziell zum gutgläubigen Erwerb von Hypotheken und Grundschulden Rn. 185 ff. und 253 ff.).

62 Der gutgläubige Erwerb von Grundstückseigentum nach §§ 873 Abs. 1 Var. 1, 925 BGB i.V.m. § 892 Abs. 1 S. 1 Alt. 1 BGB hat folgende **Voraussetzungen**: a) ein Nichtberechtigter verfügt über das Eigentum an einem Grundstück durch Auflassung und Eintragung (§§ 873 Abs. 1 Var. 1, 925 BGB), b) der Nichtberechtigte ist im Grundbuch eingetragen und c) der Erwerber ist gutgläubig, und es ist kein den gutgläubigen Erwerb hindernder Vermerk (= Widerspruch) im Grundbuch eingetragen (§ 892 Abs. 1 S. 1 letzter Hs. BGB).

Gutgläubiger Erwerb von Grundstückseigentum vom Nichtberechtigten (§§ 873 Abs. 1 Var. 1, 925, 892 Abs. 1 Alt. 1 BGB)
– Auflassung (= Einigung nach § 873 Abs. 1 Var. 1 BGB in der Form des § 925 Abs. 1 S. 1 BGB) – Eintragung in das Grundbuch (§ 873 Abs. 1 BGB) – Nichtberechtigter im Grundbuch als Eigentümer eingetragen (§ 892 Abs. 1 S. 1 BGB) – guter Glaube des Erwerbers und – keine Eintragung eines Widerspruchs (§ 892 Abs. 1 S. 1 Hs. 2 BGB)

Hervorzuheben ist, dass der gutgläubige Erwerb nach § 892 Abs. 1 BGB stets voraussetzt, dass die Beteiligten einen **rechtsgeschäftlichen Erwerb** anstreben. Dies zeigt schon der Wortlaut der Vorschrift („ein Recht an einem Grundstück … *durch Rechtsgeschäft* erwirbt"). Demgegenüber ist in Fällen gesetzlichen Rechtserwerbs, etwa durch Universalsukzession nach § 1922 Abs. 1 BGB, kein Raum für einen gutgläubigen Eigentumserwerb, da der Rechtserwerb hier nicht auf einem rechtsgeschäftlichen Vorgang beruht. **63**

Außerdem ist für den gutgläubigen Erwerb das Vorliegen eines **sog. Verkehrsgeschäfts** erforderlich, d.h. auf der Veräußerer- und der Erwerberseite darf bei wirtschaftlicher Betrachtung keine Personenidentität vorliegen. Insofern gelten dieselben Grundsätze wie beim gutgläubigen Erwerb im Mobiliarsachenrecht (vgl. SachenR I, Rn. 70 f.). **64**

Beispiel für fehlendes Verkehrsgeschäft: M erwirbt ein Grundstück von der A-GmbH, dessen alleiniger Gesellschafter er ist (RGZ 117, 257). **Gegenbeispiel:** M ist alleiniger Gesellschafter der A-GmbH, die ein Grundstück an M und dessen Frau F übereignet. Damit steht auf der Erwerberseite eine Person, die nicht auf der Veräußererseite beteiligt ist (Staudinger/*Gursky*, § 892 Rn. 109).

II. Auflassung und Eintragung

Auch beim gutgläubigen Erwerb vom Nichtberechtigten müssen zunächst die **allgemeinen Wirksamkeitsanforderungen** an die Übereignung eines Grundstücks erfüllt sein: a) Einigung nach § 873 Abs. 1 BGB in der Form des § 925 BGB und b) Eintragung im Grundbuch. **65**

Bei der Falllösung kann es – gerade für Anfänger – aus Gründen der Übersichtlichkeit hilfreich sein, zunächst nur die Tatbestandsvoraussetzungen für einen Erwerb vom Berechtigten nach §§ 873 Abs. 1 Var. 1, 925 BGB zu prüfen und wegen fehlender Berechtigung des Verfügenden zu verneinen und erst in einem zweiten Schritt zu fragen, ob der Erwerber nach §§ 873 Abs. 1 Var. 1, 925 BGB i.V.m. § 892 Abs. 1 BGB das Eigentum gutgläubig vom Nichtberechtigten erworben hat.

Beispiel: Der zu Unrecht im Grundbuch als Eigentümer eingetragene V verkauft das betreffende Grundstück an K und lässt es ihm auf. K wird im Grundbuch als neuer Eigentümer eingetragen. **Formulierungsvorschlag:** K könnte nach §§ 873 Abs. 1 Var. 1, 925 BGB von V Eigentum am Grundstück durch Einigung in Form der Auflassung und Eintragung im Grundbuch erworben haben. Zwar wurde K in das Grundbuch eingetragen und beide waren sich unter Wahrung der Form des § 925 Abs. 1 S. 1 BGB über den Eigentumsübergang einig, doch scheitert der Eigentumserwerb nach §§ 873 Abs. 1, 925 BGB daran, dass V als Nichtberechtigter verfügt hat. Allerdings könnte K gem. §§ 873 Abs. 1, 925 BGB i.V.m. § 892 Abs. 1 BGB das Eigentum gutgläubig erworben haben. Dafür müsste V zunächst gem. § 892 Abs. 1 S. 1 BGB zu Unrecht als Eigentümer im Grundbuch eingetragen sein…

III. Nichtberechtigter im Grundbuch eingetragen

66 Nach § 892 Abs. 1 S. 1 BGB kann sich ein gutgläubiger Erwerber darauf berufen, dass der „Inhalt des Grundbuchs **als richtig [gilt]**". Der gutgläubige Erwerb vom Nichtberechtigten setzt demnach voraus, dass derjenige, der als Nichtberechtigter über das Eigentum am Grundstück verfügt, **im Grundbuch als Berechtigter eingetragen** ist.

67 Ein Grund für die Unrichtigkeit des Grundbuchs kann beispielsweise die Nichtigkeit der Einigung i.S.v. §§ 873 Abs. 1, 925 BGB sein.

Beispiel: K bewegt den V durch arglistige Täuschung zum Verkauf und zur Übereignung eines Grundstücks.

Hier ist nach einhelliger Auffassung (vgl. nur SachenR I, Rn. 35) nicht nur der Kaufvertrag (§ 433 BGB), sondern auch die Übereignung (§§ 873 Abs. 1, 925 BGB) nach § 123 Abs. 1 BGB anfechtbar. Die Anfechtung der Übereignung (genauer: der Auflassung) führt rückwirkend zum Fortfall der Eigentumsübertragung (§ 142 Abs. 1 BGB) und damit zur Unrichtigkeit der Eintragung des K im Grundbuch.

68 Auch ein Irrtum über die Person des Erben kann zur Unrichtigkeit des Grundbuchs führen.

Beispiel: Witwer E hinterlässt als einzigen Verwandten seinen Sohn S. Aufgrund eines Testaments, das sich später als unwirksam erweist, wird zunächst der Freundin (F) des Erblassers ein Erbschein ausgestellt und diese sodann als Eigentümerin im Grundbuch eingetragen. F übereignet das Grundstück an den gutgläubigen X.

Die Eintragung der F als Eigentümerin war **als eine Berichtigung des Grundbuchs gedacht**. Sie erfolgte nach § 13 Abs. 1 GBO (Antrag der F) i.V.m. §§ 22 Abs. 1 S. 1, 35 Abs. 1 S. 1 GBO (Nachweis der Unrichtigkeit des Grundbuchs mit Hilfe eines Erbscheins). Die Eintragung der F im Grundbuch hat an der materiellen Rechtslage nichts geändert. Denn nach § 1922 Abs. 1 BGB ging das Eigentum am Grundstück mit dem Tod des E automatisch auf dessen Erben über (sog. Vonselbsterwerb). Erbe ist im vorliegenden Fall aber S als gesetzlicher Erbe (§ 1924 Abs. 1 BGB), da das Testament zugunsten der F nichtig ist. Der Erbschein zugunsten der F ist somit unrichtig; nach der Eintragung der F war demnach auch das Grundbuch unrichtig. Doch hat X von der zu Unrecht im Grundbuch eingetragenen F **gutgläubig Eigentum erworben**. Der Eigentumserwerb erfolgte nach

§§ 873 Abs. 1 Var. 1, 925 BGB i.V.m. § 892 Abs. 1 S. 1 BGB. Der wahre Erbe S, der sein Eigentum durch gutgläubigen Erwerb an X verloren hat, ist auf Regressansprüche gegen F angewiesen (zu den Ausgleichsansprüchen beim gutgläubigen Erwerb vom Nichtberechtigten etwa gem. § 816 Abs. 1 S. 1 BGB oder § 823 BGB vgl. SachenR I, Rn. 107; im vorliegenden Fall wären außerdem spezielle erbrechtliche Ansprüche aus §§ 2018 ff. BGB zu berücksichtigen).

IV. Kein Ausschluss gutgläubigen Erwerbs

Der Rechtsverkehr ist indes nicht unter allen Umständen schützenswert. Nach § 892 Abs. 1 S. 1 Hs. 2 BGB ist ein Eigentumserwerb vom Nichtberechtigten ausgeschlossen, wenn der Erwerber von der Unrichtigkeit des Grundbuches **Kenntnis** hat oder wenn im Grundbuch ein **Widerspruch** (§ 899 BGB) vermerkt ist. **69**

1. Keine positive Kenntnis

Gem. § 892 Abs. 1 S. 1 Hs. 2 BGB ist ein gutgläubiger Erwerb ausgeschlossen, wenn die Unrichtigkeit des Grundbuchs dem Erwerber „bekannt" ist. Nach § 892 Abs. 1 S. 1 BGB schadet dem Erwerber also **nur (positive) Kenntnis**; demgegenüber ist – **im Unterschied zur Definition des § 932 Abs. 2 BGB** – grobe Fahrlässigkeit unbeachtlich. Der Grund für diese Differenzierung ist darin zu sehen, dass auf eine Eintragung im Grundbuch mehr Verlass ist als auf den Rechtsschein des Besitzes im Rahmen von § 932 BGB. Aus der Gesetzesformulierung „es sei denn, dass" folgt, dass guter Glaube des Erwerbers (widerleglich) **vermutet** wird, die Beweislast also derjenige trägt, der den guten Glauben des Erwerbers in Abrede stellt. **70**

Für den guten Glauben **kommt es auch nicht darauf an, ob der Erwerber Kenntnis davon hat, dass der Verfügende im Grundbuch eingetragen ist**. Insofern kommt es nur auf den tatsächlichen Inhalt des Grundbuchs an, denn § 892 Abs. 1 S. 1 BGB bestimmt ohne Rücksicht auf irgendwelche subjektiven Erfordernisse, dass „der Inhalt des Grundbuchs als richtig" gilt. **71**

Nur wenn der Erwerber positiv weiß, dass der Verfügende nicht der Berechtigte ist, schließt § 892 Abs. 1 S. 1 Hs. 2 BGB den gutgläubigen Erwerb aus. Bezugspunkt der Kenntnis muss dabei im Grundsatz die **Unrichtigkeit des Grundbuchs** sein, die bloße Kenntnis aller relevanten Tatsachen ist nicht ausreichend, solange der Betroffene daraus nicht die richtigen Schlüsse zieht, oder sofern die rechtlichen Folgen der Tatsachen nicht als allgemein bekannt vorauszusetzen sind. **72**

Bei Vorliegen eines verschuldeten oder auch unverschuldeten Rechtsirrtums kann daher von ausreichender Kenntnis keine Rede sein. Als bösgläubig kann jedoch derjenige angesehen werden, welcher sich planmäßig einer Unterrichtung entzieht, die gerade darauf abzielt, das fehlerhafte Verständnis des Erwerbers korrigieren zu wollen (*Vieweg/Werner*, § 13 Rn. 47).

Achtung: Steht in einem Klausursachverhalt fest, dass der Betreffende die maßgebenden Umstände kennt, so wird man im Zweifel davon ausgehen können, dass positive Kenntnis i.S.v. § 892 Abs. 1 S. 1 BGB vorliegt (Arg.: „angesichts dieser Umstände hätte sich ein redlich Denkender nicht der Erkenntnis verschließen können, dass …").

73 Im Falle einer **Stellvertretung** ist die allgemeine Zurechnungsvorschrift des § 166 BGB anwendbar (vgl. dazu SachenR I, Rn. 84).

74 **Bezugszeitpunkt** für die Feststellung der Gutgläubigkeit ist – wie bei jedem gutgläubigen Erwerb – die Vollendung des Erwerbstatbestandes; im vorliegenden Zusammenhang also regelmäßig der Zeitpunkt der Eintragung in das Grundbuch (BGH NJW 1980, 2413, 2414). Eine **abweichende Regelung trifft jedoch § 892 Abs. 2 BGB**: Folgt die Eintragung der dinglichen Einigung nach (in der Praxis der Normalfall), so kommt es gem. § 892 Abs. 2 Hs. 1 BGB für den guten Glauben nicht auf den zufälligen Zeitpunkt der Eintragung, sondern auf den Zeitpunkt der Stellung des Antrags nach § 13 GBO an. Sollte jedoch im Zeitpunkt der Antragstellung die dingliche Einigung noch nicht (wirksam) geschlossen worden sein, kommt es gem. § 892 Abs. 2 Hs. 2 BGB auf den Zeitpunkt der Einigung an.

Dieser Norm liegt (parallel zur Wertung des § 878 BGB) der Gedanke zu Grunde, dass der Erwerber dann, wenn er in Bezug auf den Rechtserwerb alles in seiner Macht Stehende getan hat, nicht dem Risiko ausgesetzt sein soll, dass während des förmlichen Eintragungsverfahrens, auf dessen Dauer er keinen Einfluss hat, durch nachträglichen Eintritt von Bösgläubigkeit der Erwerb doch noch vereitelt wird (Staudinger/*Gursky*, § 892 Rn. 200).

Beispiel: A ist fälschlicherweise als Eigentümer eines Grundstücks, das dem B gehört, im Grundbuch eingetragen. A veräußert das Grundstück an den gutgläubigen C. Die Auflassung (§§ 873 Abs. 1, 925 BGB) erfolgt am 2.1.2014. C stellt am 16.1.2014 den Antrag auf Eintragung beim Grundbuchamt (§ 13 Abs. 1 GBO). Am 30.1.2014 erfährt C, dass das Grundbuch unrichtig ist. Am 2.4.2014 wird C als Eigentümer im Grundbuch eingetragen. Damit hat C gutgläubig das Eigentum erworben. Der Eintritt der Bösgläubigkeit nach Stellung des Eintragungsantrags steht gem. § 892 Abs. 2 Hs. 1 BGB dem Eigentumserwerb nicht entgegen. **Variante:** Wie Ausgangsfall, aber für die Eigentumsübertragung ist eine öffentlich-rechtliche Bodenverkehrsgenehmigung erforderlich. Diese wurde erst am 1.4.2014 erteilt. C kann sich nicht auf § 892 Abs. 2 Hs. 1 BGB berufen, da diese Norm voraussetzt, dass bis auf die Eintragung alle Voraussetzungen für den Eigentumserwerb vorliegen (vgl. den parallelen Fall bei § 878 BGB in Rn. 36). Dies war erst am 1.4.2014 der Fall, zu diesem Zeitpunkt war C allerdings bereits bösgläubig.

Zu beachten ist jedoch, dass § 892 Abs. 2 BGB nach seinem eindeu- **75** tigen Wortlaut lediglich den maßgeblichen Zeitpunkt für die Kenntnis der Unrichtigkeit i.S.v. § 892 Abs. 1 S. 1 BGB festlegt, **aber nicht den Zeitpunkt verschiebt, bis zu dem ein Widerspruch i.S.v. § 892 Abs. 1 S. 1 BGB beachtlich ist**. Daraus folgt, dass ein zwischen Antragstellung (§ 13 Abs. 1 GBO) und Eintragung erwirkter Widerspruch (§ 899 BGB) den gutgläubigen Rechtserwerb verhindern kann.

2. Kein Widerspruch

Nach § 892 Abs. 1 S. 1 Hs. 2 BGB ist ein gutgläubiger Erwerb auch **76** ausgeschlossen, wenn ein „Widerspruch" (§ 899 BGB) gegen die Richtigkeit des Grundbuchs eingetragen ist. **Zwar bewirkt der Widerspruch keine Verfügungsbeschränkung oder Grundbuchsperre** (der Grundstückseigentümer kann also im Falle eines zu Unrecht eingetragenen Widerspruchs nach wie vor wirksam über sein Grundstück verfügen), doch verhindert ein solcher Widerspruch die Möglichkeit eines gutgläubigen Erwerbs von Grundstückseigentum. Der Widerspruch **protestiert gegen die Richtigkeit des Grundbuchs**. Er hat eine Warnfunktion für den Erwerber, wobei irrelevant ist, ob er Kenntnis vom Widerspruch hat, denn insoweit fällt der fehlende Blick in das Grundbuch in die Risikosphäre des Erwerbers.

Beispiel: A verkauft sein Grundstück an B, welcher als neuer Eigentümer im Grundbuch eingetragen wird. Als bekannt wird, dass er von B arglistig getäuscht worden ist, erklärt A die Anfechtung der dinglichen Einigung (vgl. Rn. 66 f.). Durch die Anfechtung wird A gem. § 142 Abs. 1 BGB rückwirkend wieder Eigentümer, auch ohne im Grundbuch eingetragen zu sein. Um zu verhindern, dass bis zur Berichtigung des Grundbuchs ein gutgläubiger Dritter das Eigentum von B erwirbt, kann A gem. § 899 Abs. 1 BGB einen Widerspruch gegen die Eigentümerstellung des B ins Grundbuch eintragen lassen.

Wenn B sich schon vor Eintragung des Widerspruchs mit dem gut- **77** gläubigen C über eine Veräußerung des Grundstücks geeinigt und C seinen Eintragungsantrag (§ 13 Abs. 1 GBO) gestellt hat, kann C gleichwohl das Eigentum gem. § 892 Abs. 1 S. 1 BGB nicht gutgläubig erwerben, wenn der Widerspruch des A noch vor der Eintragung des C als Eigentümer im Grundbuch eingetragen wird. § 892 Abs. 2 BGB ist in der vorliegenden Konstellation seinem eindeutigen Wortlaut nach nicht anwendbar (vgl. Rn. 75), denn verschoben wird durch diese Vorschrift **nur der für die Bösgläubigkeit relevante Zeitpunkt** („für die Kenntnis“).

3. Exkurs: Voraussetzungen für den Erlass eines Widerspruchs

78 Die Voraussetzungen für den Erlass eines Widerspruchs ergeben sich aus § 899 BGB: Danach muss zunächst ein **Anspruch aus § 894 BGB** auf Berichtigung des Grundbuchs bestehen (§ 899 Abs. 1 BGB). Ferner muss der Widerspruch in das **Grundbuch eingetragen** werden, und zwar aufgrund einer **Bewilligung** desjenigen, dessen Recht durch die Berichtigung betroffen wird (§ 899 Abs. 2 S. 1 Alt. 2 BGB), oder aufgrund einer **einstweiligen Verfügung** (§ 899 Abs. 2 S. 1 Alt. 1 und S. 2 BGB).

Voraussetzungen eines wirksamen Widerspruchs (§ 899 BGB)
– Grundbuchberichtigungsanspruch gem. § 894 BGB – Bewilligung des Widerspruchs (§ 899 Abs. 2 S. 1 Alt. 2 BGB) oder einstweilige Verfügung (§ 899 Abs. 2 S. 1 Alt. 1 BGB) – Eintragung in das Grundbuch

a) Anspruch gem. § 894 BGB

79 Ein wirksamer Widerspruch setzt gem. § 899 Abs. 1 BGB zunächst voraus, dass derjenige, der den Widerspruch eintragen lässt, gegen den im Grundbuch Eingetragenen einen **Anspruch auf Berichtigung des Grundbuchs nach § 894 BGB** hat (Rn. 96 ff.). Dies ist insbesondere der Fall, wenn im Grundbuch ein falscher Eigentümer steht oder ein nicht bestehendes beschränktes dingliches Recht eingetragen bzw. ein bestehendes beschränktes dingliches Recht nicht eingetragen ist.

80 Allerdings darf ein Widerspruch **ausnahmsweise nicht eingetragen werden, wenn kein gutgläubiger Erwerb droht**, denn Zweck des Widerspruchs ist es nur, einen gutgläubigen Erwerb zu verhindern.

Beispiel: Das Grundbuch weist für das Grundstück des E zu Unrecht ein Nießbrauchsrecht zugunsten des N aus. Die Eintragung eines Widerspruchs gem. § 899 BGB ist nicht zulässig, da ein Nießbrauch gem. § 1059 BGB nicht übertragbar ist (OLG Köln DNotZ 1958, 487, 488; OLG Karlsruhe Rpfleger 1997, 471, 472). E kann daher in aller Ruhe seinen Grundbuchberichtigungsanspruch aus § 894 BGB gegen N durchsetzen und muss nicht befürchten, dass der Nießbrauch von einem (gutgläubigen) Dritten wirksam erworben wird.

Auch wenn im Grundbuch **zu Unrecht eine Vormerkung i.S.v. § 883 Abs. 1 BGB eingetragen** ist, kann nach § 894 BGB analog Grundbuchberichtigung verlangt werden (vgl. Rn. 104). Da der gutgläubige (Zweit-)Erwerb einer Vormerkung möglich ist (vgl. Rn. 141), kann auch in diesem Fall ein Widerspruch i.S.v. § 899 BGB erwirkt werden.

b) Bewilligung des Widerspruchs oder einstweilige Verfügung

Die Eintragung des Widerspruchs im Grundbuch kann nach § 899 Abs. 2 S. 1 Alt. 2 BGB von demjenigen, dessen Recht durch die Berichtigung des Grundbuchs betroffen würde, **freiwillig bewilligt** werden. **81**

Bei dieser Bewilligung handelt es sich – wie bei der Bewilligung einer Vormerkung i.S.v. § 885 Abs. 1 S. 1 BGB (Rn. 120) – um eine **materiell-rechtliche Erklärung**, die rechtlich von der grundbuchrechtlichen Eintragungsbewilligung i.S.v. § 19 GBO (= verfahrensrechtliche Erklärung) zu unterscheiden ist, auch wenn typischerweise nur eine Erklärung abgegeben wird, die beide Bewilligungen enthält (Staudinger/*Gursky*, § 899 Rn. 49 f.).

Die Bewilligung i.S.v. § 899 Abs. 2 S. 1 Alt. 2 BGB ist materiellrechtliche Voraussetzung für die Entstehung des Widerspruchs als Sicherungsmittel des materiellen Grundstücksrechts, die Bewilligung i.S.v. § 19 GBO ist Voraussetzung für die (verfahrensrechtliche) Zulässigkeit der Eintragung des Widerspruchs im Grundbuch.

Wird die Eintragung des Widerspruchs vom Verpflichteten nicht gem. § 899 Abs. 2 S. 1 Alt. 2 BGB aus freien Stücken bewilligt, gibt es – wie bei der Vormerkung nach § 885 Abs. 1 S. 1 Alt. 1 BGB (vgl. Rn. 123) – die Möglichkeit, den **Widerspruch aufgrund einer einstweiligen Verfügung** (§§ 935 ff. ZPO) zwangsweise eintragen zu lassen. **82**

Der Erlass einer einstweiligen Verfügung setzt nach allgemeinen Regeln eigentlich die Glaubhaftmachung eines Verfügungsanspruchs und eines Verfügungsgrundes (= besondere Eilbedürftigkeit) voraus (§§ 935, 936, 920 Abs. 2, 294 ZPO). **Verfügungsanspruch** ist im vorliegenden Fall der Grundbuchberichtigungsanspruch aus § 894 BGB. Das Bestehen dieses Anspruchs muss glaubhaft (§ 294 ZPO) gemacht werden, d.h. das Gericht muss zu der Einschätzung gelangen, dass der Anspruch mit überwiegender Wahrscheinlichkeit besteht, das ist deutlich weniger als der normalerweise erforderliche „volle Beweis". Den **Verfügungsgrund**, d.h. den Nachweis, dass der Anspruch ohne Eintragung einer Vormerkung gefährdet ist, braucht der Gläubiger entgegen den allgemeinen Regeln (vgl. §§ 935, 936, 920 Abs. 2, 294 ZPO) **gem. § 899 Abs. 2 S. 2 BGB nicht glaubhaft** zu machen. Denn ist das Grundbuch unrichtig, besteht wegen § 892 BGB regelmäßig die Gefahr eines gutgläubigen Erwerbs. **83**

c) Eintragung im Grundbuch

84 Um Wirksamkeit zu erlangen, muss der Widerspruch in das **Grundbuch eingetragen** werden (vgl. Beispiel Mustergrundbuch Abteilung 2 im Anhang).

Ergeht eine einstweilige Verfügung, kann das Gericht das Grundbuchamt um die Eintragung ersuchen (§ 941 ZPO). In den übrigen Fällen vollzieht sich die Eintragung im Wesentlichen nach den bekannten Regeln der §§ 13, 19, 39 GBO.

C. Gutgläubig lastenfreier Grundstückserwerb

85 § 892 Abs. 1 S. 1 BGB ermöglicht außerdem den gutgläubig lastenfreien Erwerb eines Grundstücks. Gutgläubig lastenfreier Erwerb bedeutet, dass ein **Grundstück frei von etwaigen Lasten** (z.B. Hypothek oder Grundschuld) erworben werden kann, wenn diese materiellrechtlich zwar bestehen, aber nicht im Grundbuch ausgewiesen sind. Ein gutgläubig lastenfreier Erwerb von Immobilien ist dabei genau wie bei beweglichen Sachen (vgl. SachenR I, Rn. 109 ff.) sowohl vom Berechtigten als auch vom Nichtberechtigten möglich.

Beispiel: A ist Eigentümer eines mit einer Grundschuld belasteten Grundstücks. Versehentlich löscht der Grundbuchbeamte diese Belastung. Wenn A das Grundstück nun auf B überträgt, der keine Kenntnis vom Fortbestehen der Grundschuld hat, erwirbt B von A das Eigentum nach §§ 873 Abs. 1 Var. 1, 925 BGB (normaler Eigentumserwerb vom Berechtigten). Doch erwirbt er gem. § 892 Abs. 1 S. 1 BGB kraft öffentlichen Glaubens lastenfreies Eigentum (also Eigentum ohne eine darauf lastende Grundschuld). **Variante:** A ist zudem im Grundbuch zu Unrecht als Eigentümer des fraglichen Grundstücks eingetragen. Unter den Voraussetzungen von §§ 873 Abs. 1 Var. 1, 925 BGB i.V.m. § 892 Abs. 1 S. 1 BGB kann B von A das Eigentum erwerben, wenn er gutgläubig bezüglich der Eigentümerstellung des A ist. Ist er auch gutgläubig bezüglich des Nichtbestehens der Grundschuld, erwirbt er (sogar) lastenfreies Eigentum.

D. Verfügungsbeschränkungen

86 Ist der Berechtigte in der Verfügung über ein im Grundbuch eingetragenes Recht zugunsten einer bestimmten Person beschränkt, so bestimmt § 892 Abs. 1 S. 2 BGB, dass die Verfügungsbeschränkung dem Erwerber gegenüber nur wirksam ist, wenn sie aus dem Grundbuch ersichtlich oder dem Erwerber bekannt ist.

87 § 892 Abs. 1 S. 2 BGB spricht von Verfügungsbeschränkungen „zugunsten einer bestimmten Person“. Damit sind die sog. **relativen Verfügungsverbote i.S.v. §§ 135, 136 BGB** gemeint, die nur gegen-

über der vom Verbot geschützten Person wirken (und bei denen nach § 135 Abs. 2 BGB ganz allgemein die Möglichkeit gutgläubigen Erwerbs besteht). Nicht erfasst sind die **absoluten Verfügungsverbote**, die gegenüber jedermann Wirkung entfalten. Bei absoluten Verfügungsverboten (z.B. § 134 BGB i.V.m. § 3 BtMG) und den ihnen gleichstehenden (absoluten) Verfügungsbeschränkungen (z.B. §§ 1365, 1369 BGB) ist ein gutgläubiger Erwerb nur ausnahmsweise möglich, soweit er in Spezialvorschriften **gesetzlich angeordnet** ist (z.B. gemäß § 2113 Abs. 3 BGB bei der Vor- und Nacherbschaft). Vgl. zur Unterscheidung *Vieweg/Werner*, § 4 Rn. 62 ff.

Beispiel 1: Vollstreckt G in das Grundstück seines Schuldners E, so wird das Grundstück durch den Beschluss, der die Zwangsversteigerung anordnet, beschlagnahmt (§ 20 Abs. 1 ZVG). Die **Beschlagnahme** hat die Wirkungen eines (relativen) Veräußerungsverbotes zugunsten des Vollstreckungsgläubigers (§ 23 Abs. 1 S. 1 ZVG). Ein gutgläubiger Erwerb des Grundstücks nach §§ 135 Abs. 2, 136 BGB i.V.m. §§ 873 Abs. 1, 925, 892 BGB ist erst ausgeschlossen, sobald gem. § 19 ZVG der sog. Versteigerungsvermerk im Grundbuch eingetragen ist, weil dann die Verfügungsbeschränkung aus dem Grundbuch ersichtlich ist.

Beispiel 2: Mit der Eröffnung des Insolvenzverfahrens geht die **Verwaltungs- und Verfügungsbefugnis gem. §§ 80, 81 InsO** auf den Insolvenzverwalter über. Da es sich um eine absolute Verfügungsbeschränkung handelt, wäre § 892 Abs. 1 S. 2 BGB eigentlich nicht anwendbar. Doch eröffnet § 81 Abs. 1 S. 2 InsO durch Verweisung ausdrücklich die Möglichkeit eines gutgläubigen Erwerbs von Grundstücksrechten, soweit nicht der Insolvenzvermerk bereits gem. § 32 Abs. 1 Nr. 1 InsO in das Grundbuch eingetragen ist.

Gutglaubensschutz in Bezug auf Verfügungsbeschränkungen (§ 892 Abs. 1 S. 2 BGB)
Erfasst sind: – Relative Verfügungsverbote i.S.v. §§ 135, 136 BGB – Absolute Verfügungsverbote nur, soweit gutgläubiger Erwerb ausnahmsweise ausdrücklich ermöglicht wird

E. Gutgläubiger Erwerb sonstiger Grundstücksrechte

Zu beachten ist, dass § 892 Abs. 1 S. 1 Alt. 1 BGB ganz allgemein **88** von dem Erwerb eines „Rechts an einem Grundstück“ spricht und darüber hinaus die Vorschrift in § 892 Abs. 1 S. 1 Alt. 2 BGB auch auf „Rechte an solchen Rechten“ erweitert wird (zu den Begriffen vgl. auch bereits Rn. 14 f. und 17). Erfasst werden also neben dem Erwerb von Grundstückseigentum auch der Erwerb von beschränkten dinglichen Rechten an einem Grundstück, wie Dienstbarkeiten, Grundpfandrechten, Nießbrauch (§ 1068 Abs. 1 BGB), sowie das Pfandrecht an Grundstücksrechten (§ 1273 Abs. 1 BGB) als dingliches Recht an beschränkten dinglichen Rechten.

Fall: Erblasser E hinterlässt als einzigen Verwandten seinen Sohn S. Aufgrund eines Testaments, das sich später als unwirksam erweist, wird zunächst die Freundin F als Eigentümerin im Grundbuch eingetragen. F bestellt zugunsten des gutgläubigen X eine Hypothek zur Absicherung eines von diesem gewährten Darlehens.

Lösung: Die Hypothek ist ein dingliches Recht an einem Grundstück (§ 1113 BGB). Wie alle dinglichen Rechte an Grundstücken wird auch die Hypothek durch Einigung und Eintragung (§ 873 Abs. 1 Var. 2 BGB) bestellt. Dass hier F als Nichteigentümerin die Hypothek bestellt hat (S war gem. §§ 1922, 1924 Abs. 1 BGB mit dem Erbfall kraft Gesetzes Eigentümer geworden), schadet nicht, da X gutgläubig war. X hat also gem. § 892 Abs. 1 S. 1 BGB die Hypothek gutgläubig erworben (ausführlich zum gutgläubigen Erwerb von Hypotheken und Grundschulden Rn. 185 ff. und 253 ff.). Im Ergebnis behält S damit sein Eigentum am Grundstück und kann mit Hilfe eines Erbscheins die Berichtigung des Grundbuchs durchsetzen (§§ 13, 22 Abs. 1 S. 1, 35 Abs. 1 S. 1 GBO). Sein Grundstück ist aber mit einer Hypothek zugunsten des X belastet. Bezüglich der „Einbuße", die S wegen des gutgläubigen Erwerbs der Hypothek durch X erlitten hat, kommen Regressansprüche gegen F u.a. aus § 816 Abs. 1 S. 1 BGB, § 823 BGB, aber auch aus §§ 2018 ff. BGB in Frage. Vgl. zur parallelen Problematik beim gutgläubigen Erwerb von Eigentum SachenR I, Rn. 107.

89 Während sich der gutgläubige Erwerb von Grundstücksrechten nach § 892 Abs. 1 S. 1 BGB richtet, erstreckt § 893 Alt. 2 BGB den **Gutglaubensschutz auf die übrigen Verfügungsgeschäfte** über Grundstücksrechte, namentlich auf die Inhaltsänderung (etwa in Form einer Rangänderung) und die Aufhebung. Obwohl eine **Vormerkung** ein bloßes Sicherungsmittel für einen schuldrechtlichen Anspruch ist und ihre Bestellung damit keine „Verfügung" darstellt, verleiht sie dem gesicherten Anspruch doch dingliche Wirkung (vgl. § 883 Abs. 2 BGB) und stellt deshalb nach h.M. auch eine sonstige Verfügung i.S.v. § 893 Alt. 2 BGB dar (ausführlich Rn. 137).

Beispiel: Bucheigentümer B verkauft an den gutgläubigen D ein Grundstück, lässt es auf und bewilligt D eine Vormerkung (§§ 883 Abs. 1, 885 Abs. 1 S. 1 BGB). Anschließend wird der wahre Eigentümer E mit Zustimmung des B im

Wege der Grundbuchberichtigung als Eigentümer ins Grundbuch eingetragen. D hat gem. §§ 892 Abs. 1, 893 Alt. 2 BGB gutgläubig eine Vormerkung vom Nichtberechtigten (B) erworben (sog. gutgläubiger Ersterwerb). Obwohl die berichtigende Eintragung des E keine Verfügung i.S.v. § 883 Abs. 2 BGB darstellt, ist sie gegenüber D relativ unwirksam (§ 883 Abs. 2 BGB analog, vgl. Rn. 140).

§ 893 Alt. 1 BGB erklärt § 892 BGB zudem für entsprechend an- **90**
wendbar, wenn an denjenigen, für welchen ein Recht im Grundbuch eingetragen ist, aufgrund dieses Rechts eine **Leistung bewirkt** wird.

Beispiel (nach KG OLGE 18, 110): Zugunsten des H ist eine Hypothek am Grundstück des E im Grundbuch eingetragen; E ist zugleich persönlicher Schuldner der gesicherten Forderung. H überträgt die Forderung gem. §§ 398, 1154 BGB und damit auch die Hypothek (§ 1153 Abs. 1 BGB) an D, der im Grundbuch als neuer Hypothekengläubiger eingetragen wird (zum Zweiterwerb einer Hypothek vgl. Rn. 186 ff.). Das Rechtsgeschäft ist allerdings unwirksam, weil H im Zeitpunkt der Abtretung geschäftsunfähig (i.S.v. § 104 Nr. 2 BGB) war. Forderung und Hypothek stehen damit nach wie vor H zu. Zahlt nun E auf seine Hypothek an D, bewirkt also eine Leistung i.S.v. § 893 Alt. 1 BGB, so wird er nach §§ 892 Abs. 1, 893 Alt. 1 BGB durch seine Zahlung von der dinglichen Belastung frei.

Nicht in den Anwendungsbereich von § 892 BGB fallen solche Angaben, **91**
welche die Richtigkeit des Grundbuches im Rechtssinne nicht in Frage stellen können. Nicht geschützt wird daher der gute Glaube z.B. in Bezug auf tatsächliche Angaben im Grundbuch, wie Grundstücksgröße und -beschaffenheit oder an eigentlich nichteintragungsfähige Rechte, Belastungen und Beschränkungen.

F. Öffentlicher Glaube und BGB-Gesellschaft (§ 899a BGB)

Was die Rechtsstellung der Gesellschaft bürgerlichen Rechts im **92**
Grundstücksrecht anbelangt, muss man sich zunächst vergegenwärtigen, dass die **Rechtsfähigkeit der GbR** anerkannt ist, soweit sie durch Teilnahme am Rechtsverkehr eigene Rechte und Pflichten begründet (sog. Außengesellschaft bürgerlichen Rechts, vgl. BGH NJW 2001, 1056; BGH NJW 2006, 3716). Damit kann die GbR **selbst** Inhaberin eines Grundstücksrechts sein. Ändert sich der Gesellschafterbestand, hat dies keinen Einfluss auf die materielle Zuordnung des eingetragenen Grundstücksrechts zum Gesellschaftsvermögen. Wenn eine GbR, wirksam vertreten durch ihre Gesellschafter (§§ 709, 714 BGB), über ein Grundstücksrecht verfügt, gelten die **allgemeinen Regeln**.

Beispiel: Die A-GbR ist zu Unrecht als Eigentümerin eines dem E gehörenden Grundstücks im Grundbuch eingetragen. Die A-GbR überträgt das Grundstückseigentum, wirksam vertreten durch ihre Gesellschafter A, B und C (§§ 709, 714 BGB), an D, der die A-GbR für die Eigentümerin des Grundstücks hält. D wird als Eigentümer im Grundbuch eingetragen. Ein Eigentumserwerb des D nach §§ 873 Abs. 1 Var. 1, 925 BGB scheidet nur deshalb aus, weil die A-GbR Nichtberechtigte war. Eintragung und Auflassung sind wirksam. Allerdings hat D gem. §§ 873 Abs. 1 Var. 1, 925 BGB i.V.m. § 892 Abs. 1 BGB gutgläubig das Eigentum am Grundstück erworben.

93 Für denjenigen, der mit einer GbR ein Grundstücksgeschäft schließen möchte, ist es jedoch entscheidend zu wissen, wer die Verfügungsbefugnis für die GbR auszuüben vermag, d.h., wer die **GbR wirksam vertreten** kann. Hierbei hilft, anders als bei den übrigen Gesellschaftstypen, das Handelsregister nicht weiter, weil die GbR in diesem nicht geführt wird. Deswegen bestimmt § 47 Abs. 2 S. 1 GBO, dass stets alle Gesellschafter einer GbR im Grundbuch einzutragen sind (eine zusätzliche Eintragung der Gesellschaft ist grundsätzlich möglich, vgl. Wortlaut: „auch“, aber nicht zwingend: § 15 Abs. 1 lit. c GBV). Doch kann § 47 Abs. 2 S. 1 GBO nicht zuverlässig gewährleisten, dass sämtliche Gesellschafterwechsel stets zutreffend im Grundbuch vermerkt werden. Diese Unsicherheit wird durch § 899a BGB aufgegriffen, der in Ansehung eines für eine GbR im Grundbuch eingetragenen Rechts vermutet, dass nur die im Grundbuch eingetragenen Personen Gesellschafter sind und die §§ 892 bis 899 BGB für entsprechend anwendbar erklärt.

Die Vorschrift gilt nur für die GbR, nicht aber für die KG oder OHG, weil bei den Handelsgesellschaften die Vertretungsbefugnis stets dem Handelsregister entnommen werden kann und insofern § 15 HGB Gutglaubensschutz gewährt.

94 § 899a BGB schützt also den **guten Glauben daran, dass die im Grundbuch Eingetragenen – und nur diese – Gesellschafter der GbR sind** und ermöglicht damit einen gutgläubigen Erwerb von Grundstücksrechten bei materiell unwirksamer Vertretung der GbR.

Beispiel: A und B sind Gesellschafter einer GbR, deren einziges Vermögen ein Grundstück ist. Die GbR ist als Eigentümerin des Grundstückes (sowie gem. § 47 Abs. 2 S. 1 GBO A und B als deren Gesellschafter) im Grundbuch eingetragen. Später überträgt B seinen Gesellschaftsanteil an C, doch wird versäumt, diese Änderung im Grundbuch eintragen zu lassen. Kurz danach veräußert A zusammen mit B das Grundstück an den gutgläubigen D, der ins Grundbuch eingetragen wird. Nachdem C davon erfahren hat und das Geschäft keinesfalls genehmigen will, fordern A und C für die GbR das Grundstück von D zurück.

In diesem Beispiel stellen sich zwei grundlegende Fragen:

(1) Konnte D das Eigentum am Grundstück erwerben?

(2) Falls D das Eigentum erworben haben sollte, ist dieser Erwerb bereicherungsrechtlich rückabzuwickeln?

Geht man vom gesetzlichen Regelfall der **Gesamtvertretungsmacht** aus, waren A und B nach §§ 709, 714 BGB nicht vertretungsbefugt. Die von ihnen als Vertreter ohne Vertretungsmacht erklärte Auflassung (§§ 873 Abs. 1 Var. 1, 925 BGB) wurde auch nicht gem. § 177 Abs. 1 BGB durch Genehmigung der GbR (vertreten durch alle Gesellschafter, zu diesem Zeitpunkt also A und C) wirksam. Gem. § 899a S. 2 BGB i.V.m. § 892 Abs. 1 S. 1 BGB wird jedoch der gutgläubige Erwerber (D) in seinem Vertrauen darauf, dass neben den im Grundbuch eingetragenen Gesellschaftern keine weiteren Gesellschafter vorhanden sind, geschützt. Die Auflassung zwischen der GbR und D ist damit wirksam, auf den Mangel der Vertretungsmacht kann sich die GbR gegenüber D nicht berufen. D hat also das Eigentum am Grundstück gem. §§ 873 Abs. 1 Var. 1, 925 BGB i.V.m. §§ 899a, 892 Abs. 1 S. 1 BGB durch Auflassung und Eintragung erworben.

Umstritten ist, ob die sachenrechtlichen Wertungen **auch auf das schuldrechtliche Verpflichtungsgeschäft durchschlagen**: Sollte § 899a BGB ausschließlich dingliche Wirkung entfalten, wäre der Kaufvertrag, welcher der Übereignung zu Grunde lag und ebenfalls von den „falschen Gesellschaftern" A und B abgeschlossen wurde, aufgrund mangelnder Vertretungsmacht gem. § 177 Abs. 1 BGB (schwebend) unwirksam. Für eine Beschränkung auf das dingliche Verfügungsgeschäft spricht der Wortlaut („in Ansehung des eingetragenen Rechts") und die systematische Stellung des § 899a BGB im Sachenrecht sowie der Umstand, dass jedenfalls § 892 BGB keinerlei schuldrechtliche Wirkungen entfaltet (*Wellenhofer*, JuS 2010, 1048, 1050). Dies hätte allerdings zur Folge, dass die Schutzwirkung des § 899a BGB durch einen Kondiktionsanspruch ausgehebelt werden könnte, da nunmehr die „wahren Gesellschafter" A und C von D die Rückübereignung des Grundstücks gem. § 812 Abs. 1 S. 1 Alt. 1 BGB verlangen könnten. Dieses Ergebnis ist unbefriedigend, doch wird es von der wohl herrschenden Meinung hingenommen (Staudinger/*Gursky*, § 899a Rn. 11 ff. m.w.N.). Demgegenüber plädiert eine Gegenauffassung dafür, die Vorschrift auch auf das der Verfügung zu Grunde liegende schuldrechtliche Verpflichtungsgeschäft anzuwenden. Schließlich ordnet § 899a S. 2 BGB nur die „entsprechende" Anwendung der §§ 892 ff. BGB an, und auch der Wortlaut erstreckt sich bei einem großzügigeren Verständnis auf alle Rechtsgeschäfte, die einen „Bezug" zum betreffenden Grundstücksrecht haben (*Wertenbruch*, ZIP 2010, 1884 ff.). Problematisch erscheint, dass durch diese „Durchgriffs-Lösung" ein wirksamer Vertrag kreiert wird, aus dem sich insbesondere weitere Sekundäransprüche ergeben können. Eine andere Gegenansicht will daher die Schutzwirkung des § 899a BGB zwar nicht auf das Kausalgeschäft erstrecken, aber trotzdem den Kondiktionsanspruch grundsätzlich ausschließen (*Witt*, BB 2011, 259, 261 ff.).

Nach der ersten Ansicht stünde der GbR (vertreten durch A und C) gegenüber D ein Anspruch aus § 812 Abs. 1 S. 1 Alt. 1 BGB auf Rückübereignung des Grundstücks zu, denn D hätte das Eigentum an dem Grundstück durch Leistung ohne rechtlichen Grund (der Kaufvertrag wäre unwirksam) erlangt. Die Gegenauffassungen würden – mit unterschiedlicher Begründung – den Anspruch aus § 812 Abs. 1 S. 1 Alt. 1 BGB verneinen.

95 Die Frage nach der „schuldrechtlichen Wirkung" des § 899a BGB ist etwa auch bedeutsam, soweit die Gesellschafter einer GbR eine Vormerkung bewilligen und sich die Frage stellt, ob der durch die Vormerkung gesicherte Anspruch (etwa aus dem Abschluss eines Kaufvertrags mit der GbR) durch die fehlerhaft eingetragenen Gesellschafter überhaupt wirksam begründet wurde (abl. etwa Palandt/*Herrler*, § 899a Rn. 8).

Mit § 899a BGB sollte man sich spätestens zur Examensvorbereitung vertraut machen, da die Vorschrift in idealer Weise geeignet ist, um Bezüge zwischen Gesellschafts- und Immobiliarsachenrecht herzustellen (vgl. etwa Übungsfall von *Leitner*, ZJS 2010, 707 ff. unter www.zjs-online.com).

Kapitel 4. Grundbuchberichtigungsanspruch

A. Sinn und Zweck

Ist das Grundbuch unrichtig, so resultieren daraus für denjenigen, dessen Rechtsstellung nicht zutreffend wiedergegeben wird, gravierende Gefahren. Nach § 891 BGB wird nämlich (widerleglich) vermutet, dass das Grundbuch die wahre Rechtslage abbildet. Diese **Vermutung der Richtigkeit des Grundbuchs** ist gem. §§ 892, 893 BGB im Immobiliarsachenrecht die Grundlage für den gutgläubigen Erwerb von Grundstücksrechten vom Nichtberechtigten (vgl. ausführlich Rn. 60 ff.). Um den gutgläubigen Erwerb eines Dritten zu verhindern, kann der tatsächliche Rechtsinhaber zwar gem. § 899 Abs. 1 BGB einen Widerspruch im Grundbuch eintragen lassen (vgl. ausführlich Rn. 76 ff.), doch stellt dieser nur eine vorläufige Sicherungsmaßnahme dar: Zwar wird hierdurch verhindert, dass der wahre Rechtsinhaber durch gutgläubigen Erwerb seitens eines Dritten materiell-rechtlich aus seiner Position verdrängt wird, da die Eintragung eines Widerspruchs den öffentlichen Glauben des Grundbuchs zerstört (vgl. § 892 Abs. 1 S. 1 Hs. 2 BGB: „es sei denn, dass ein Widerspruch …“). Doch hebt der Widerspruch die fortbestehende Diskrepanz zwischen materieller Rechtslage und fehlerhafter Grundbucheintragung nicht auf. 96

Dafür ist vielmehr die **Berichtigung des Grundbuchs** erforderlich. 97
Die Grundbuchberichtigung setzt – wie jede Eintragung im Grundbuch (vgl. Rn. 40) – voraus: a) einen **Antrag** (§ 13 Abs. 1 GBO) und b) die **Bewilligung des Betroffenen** (§ 19 GBO) in der Form des § 29 GBO.

Da der zu Unrecht Eingetragene aber oft nicht freiwillig bereit sein wird, die Eintragungsbewilligung zu erklären, gewährt § 894 BGB einen sog. Grundbuchberichtigungsanspruch, der auf Zustimmung zur Berichtigung (= Abgabe der Eintragungsbewilligung gem. §§ 19, 29 GBO) gerichtet ist.

Neben dem Anspruch aus § 894 BGB kann auch ein Anspruch aus § 985 BGB bestehen, dessen Anwendungsbereich nicht auf bewegliche Sachen beschränkt ist. In Klausurfällen geht es dem Anspruchsteller aber eher selten um Herausgabe des Besitzes gem. § 985 BGB, sondern meist um die Eintragung im Grundbuch, um seine Eigentümerstellung gegenüber jedermann zu dokumentieren, so dass regelmäßig der Grundbuchberichtigungsanspruch gem. § 894 BGB im Mittelpunkt der Prüfung steht. 98

B. Tatbestand des § 894 BGB

Grundbuchberichtigungsanspruch aus § 894 BGB
– Unrichtigkeit des Grundbuchs (= Auseinanderfallen von materieller Rechtslage und formeller Buchlage) – Anspruchsberechtigter ist derjenige, dessen Rechtsstellung im Grundbuch nicht oder nicht richtig wiedergegeben wird – Anspruchsverpflichteter ist derjenige, dessen Einwilligung erforderlich ist, um die Grundbuchberichtigung zu bewirken (i.d.R. derjenige, der im Grundbuch eingetragen ist)

I. Unrichtigkeit des Grundbuchs

99 Das Bestehen eines Grundbuchberichtigungsanspruchs aus § 894 BGB setzt stets voraus, dass das Grundbuch unrichtig ist, d.h., dass der **Inhalt des Grundbuchs (= Buchlage) von der wahren materiellen Rechtslage abweicht**.

Bei der Prüfung des Anspruchs aus § 894 BGB müssen also Buchlage und wahre Rechtslage gegenüber gestellt werden. Dabei ist die wahre Rechtslage – in Parallele zu § 985 BGB – nach der sog. **historischen Methode** chronologisch zu prüfen.

100 Um welche Konstellationen es gehen kann, ergibt sich aus den verschiedenen in § 894 BGB aufgezählten Varianten. Die wichtigste Fallgruppe wird in § 894 Var. 1 BGB angesprochen: Dort geht es um Fälle, in denen der Inhalt des Grundbuchs **„in Ansehung eines Rechts an dem Grundstück"** mit der wirklichen Rechtslage nicht im Einklang steht. Die Unrichtigkeit des Grundbuchs kann sich z.B. darauf beziehen, dass eine Person im Grundbuch als Eigentümer ausgewiesen wird, ohne es zu sein, oder dass ein (dingliches) Recht an einem Grundstück im Grundbuch eingetragen ist, das nicht besteht. Dies kann darauf beruhen, dass eine Verfügung über ein Grundstücksrecht (wegen Geschäftsunfähigkeit, Formmangels, Anfechtung etc.) unerkannt unwirksam ist, die vermeintliche Rechtsänderung aber gleichwohl in das Grundbuch eingetragen wird, oder dem Grundbuchbeamten ein Fehler unterläuft.

Beispiele: V übereignet K sein Grundstück, K wird in das Grundbuch als neuer Eigentümer eingetragen, doch war V wegen Altersdemenz geschäftsunfähig i.S.v. § 104 Nr. 2 BGB. Oder der Grundbuchbeamte trägt für das Grundstück des E versehentlich eine Grundschuld (§ 1191 BGB) zugunsten des G1 anstatt zugunsten des G2 ein.

Das Grundbuch kann aber auch falsch werden, ohne dass irgendein Fehler unterlaufen ist, indem **sich die wahre Rechtslage außerhalb des Grundbuchs ändert**, etwa wenn der eingetragene Eigentümer eines Grundstücks verstirbt und sein Erbe gem. § 1922 BGB automatisch in seine Rechtsposition einrückt. **101**

Des Weiteren spricht § 894 Var. 2 BGB die Fälle an, in denen der Inhalt des Grundbuchs **„in Ansehung eines Rechts an einem Rechte"** mit der wirklichen Rechtslage nicht im Einklang steht. Dabei kann es sich beispielsweise um das Pfandrecht an einer Grundschuld handeln (vgl. § 1273 Abs. 1 BGB). Rechte an Grundstücksrechten kommen in Klausuren allerdings nur äußerst selten vor. **102**

Zu guter Letzt kann es sein, dass der Inhalt des Grundbuchs nach § 894 Var. 3 BGB **„in Ansehung einer Verfügungsbeschränkung der in § 892 Abs. 1 bezeichneten Art"** mit der wirklichen Rechtslage nicht im Einklang steht. Dabei geht es um die in § 892 Abs. 1 S. 2 BGB angesprochenen relativen Verfügungsbeschränkungen (vgl. ausführlich Rn. 86 f.), etwa das von einem Gericht nach §§ 935, 938 ZPO erlassene Veräußerungsverbot oder den Übergang der Verfügungsbefugnis auf den Insolvenzverwalter bei Insolvenzeröffnung (§§ 80 Abs. 1, 81 InsO), der durch Eintragung des Insolvenzvermerks im Grundbuch dokumentiert wird (§ 32 InsO). **103**

Ist im Grundbuch **zu Unrecht eine Vormerkung** i.S.v. § 883 Abs. 1 BGB eingetragen (Beispiel: Vormerkung ist unwirksam, weil der angeblich zu Grunde liegende Anspruch nicht besteht), kann § 894 BGB nicht direkt angewendet werden, da die Vormerkung kein dingliches Recht an einem Grundstück ist, sondern nur ein „Sicherungsmittel eigener Art" für einen obligatorischen Anspruch auf Rechtsänderung darstellt (vgl. Rn. 137). Doch ist **§ 894 BGB analog anwendbar**, weil auch die Löschung einer Vormerkung eine Bewilligung nach §§ 19, 29 GBO erfordert. Das Gleiche gilt für einen **zu Unrecht eingetragenen Widerspruch** i.S.v. § 899 BGB. **104**

Fall: Der geschäftsunfähige E hat sein Grundstück durch Auflassung und Eintragung an K übereignet. K seinerseits überträgt das Eigentum an dem Grundstück an den gutgläubigen D, der in das Grundbuch eingetragen wird. Kann E von D gem. § 894 BGB die Zustimmung zur Berichtigung des Grundbuchs verlangen?

Lösung: Der Anspruch aus § 894 BGB setzt voraus, dass der Inhalt des Grundbuchs in Ansehung eines Rechts an einem Grundstück mit der wahren Rechtslage nicht übereinstimmt. Im vorliegenden Fall könnte D zu Unrecht im Grundbuch als Eigentümer eingetragen sein. Eigentümer war ursprünglich E. Durch die Übertragung des Grundstücks auf K hat E sein Eigentum nicht verloren, denn aufgrund seiner Geschäftsunfähigkeit ist die Auflassung i.S.v. § 873

Abs. 1 Var. 1 BGB i.V.m. § 925 BGB gem. §§ 105 Abs. 1, 104 Nr. 2 BGB nichtig. Allerdings könnte D das Eigentum nach §§ 873 Abs. 1 Var. 1, 925 BGB i.V.m. § 892 BGB von dem im Grundbuch eingetragenen K gutgläubig erworben haben. Dafür müsste das Grundbuch zum Zeitpunkt des Erwerbs durch D unrichtig gewesen sein. Dies war der Fall, da K zu Unrecht als Eigentümer eingetragen war. Da D auch gutgläubig war, ist er Eigentümer des Grundstücks geworden, so dass der Inhalt des Grundbuchs nunmehr mit der wahren Rechtslage übereinstimmt. E kann von D daher keine Zustimmung zur Berichtigung des Grundbuchs gem. § 894 BGB verlangen. Zu den Ersatzansprüchen des E gegen K, die bei wirksamer Verfügung eines Nichtberechtigten in Frage kommen, vgl. SachenR I, Rn. 107.

Beachte: Für die Lösung des Falles muss an zwei verschiedenen Stellen geprüft werden, ob das Grundbuch unrichtig ist. Zunächst stellt sich die (Ausgangs-)Frage, ob § 894 BGB eingreift, weil das Grundbuch von der wahren Rechtslage (heute) abweicht. Inzident ist dann zu prüfen, ob das Grundbuch zum Zeitpunkt des möglichen gutgläubigen Erwerbs von D (damals) gem. § 892 BGB unrichtig war.

105 Seitdem die Gesellschafter einer BGB-Gesellschaft im Grundbuch individuell einzutragen sind (§ 47 Abs. 2 S. 1 GBO), kann es vorkommen, dass die dort Eingetragenen nicht mit dem tatsächlichen Gesellschafterbestand übereinstimmen. Insbesondere Gesellschafterwechsel bergen die Gefahr, dass das Grundbuch einen falschen Überblick über die wahren Gesellschafterverhältnisse gibt. Doch stellt dies keine Unrichtigkeit i.S.d. § 894 BGB dar, weil das Eigentum am Grundstück der BGB-Gesellschaft selbst als Recht zugeordnet ist und Fehler in Bezug auf die im Grundbuch eingetragenen Gesellschafter an dieser Zuordnung nichts ändern. Allerdings muss trotzdem die Möglichkeit eröffnet sein, das fehlerhafte Grundbuch zu berichtigen, da andernfalls beispielsweise der Rechtsverlust von Grundstücksrechten der Gesellschaft droht, sollten die vom Grundbuch – fälschlich – Ausgewiesenen einvernehmlich zugunsten eines gutgläubigen Dritten verfügen (vgl. Rn. 94). Um diese Gefahr abzuwenden, ordnet § 899a S. 2 BGB die entsprechende Anwendung des § 894 BGB an.

II. Berechtigter und Verpflichteter

106 Zur Geltendmachung des Anspruchs aus § 894 BGB berechtigt ist der **wahre Inhaber** des nicht oder falsch eingetragenen Rechts bzw. derjenige, dessen Recht durch die Eintragung einer nicht bestehenden Belastung oder Beschränkung beeinträchtigt wird. Nach § 894 BGB verpflichtet ist derjenige, „dessen Recht durch die Berichtigung betroffen wird". Damit ist derjenige gemeint, dessen Zustimmung nach § 19 GBO erforderlich ist, um die Berichtigung des Grundbuchs zu bewirken. Das ist i.d.R. derjenige, der **im Grundbuch eingetragen ist (Buchberechtigter)**. Ausnahmsweise können allerdings auch Personen, die nicht im Grundbuch eingetragen sind, nach § 894 BGB verpflichtet sein.

Beispiel: B ist zu Unrecht als Eigentümer eines Grundstücks im Grundbuch eingetragen. Nachdem B verstorben ist, wird sein Erbe E zunächst nicht in das Grundbuch eingetragen. Inzwischen will der wahre Eigentümer G das Grundbuch berichtigen lassen. Dieses weist weiterhin B als Grundstückseigentümer aus. An sich wäre von einer Berichtigung nur die Buchposition des B betroffen; dieser wäre also aus § 894 BGB verpflichtet. Jedoch rückt E in die Buchposition des B ein, so dass letztlich er der richtige Verpflichtete ist. Dieses Einrücken vollzieht sich analog §§ 1922, 857 BGB (Staudinger/*Gursky*, § 894 Rn. 96), weil tatsächlich gerade kein Eigentum, sondern nur eine Buchposition vererbt wurde.

C. Rechtsfolge

Der Anspruch aus § 894 BGB ist inhaltlich auf die Abgabe der zur **107** Grundbuchberichtigung erforderlichen Erklärung gerichtet. Der zu Unrecht Eingetragene muss also die **grundbuchrechtliche Bewilligung i.S.v. § 19 GBO in der Form des § 29 GBO** erklären. Wird die Berichtigungsbewilligung nicht freiwillig erteilt, so wird sie durch ein rechtskräftiges Urteil ersetzt (§ 894 S. 1 ZPO). Bei falsch eingetragenen Grundstücksbelastungen geht der Anspruch des Eigentümers i.d.R. auf Löschung des Rechts (Löschungsbewilligung nach § 19 GBO). Wird die begehrte Korrektur des Grundbuchs dann vollzogen, wirkt die **Eintragung nur deklaratorisch**, da sie das Grundbuch nur berichtigt und an die ohnehin bestehende wahre Rechtslage angleicht.

D. Weitere Ansprüche bei Unrichtigkeit des Grundbuchs

Ist ein Nichteigentümer im Grundbuch zu Unrecht eingetragen, **108** konkurriert der Anspruch auf Grundbuchberichtigung nach § 894 BGB regelmäßig mit weiteren Ansprüchen, insbesondere aus Bereicherungsrecht. Als Gegenrechte kommen vor allem Ansprüche auf Verwendungsersatz in Frage:

Fall: Aufgrund eines Versehens wird B anstelle des wahren Eigentümers E im Grundbuch eingetragen. Der gutgläubige B errichtet auf dem unbebauten Grundstück eine Reithalle. Kann E von B Berichtigung des Grundbuchs verlangen?

Lösung: Zunächst kommt ein **Anspruch des E gegen B auf Zustimmung zur Berichtigung des Grundbuchs aus § 894 BGB** in Betracht. Im vorliegenden Fall sind dessen Voraussetzungen ohne Weiteres erfüllt.

Allerdings könnte B Zug um Zug gegen Abgabe der Bewilligungserklärung (§§ 19, 29 GBO) von E **Ersatz der Kosten für den Bau der Reithalle** verlangen. Ein solcher Anspruch könnte sich aus § 996 BGB i.V.m. § 1000 S. 1 BGB analog ergeben. Eine unmittelbare Anwendung des § 1000 S. 1 BGB kommt nicht in Frage, weil dieses Zurückbehaltungsrecht seiner systematischen Stellung nach nur für den Anspruch aus § 985 BGB gilt. Da es sich bei § 894 BGB jedoch um einen dinglichen Anspruch mit ähnlicher Zielrichtung wie § 985 BGB handelt, ist eine Analogie sachgerecht (MüKo-BGB/*Raff*, § 1000 Rn. 16; demgegenüber leitet BGHZ 41, 30, 34 f. das Zurückbehaltungsrecht aus § 273 Abs. 2 BGB ab). Nach § 996 BGB müssten ferner werterhöhende Verwendungen durch einen gutgläubigen Besitzer während des Bestehens eines Eigentümer-Besitzer-Verhältnisses getätigt worden sein. Der gutgläubige B war (trotz der Eintragung im Grundbuch) nicht Eigentümer, sondern nur Besitzer des Grundstücks, als er die Reithalle erbaute. Jedoch ist fraglich, ob es sich um eine Verwendung auf das Grundstück handelt. Verwendungen sind Aufwendungen (d.h. freiwillige Vermögensopfer), die einer Sache unmittelbar zugute kommen. Das ist hier zwar grundsätzlich der Fall, doch klammert die Rechtsprechung die grundlegende Umgestaltung der Sache, etwa die Bebauung eines Grundstücks, aus dem Verwendungsbegriff der §§ 994 ff. BGB aus. Demgegenüber legt die herrschende Lehre einen weiten Verwendungsbegriff zu Grunde, der auch sachändernde Verwendungen erfasst (vgl. SachenR I, Rn. 178 m.w.N.). Folgt man diesem sachgerechten Verständnis, liegt in der Bebauung eine Verwendung auf das Grundstück. Diese hat auch gem. § 996 BGB den Wert der Sache objektiv erhöht.

B muss der Grundbuchberichtigung (§ 894 BGB) daher gem. § 996 BGB i.V.m. § 1000 S. 1 BGB analog nur Zug um Zug gegen Zahlung von Verwendungsersatz durch E zustimmen.

E könnte daneben **Herausgabe der Buchposition auch aus § 812 Abs. 1 S. 1 Alt. 2 BGB** von B verlangen. Dafür müsste die Buchposition „etwas“ i.S.v. § 812 Abs. 1 S. 1 Alt. 2 BGB sein, also einen vermögenswerten Vorteil darstellen. Das ist bei der Buchposition der Fall, denn sie eröffnet gem. § 892 BGB die Möglichkeit der wirksamen Verfügung zugunsten eines Gutgläubigen, löst die Vermutung des § 891 BGB aus und bietet gem. § 900 BGB die Aussicht auf eine sog. Buchersitzung. B hat diese vorteilhafte Rechtsstellung auch ohne Rechtsgrund in „sonstiger Weise" durch einen Eintragungsfehler erlangt. Die Eingriffskondiktion ist auch nicht durch ein vorrangiges Leistungsverhältnis ausgeschlossen, da die Falscheintragung keine „Leistung" gem. § 812 Abs. 1 S. 1 Alt. 1 BGB darstellt.

B kann allerdings nach § 818 Abs. 3 BGB die Bewilligung zur Grundbuchberichtigung solange verweigern, bis E ihm die Kosten für den Bau der Reithalle erstattet hat. Denn insofern handelt es sich um Aufwendungen, die er im Vertrauen auf die Beständigkeit des Eigentumserwerbs getätigt hat (*Neuner*, Rn. 167).

Ein **Berichtigungsanspruch kann auch aus §§ 823 Abs. 1, 249 BGB** in Betracht kommen, scheidet aber im vorliegenden Fall aus, weil B schuldlos handelte.

Ansprüche aus § 1004 BGB scheitern, da § 894 BGB insofern lex specialis ist. Ansprüche auf Herausgabe des Grundstücks, nach denen im vorliegenden Fall nicht gefragt war (andernfalls würde es sich anbieten, hiermit zu beginnen), können sich aus § 985 BGB (Zug um Zug gegen Zahlung von Verwendungsersatz nach § 996 BGB i.V.m. § 1000 S. 1 BGB), § 812 Abs. 1 S. 1 Alt. 2 BGB oder § 823 BGB ableiten.

Kapitel 5. Vormerkung

A. Zweck der Vormerkung

Nach dem Trennungsprinzip des deutschen Sachenrechts vollzieht sich eine dingliche Rechtsänderung nicht bereits mit Abschluss des schuldrechtlichen Kausalgeschäfts (etwa des Kaufvertrags), sondern erst mit der Vornahme des eigenständig zu beurteilenden sachenrechtlichen Rechtsgeschäfts (vgl. SachenR I, Rn. 24 f.). Dabei ist für dingliche Grundstücksgeschäfte gem. § 873 Abs. 1 BGB neben der Einigung stets auch die Eintragung im Grundbuch erforderlich. Daher kann zwischen der Begründung eines schuldrechtlichen Anspruchs auf dingliche Rechtsänderung und der eigentlichen Rechtsänderung (z.B. Übereignung eines Grundstücks oder Bestellung einer Hypothek) eine erhebliche Zeitspanne liegen. In dieser Phase kann der Eigentümer zum Nachteil seines Vertragspartners das **Grundstück jederzeit mit weiteren Rechten belasten** oder gar an einen **Dritten übereignen**. 109

Beispiel: E schließt am 2.1.2014 mit K einen Kaufvertrag über sein Grundstück. K bezahlt einen Teil des Kaufpreises sofort, der Rest soll in einem Monat überwiesen werden, erst danach soll die Eigentumsumschreibung im Grundbuch erfolgen. Am 16.1.2014 verkauft und übereignet E dasselbe Grundstück an D. Die Existenz eines wirksamen Kaufvertrags mit K (§§ 433, 311b Abs. 1 BGB) hindert den E nicht, das Grundstück gem. §§ 873 Abs. 1 Var. 1, 925 BGB wirksam auf D zu übertragen (vgl. § 137 S. 1 BGB). Wenn sich D weigert, das Grundstück an E zurückzuverkaufen, ist die Erfüllung des Anspruchs des K gegen E aus § 433 Abs. 1 S. 1 BGB unmöglich geworden (§ 275 Abs. 1 BGB). K hat gegen E gem. §§ 280 Abs. 1 und 3, 283 BGB lediglich Anspruch auf Schadensersatz statt der Leistung.

Neben dem Risiko, dass der Eigentümer eine abredewidrige Verfügung trifft, besteht des Weiteren auch die Gefahr, dass in der Phase zwischen Abschluss des schuldrechtlichen Kausalgeschäfts und Vornahme des dinglichen Verfügungsgeschäfts über das Vermögen des Eigentümers ein **Insolvenzverfahren** eröffnet wird oder dass ein Gläubiger des Eigentümers aufgrund einer titulierten Forderung in dessen Grundstück **vollstreckt**. Um diese Risiken bei Grundstücksgeschäften ausschließen zu können, gibt es die Möglichkeit, im Grundbuch eine Vormerkung einzutragen. Die Eintragung einer Vormerkung (§§ 883–888 BGB) hat zur Folge, dass abredewidrige Verfügungen des Verpflichteten dem Vormerkungsberechtigten gegenüber unwirksam sind (§ 883 Abs. 2 S. 1 BGB). 110

Beispiel: E verkauft am 2.1.2014 sein Grundstück an K. Da die Übereignung erst später erfolgen soll, wird für K eine Vormerkung in das Grundbuch eingetragen. Wenn E kurze Zeit später dasselbe Grundstück an D übereignet, so hindert das K nicht daran, seinen Anspruch auf Erfüllung des Kaufvertrags (§ 433 Abs. 1 S. 1 BGB) durchzusetzen. Denn gem. § 883 Abs. 2 S. 1 BGB ist die Übereignung an D gegenüber K unwirksam, und D ist gem. § 888 Abs. 1 BGB gegenüber K verpflichtet, einer Eintragung des K als Eigentümer im Grundbuch zuzustimmen (vgl. ausführlich Rn. 127).

111 Die Eintragung einer Vormerkung hat darüber hinaus auch zur Folge, dass Maßnahmen der Einzelzwangsvollstreckung gegen den Verpflichteten dem Vormerkungsberechtigten nicht schaden (§ 883 Abs. 2 S. 2 BGB) und der Vormerkungsberechtigte seinen Anspruch auf Vornahme des dinglichen Verfügungsgeschäfts auch im Fall einer Insolvenz des Verpflichteten noch durchsetzen kann (vgl. § 106 Abs. 1 InsO).

Die Vormerkung ist eine **dinglich wirkende Sicherung** eines **schuldrechtlichen Anspruchs** auf eine **dingliche Rechtsänderung**.

112 Der häufigste Fall einer Vormerkung ist die sog. „**Auflassungsvormerkung**". Eine solche liegt vor, wenn die Vormerkung den Anspruch aus § 433 Abs. 1 S. 1 BGB auf Übertragung des Grundstückseigentums sichert. Der Ausdruck ist missverständlich, denn gesichert wird nicht ein Anspruch lediglich auf „Auflassung" (= dingliche Einigung i.S.v. §§ 873 Abs. 1 Var. 1, 925 Abs. 1 S. 1 BGB), sondern auf Übertragung des Grundstückseigentums (durch Auflassung und Eintragung).

Da die Eigentumsübertragung vom (nicht genau vorhersehbaren) Zeitpunkt der Eintragung in das Grundbuch abhängt, ist beim Kauf von Grundstücken eine Zug-um-Zug-Leistung im Grunde nicht möglich. Üblicherweise ist der Käufer aber zur Vorleistung bereit, sobald er durch die Eintragung einer Vormerkung gesichert ist. Eine ähnliche Funktion erfüllt bei beweglichen Sachen der Eigentumsvorbehalt (§ 449 BGB). Dieser schützt den Verkäufer, der sich verpflichtet hat, die Kaufsache zu übergeben, ohne zugleich die Gegenleistung zu erhalten. Ein Eigentumsvorbehalt kann aber bei Immobilien wegen § 925 Abs. 2 BGB nicht vereinbart werden.

B. Voraussetzungen der Vormerkung

113 Die Voraussetzungen für eine wirksame Vormerkung ergeben sich aus §§ 883 Abs. 1, 885 BGB. Danach dient die Vormerkung der Sicherung eines **schuldrechtlichen Anspruchs auf dingliche Rechtsänderung an einem Grundstück** (§ 883 Abs. 1 S. 1 BGB), wobei auch die Sicherung eines künftigen oder bedingten Anspruchs zulässig ist

(§ 883 Abs. 1 S. 2 BGB). Die Vormerkung ist untrennbar mit dem Bestand des gesicherten Anspruchs verknüpft, es handelt sich um ein sog. akzessorisches Sicherungsrecht. Gem. § 885 Abs. 1 S. 1 BGB muss die Vormerkung in das **Grundbuch eingetragen** werden, und zwar aufgrund einer **einstweiligen Verfügung** (Alt. 1) oder aufgrund der **Bewilligung** desjenigen, dessen Grundstück oder Recht von der Vormerkung betroffen wird (Alt. 2).

Voraussetzungen einer Vormerkung (§§ 883 Abs. 1, 885 BGB)
– Vormerkungsfähiger Anspruch (§ 883 Abs. 1 BGB) = bestehender (S. 1) oder künftiger/bedingter (S. 2) schuldrechtlicher Anspruch auf dingliche Rechtsänderung an einem Grundstück – Bewilligung der Vormerkung durch den Betroffenen oder einstweilige Verfügung (§ 885 Abs. 1 S. 1 BGB) – Eintragung im Grundbuch – Berechtigung = Eigentümer oder derjenige, der gesetzlich (z.B. § 2205 S. 2 BGB, § 80 Abs. 1 InsO) oder rechtsgeschäftlich (§ 185 Abs. 1 BGB) zur Verfügung ermächtigt ist

I. Sicherung eines vormerkungsfähigen Anspruchs (§ 883 Abs. 1 BGB)

Gem. § 883 Abs. 1 BGB kann **nur eine bestimmte Art von Ansprüchen** durch Vormerkung gesichert werden. Die Aufzählung in § 883 Abs. 1 S. 1 BGB ist abschließend und erfasst alle denkbaren Verfügungsarten (vgl. parallele Aufzählung in §§ 873 Abs. 1, 875, 877 BGB). Dabei geht es namentlich um die Sicherung 114

- eines „Anspruchs auf Einräumung eines Rechts an einem Grundstück“ (Var. 1): z.B. Übereignung oder Bestellung einer Grundschuld, vgl. § 873 Abs. 1 BGB;
- eines „Anspruchs auf … Aufhebung eines dinglichen Rechts“ (Var. 2): z.B. Aufhebung eines Erbbaurechts (= Löschungsvormerkung), vgl. § 875 BGB;
- eines „Anspruchs auf … Einräumung oder Aufhebung“ eines „Rechts an einem Recht“ (Var. 3): z.B. Bestellung eines Pfandrechts an einem Grundstücksrecht (§ 1273 BGB) oder
- eines „Anspruchs auf … Änderung des Inhalts oder des Rangs“ (Var. 4): z.B. Änderung des Rangverhältnisses zwischen zwei Grundpfandrechten, vgl. §§ 877, 880 BGB.

1. Sicherung eines schuldrechtlichen Anspruchs auf dingliche Rechtsänderung an einem Grundstück

115 Es muss sich um einen **schuldrechtlichen** Anspruch handeln (z.B. aus Kaufvertrag oder aus Vermächtnis nach einem Erbfall), der durch die Vormerkung gesichert wird. Dingliche Ansprüche sind demgegenüber nicht vormerkungsfähig.

Beispiel: Der Anspruch auf Grundbuchberichtigung nach § 894 BGB ist ein dinglicher Anspruch, so dass keine Vormerkung möglich ist, um die Durchsetzung dieses Anspruchs zu sichern. Hierfür gibt es das Institut des Widerspruchs i.S.v. § 899 BGB – vgl. Rn. 78 ff.

Der Anspruch muss zudem auf eine dingliche Rechtsänderung an einem Grundstück gerichtet sein (z.B. Eigentumsübertragung oder Bestellung einer Hypothek). Außerdem muss der zu sichernde Anspruch nach Inhalt und Gegenstand bestimmt oder zumindest bestimmbar sein (grundbuchrechtlicher Bestimmtheitsgrundsatz).

2. Sicherung eines künftigen/bedingten Anspruchs

116 Nach § 883 Abs. 1 S. 2 BGB ist eine Vormerkung auch zur Sicherung eines noch nicht bestehenden Anspruchs zulässig, und zwar in zwei Fällen: bei einem „bedingten Anspruch" (Alt. 2) und bei einem „künftigen Anspruch" (Alt. 1). Ein „bedingter Anspruch" (Alt. 2) liegt vor, wenn nach der Vereinbarung der Vertragspartner die Entstehung des Anspruchs von einer aufschiebenden Bedingung abhängt (§ 158 Abs. 1 BGB). Wegen des grundbuchrechtlichen Bestimmtheitsgrundsatzes muss das von den Parteien vereinbarte Ereignis anhand objektiver Umstände bestimmbar sein.

Beispiel: Der Kauf eines Grundstücks soll davon abhängen, dass eine Gaststättenkonzession erteilt wird (= aufschiebende Bedingung).

117 Außerdem kann auch ein „künftiger Anspruch" (Alt. 1) gesichert werden. Nach einhelliger Meinung liegt ein „künftiger Anspruch" nicht schon dann vor, wenn die mehr oder weniger aussichtsreiche tatsächliche Möglichkeit besteht, dass der Anspruch eines Tages entstehen könnte. Denn das Grundbuch soll nicht mit ungewissen Ansprüchen belastet werden.

Beispiel: A und B planen, in drei Jahren eventuell einen Grundstückskaufvertrag über ein Grundstück des A abzuschließen. Der eventuell entstehende „zukünftige Anspruch" des B auf Übereignung des Grundstücks kann nicht durch Vormerkung gesichert werden.

118 Vielmehr ist eine Vormerkung für einen zukünftigen Anspruch nur dann möglich, wenn der **Rechtsboden** für die Entstehung des An-

spruchs schon vorhanden ist, d.h. eine feste Rechtsgrundlage besteht. Das setzt zumindest voraus, dass der Anspruch von dem vormerkungsverpflichteten Schuldner nicht mehr einseitig beseitigt werden kann, weil er seine zur Anspruchsentstehung notwendige Willenserklärung nicht mehr einseitig widerrufen kann oder zu ihrer Abgabe verpflichtet ist (BGHZ 134, 182, 184 f.).

Beispiele: Bindendes formgültiges Grundstücksverkaufsangebot, von dem sich der Verkäufer nicht einseitig lösen kann; Vorvertrag, der den Schuldner zum Abschluss des Hauptvertrages verpflichtet, oder schuldrechtliches Vorkaufsrecht (vgl. Rn. 144).

Teilweise wird in der Rechtsprechung die Auffassung vertreten, **119**
dass ein ausreichender Rechtsboden nur dann gegeben sei, wenn die Entstehung des Anspruchs nur noch vom Willen desjenigen abhängt, zu dessen Gunsten die Vormerkung eingetragen wird (BGHZ 12, 115, 118). Im Schrifttum wird diese Ansicht überwiegend als zu eng abgelehnt, es sei ausreichend, wenn der **Schuldner die Entstehung des Anspruchs nicht mehr einseitig verhindern** könne (Palandt/*Herrler*, § 883 Rn. 15). Zu unterschiedlichen Ergebnissen kommen diese Positionen in Fällen, bei denen die Entstehung des Anspruchs von einer behördlichen Genehmigung oder der Zustimmung eines Dritten abhängt.

Fall (nach BGHZ 54, 56): E verkauft K sein Grundstück für 200.000 €, im Kaufvertrag wird aber ein Kaufpreis von 100.000 € beurkundet. Da die Eigentumsübertragung erst später erfolgen soll, wird eine Auflassungsvormerkung zugunsten des K in das Grundbuch eingetragen. Sodann bestellt E dem D eine Hypothek zur Sicherung einer Darlehensforderung über 50.000 €. Anschließend erklären E und K die Auflassung. K wird als Eigentümer eingetragen und zahlt den Kaufpreis in Höhe von 200.000 € an E. K verlangt von D Bewilligung der Löschung der Hypothek.

Lösung: K hätte gegen D einen Anspruch auf Zustimmung zur Löschung der Hypothek aus § 888 Abs. 1 BGB, wenn der Erwerb der Hypothek gem. § 883 Abs. 2 S. 1 BGB dem K gegenüber unwirksam wäre. Dafür müsste zugunsten des K eine Vormerkung bestanden haben. Gem. § 883 Abs. 1 S. 1 BGB setzt dies einen vormerkungsfähigen Anspruch voraus. Der beurkundete **Kaufvertrag über 100.000 €** ist jedoch als Scheingeschäft nach § 117 Abs. 1 BGB nichtig, und der wirklich gewollte **Kaufvertrag über 200.000 €** erfüllt nicht die Form des § 311b BGB und ist daher gem. § 125 S. 1 BGB ebenfalls unwirksam (§ 117 Abs. 2 BGB). Zwar wurde nach § 311b Abs. 1 S. 2 BGB der Kaufvertrag über

200.000 € später durch Eintragung des K in das Grundbuch geheilt, doch **wirkt diese Heilung nur ex nunc** (Arg. Wortlaut: „wird"), so dass zum Zeitpunkt der Bestellung der Vormerkung kein sicherungsfähiger Anspruch bestand.

Allerdings könnte der Übereignungsanspruch aus dem Kaufvertrag über 200.000 €, der durch die spätere Auflassung und Eintragung in das Grundbuch gültig geworden ist (§ 311b Abs. 1 S. 2 BGB), als **künftiger Anspruch i.S.v. § 883 Abs. 1 S. 2 BGB** angesehen werden. Ein künftiger Anspruch kann aber nur dann durch eine Vormerkung gesichert werden, wenn für dessen Entstehung bereits ein **sicherer Rechtsboden** vorhanden ist. Dies ist jedenfalls dann nicht der Fall, wenn der Schuldner frei entscheiden kann, ob der Anspruch entsteht oder nicht. Hier war E bis zur Heilung nach § 311b Abs. 1 S. 2 BGB vertraglich überhaupt nicht wirksam gebunden und daher auch nicht verpflichtet, K das Eigentum zu übertragen und damit die Wirksamkeit des Kaufvertrags herbeizuführen. Damit ist keine Vormerkung i.S.v. §§ 883 Abs. 1, 885 BGB entstanden, und K steht gegen D kein Anspruch aus § 888 Abs. 1 BGB zu.

II. Bewilligung der Vormerkung

1. Durch den Betroffenen (§ 885 Abs. 1 S. 1 Alt. 2 BGB)

120 Voraussetzung für das wirksame Entstehen einer Vormerkung ist gem. § 885 Abs. 1 S. 1 Alt. 2 BGB die Bewilligung desjenigen, dessen Recht von der Vormerkung betroffen wird. Bei der Bewilligung i.S.v. § 885 Abs. 1 S. 1 BGB handelt es sich – wie bei der Bewilligung eines Widerspruchs nach § 899 Abs. 2 S. 1 BGB (Rn. 81) – um ein **materiell-rechtliches Rechtsgeschäft**, das nicht identisch ist mit der grundbuchrechtlichen Eintragungsbewilligung i.S.v. § 19 GBO (= verfahrensrechtliche Erklärung). Allerdings wird man typischerweise davon ausgehen können, dass eine Eintragungsbewilligung nach § 19 GBO auch die materiell-rechtlich erforderliche Bewilligung i.S.v. § 885 Abs. 1 S. 1 Alt. 2 BGB enthält und umgekehrt.

Die Bewilligung ist eine einseitige empfangsbedürftige Willenserklärung, die analog § 875 Abs. 1 S. 2 BGB gegenüber dem Gläubiger oder dem Grundbuchamt abzugeben ist.

121 Die Bewilligung der Vormerkung muss gem. § 885 Abs. 1 S. 1 BGB von demjenigen erklärt werden, dessen Grundstück oder Recht von der Vormerkung betroffen wird. Dies ist der **wahre Inhaber der dinglichen Rechtsposition**, die durch die Erfüllung des gesicherten Anspruchs übertragen oder beeinträchtigt wird (im Ausgangsbeispiel

Rn. 110 etwa der Eigentümer). Doch ist die Möglichkeit eines Erwerbs vom Nichtberechtigten kraft öffentlichen Glaubens des Grundbuchs gem. §§ 892, 893 Alt. 2 BGB anerkannt (vgl. Rn. 136 ff.).

Weigert sich der Schuldner, dem Gläubiger eine Vormerkung zu bewilligen, obwohl er sich hierzu vertraglich verpflichtet hat, kann der Gläubiger auf Abgabe der Bewilligungserklärung klagen. Das Urteil ersetzt dann gem. § 894 ZPO die Bewilligung des Schuldners. 122

2. Ersetzung durch einstweilige Verfügung (§ 885 Abs. 1 S. 1 Alt. 1 BGB)

Ist der Schuldner nicht bereit, die Bewilligung freiwillig zu erteilen, und läuft der Gläubiger angesichts der üblichen Verfahrensdauer vor den Zivilgerichten Gefahr, dass es bei Inanspruchnahme des regulären Klagewegs zu einer unzumutbaren Verzögerung kommt, kann die Eintragung der Vormerkung – vergleichbar mit der Eintragung eines Widerspruchs (§ 899 Abs. 2 S. 1 BGB) – gem. § 885 Abs. 1 S. 1 Alt. 1 BGB im Eilverfahren aufgrund einer einstweiligen Verfügung erzwungen werden. Dafür genügt es, dass der Gläubiger seinen Anspruch („**Verfügungsanspruch**“) glaubhaft macht (§§ 935, 936, 920 Abs. 2, 294 ZPO). Dass der Anspruch ohne Eintragung einer Vormerkung gefährdet ist („**Verfügungsgrund**“), braucht der Gläubiger entgegen der Grundregel der §§ 935, 936, 920 Abs. 2 ZPO nicht glaubhaft zu machen (§ 885 Abs. 1 S. 2 BGB). Denn die Gefährdung ergibt sich automatisch aus der Rechtsmacht des eingetragenen Berechtigten, eine abredewidrige Verfügung treffen zu können (vgl. Rn. 109). 123

III. Eintragung in das Grundbuch

Um Wirksamkeit zu erlangen, muss die Vormerkung **in das Grundbuch eingetragen** werden. 124

Ergeht eine einstweilige Verfügung, kann das Gericht das Grundbuchamt um die Eintragung ersuchen (§ 941 ZPO). In den übrigen Fällen vollzieht sich die Eintragung im Wesentlichen nach den bekannten Regeln der §§ 13, 19, 39 GBO.

C. Akzessorietät der Vormerkung

Die Vormerkung ist ein **akzessorisches Sicherungsmittel**. Das bedeutet, dass Entstehung, Übertragung und Fortbestand der Vormerkung untrennbar mit der gesicherten Forderung verknüpft sind. Ist der gesicherte Anspruch nicht entstanden, so **entsteht** – vorbehaltlich § 883 Abs. 1 S. 2 BGB – auch die Vormerkung nicht. Der Umstand, dass die 125

Vormerkung dennoch (zu Unrecht) in das Grundbuch eingetragen wird, ändert hieran nichts: Die Vormerkung mag dann zwar auf dem Papier stehen, sie besteht in Wahrheit aber nicht, vielmehr ist das Grundbuch unrichtig. Wird der mit der Vormerkung gesicherte Anspruch **abgetreten** (§ 398 BGB), geht nach allgemeiner Meinung analog § 401 BGB auch die Vormerkung automatisch auf den neuen Gläubiger über, ohne dass der Rechtsübergang im Grundbuch dokumentiert werden müsste. Das Grundbuch wird dadurch unrichtig (daher Berichtigungsanspruch nach § 894 BGB analog – vgl. Rn. 104). **Erlischt** der gesicherte Anspruch – sei es etwa wegen Erfüllung (§ 362 BGB) oder Unmöglichkeit (§ 275 BGB) – erlischt wegen des Akzessorietätsprinzips auch die Vormerkung. Solange die Vormerkung weiterhin eingetragen ist, ist das Grundbuch also unrichtig.

D. Wirkungen der Vormerkung

I. Sicherungswirkung gem. § 883 Abs. 2 BGB

126 Die Eintragung einer Vormerkung führt **nicht zu einer Grundbuchsperre**. Der Eigentümer kann also über sein Grundstück weiterhin verfügen, und der Grundbuchbeamte muss bei entsprechender Verfügung einen Dritten als neuen Eigentümer in das Grundbuch eintragen, auch wenn dies einer eingetragenen Vormerkung zuwiderläuft. Eine Grundbuchsperre würde nämlich über das Ziel hinausschießen, denn der bloße Umstand, dass eine Vormerkung im Grundbuch eingetragen ist, bedeutet nicht notwendigerweise, dass diese auch (noch) wirksam ist. Der zu sichernde schuldrechtliche Anspruch könnte beispielsweise nicht entstanden oder wieder weggefallen sein.

> Die Eintragung einer Vormerkung führt nicht zu einer Grundbuchsperre.

127 Allerdings ist eine vormerkungswidrige Verfügung nach § 883 Abs. 2 S. 1 BGB **dem Gläubiger gegenüber unwirksam**, nicht aber Dritten gegenüber (sog. relative Unwirksamkeit). Das bedeutet, dass für Dritte die vormerkungswidrige Verfügung zwar wirksam geworden ist, aber aus Sicht des Vormerkungsinhabers (= Gläubiger) immer noch der durch die Vormerkung Gebundene (= Schuldner) zur Verfügung berechtigt bleibt. Der Gläubiger kann also nach wie vor vom (ursprünglichen) Eigentümer verlangen, dass dieser ihm gegenüber etwa die geschuldete **Auflassung** erklärt (§§ 873 Abs. 1, 925 BGB), denn im Verhältnis zum Vormerkungsberechtigten bleibt der (ursprüngliche)

Eigentümer der Berechtigte. Die **Eintragung** im Grundbuch erreicht der Gläubiger dadurch, dass er einen Antrag beim Grundbuchamt stellt (§ 13 GBO). Wegen des Grundsatzes der Voreintragung (§ 39 GBO) darf der Grundbuchbeamte den Käufer aber nicht ohne Einverständnis des Eingetragenen als neuen Eigentümer eintragen (§§ 19, 29 GBO). Deshalb räumt § 888 Abs. 1 BGB dem Vormerkungsberechtigten gegen den zwischenzeitlich eingetragenen Dritten einen **Anspruch auf Zustimmung (§ 19 GBO) zur Umschreibung in der Form des § 29 GBO** ein (sog. **Hilfsanspruch**). Zögert der Dritte die Erfüllung dieser Verpflichtung hinaus, so besteht unter den Voraussetzungen der §§ 280 Abs. 2, 286 BGB – wegen Verletzung einer Pflicht aus einem gesetzlichen Schuldverhältnis – ein Anspruch auf Ersatz des Verzögerungsschadens (BGH NJW 2016, 2104 m. Anm. *Karsten Schmidt* JuS 2016, 844).

Fall: E verkauft sein Grundstück an K und bewilligt die Eintragung einer Auflassungsvormerkung, welche auch eingetragen wird. Sodann verkauft und übereignet E dasselbe Grundstück an D, der als neuer Eigentümer im Grundbuch eingetragen wird. Hat K gegen E einen Anspruch auf Übergabe und Übereignung des Grundstücks, wenn D sich unter allen Umständen weigert, einer Eintragung des K in das Grundbuch zuzustimmen?

Lösung: Aus dem Kaufvertrag zwischen K und E resultiert ein Anspruch des K gegen E auf Übereignung und Übergabe des Grundstücks (§ 433 Abs. 1 S. 1 BGB). Dieser Anspruch wäre gem. § 275 Abs. 1 BGB untergegangen, wenn E die geschuldete Leistung nicht mehr erbringen könnte: E hat das Eigentum an dem Grundstück durch Übereignung (§§ 873 Abs. 1 Var. 1, 925 BGB) an D verloren, so dass er nicht mehr Berechtigter ist. Diese Verfügung, die den Anspruch des K vereiteln würde, ist aber K gegenüber aufgrund der zugunsten des K eingetragenen Vormerkung unwirksam (§ 883 Abs. 2 S. 1 BGB). **E wird gegenüber K insoweit weiterhin als Berechtigter angesehen.** Dies hat zur Folge, dass E die nach §§ 873 Abs. 1 Var. 1, 925 BGB erforderliche dingliche Einigung weiterhin gegenüber K erklären kann. § 888 Abs. 1 BGB verschafft K zudem gegen D einen **Anspruch auf Zustimmung i.S.v. §§ 19, 29 GBO zur Eintragung in das Grundbuch**, so dass auch die für die Grundbuchänderung erforderliche Bewilligung des Betroffenen – hier des D – einer Eigentumsübertragung nicht im Wege steht. K kann von E daher Übereignung und Übergabe des Grundstücks verlangen.

Beachte: Ist das Grundstück bereits an den D übergeben, so scheitert der Anspruch aus § 433 Abs. 1 S. 1 BGB auch nicht daran, dass es dem E nicht möglich ist, K Besitz an dem Grundstück zu verschaffen. Denn nach der Eintragung des K in das Grundbuch hat dieser als Eigentümer gegen D einen Anspruch aus § 985 BGB auf Herausgabe.

128 Wichtig ist, dass die Vormerkung gem. § 883 Abs. 2 S. 1 BGB **nur vor Verfügungen des Schuldners schützt**, also vor Rechtsgeschäften, die unmittelbar auf die dingliche Rechtslage einwirken, sei es durch Übertragung, Belastung, Inhaltsänderung oder Aufhebung. Nach allgemeiner Meinung ist die Bewilligung einer **Vormerkung** zwar keine Verfügung, doch ist sie wegen ihrer dinglichen Wirkung einer Verfügung ähnlich (Rn. 137), so dass auch die Bewilligung einer weiteren Vormerkung zugunsten eines Dritten von § 883 Abs. 2 S. 1 BGB erfasst ist.

129 Die **Vermietung eines Grundstücks** stellt demgegenüber keine Verfügung dar, deshalb kann § 883 Abs. 2 S. 1 BGB hierauf keine direkte Anwendung finden. Teilweise wird jedoch die Ansicht vertreten, die Vermietung oder Verpachtung eines Grundstücks, für das eine Auflassungsvormerkung bestellt ist, sei in analoger Anwendung von § 883 Abs. 2 S. 1 BGB gegenüber dem Vormerkungsberechtigten unwirksam. Der Mieter oder Pächter könne nicht besser gestellt sein als der Inhaber eines dinglichen Wohnrechts oder eines Nießbrauchs. Im Unterschied zum Vormerkungsberechtigten, der keinen Einfluss auf den Abschluss des Mietvertrags habe, könne sich der Mieter gegen böse Überraschungen durch einen Blick ins Grundbuch schützen. Die Rechtsprechung lehnt diese Analogie indes ab: Der Schutzzweck des § 566 BGB („Kauf bricht nicht Miete“) stehe einer Analogie entgegen, der Mieter sei sozial schutzwürdig und habe keine Veranlassung, in das Grundbuch zu schauen (vgl. *Löhnig/Gietl*, JuS 2008, 102, 104 f. m.w.N.).

130 Während § 883 Abs. 2 S. 1 BGB vor rechtsgeschäftlichen Verfügungen schützt, erweitert § 883 Abs. 2 S. 2 BGB den Wirkungsbereich der Vormerkung auf **Verfügungen im Wege der Zwangsvollstreckung**, des Arrestvollzugs oder durch den Insolvenzverwalter. Die Vormerkung ist außerdem **insolvenzfest** (§ 106 Abs. 1 InsO). Der Vormerkungsberechtigte kann vom Insolvenzverwalter die Erfüllung seines Anspruchs verlangen.

II. Rangwirkung gem. § 883 Abs. 3 BGB

131 Gem. § 883 Abs. 3 BGB wirkt die Vormerkung **rangwahrend**. Dies bedeutet, dass das Recht, in das die Vormerkung umgeschrieben wird, den Rang der Vormerkung erhält. Zur Bedeutung des Rangs von Grundstücksrechten vgl. ausführlich Rn. 157 ff.

Beispiel: Für G1 ist die Bestellung einer Hypothek vorgemerkt. Anschließend wird für G2 eine Hypothek in das Grundbuch eingetragen. Wird die Vormerkung zugunsten des G1 in eine Hypothek umgeschrieben, so ist diese Hypothek vorrangig vor derjenigen des G2.

Die Vormerkung hat die Funktion eines **Platzhalters:** Auch wenn das Recht noch nicht entstanden ist, so ist doch der angestrebte Zustand durch die Vormerkung bereits für die Zukunft festgeschrieben.

III. Einwendungen und Einreden des „Dritten"

Der Dritte, der gem. § 888 BGB auf Zustimmung zur Eintragung oder Löschung in Anspruch genommen wird, weil er ein gegenüber dem Vormerkungsberechtigten gem. § 883 Abs. 2 BGB relativ unwirksames Recht erworben hat, kann gegenüber dem Vormerkungsberechtigten bestimmte Einwendungen und Einreden geltend machen. **132**

Beispiel: E bestellt K eine Auflassungsvormerkung zur Sicherung eines Anspruchs auf Eigentumsübertragung aus § 433 Abs. 1 S. 1 BGB, die auch in das Grundbuch eingetragen wird. Sodann überträgt E das Eigentum auf D. Welche Einwendungen und Einreden kann D geltend machen, wenn K gem. § 888 BGB gegen ihn vorgeht?

Zunächst ist entscheidend, ob die **Vormerkung überhaupt wirksam entstanden und nicht später wieder erloschen** ist. Das wäre etwa bei Fortfall des gesicherten Anspruchs (z.B. nach Anfechtung gem. § 142 Abs. 1 BGB) der Fall, weil damit wegen des Akzessorietätsprinzips auch die Vormerkung kraft Gesetzes automatisch erlischt. Ist die Vormerkung nicht wirksam entstanden oder später wieder fortgefallen, hat K keinen Anspruch aus § 888 BGB gegen D. Vielmehr ist das Grundbuch unrichtig, und D kann von K gem. § 894 BGB und § 812 Abs. 1 S. 1 Alt. 2 BGB Grundbuchberichtigung verlangen. **133**

Des Weiteren kann D gegenüber dem Anspruch des K aus § 888 BGB auch **eigene Einreden** erheben: **134**

So kann D gem. §§ 994 ff. BGB analog ein **Anspruch auf Verwendungsersatz** zustehen, der zur Geltendmachung eines Zurückbehaltungsrechts (§ 1000 S. 1 BGB analog) berechtigt. Eine direkte Anwendung der §§ 994 ff. BGB scheidet aus, weil im Zeitpunkt der Vornahme etwaiger Verwendungen keine Vindikationslage bestand, da K noch nicht Eigentümer des Grundstücks war. Doch kommt eine analoge Anwendung in Frage (BGHZ 75, 288, 291 f.; *Gursky*, Fall 4, Rn. 60 ff.), weil gem. § 883 Abs. 2 BGB der Eigentumserwerb des D gegenüber K unwirksam ist und damit in gewisser Weise die Zuordnung des Eigentums an K vorweggenommen wird.

Da eine mit dem Eigentümer-Besitzer-Verhältnis vergleichbare Situation vorliegt, kann der Vormerkungsberechtigte K vom sog. Dritten D auch Nutzungsherausgabe gem. §§ 987 ff. BGB analog verlangen.

135 Darüber hinaus befindet sich D aber auch in einer mit einem **Bürgen vergleichbaren Stellung**, denn D soll seine Rechtsposition (= Eintragung im Grundbuch) nur dann an K aufgeben müssen, wenn K seinen Anspruch aus dem Kaufvertrag gegen E auch tatsächlich durchsetzen kann. Gem. §§ 768, 770 BGB analog kann D daher dem K die **Einwendungen und Einreden entgegen halten, die dem Eigentümer gegen den Vormerkungsberechtigten** zustehen (BGH NJW 1989, 220, 221; MüKo-BGB/*Kohler*, § 888 Rn. 8). Dies bedeutet, dass sich D gegenüber K darauf berufen kann, E könne gem. § 214 Abs. 1 BGB die Erfüllung des Anspruchs wegen Verjährung verweigern (§ 768 Abs. 1 S. 1 BGB) oder E stehe nach §§ 119 Abs. 1, 142 Abs. 1 BGB ein Anfechtungsrecht zu (§ 770 Abs. 1 BGB). Hat E demgegenüber den Kaufvertrag erfolgreich angefochten, erlischt gem. § 142 Abs. 1 BGB die gesicherte Forderung und damit auch die Vormerkung.

E. Gutgläubiger Erwerb einer Vormerkung

136 Da die Bestellung einer Vormerkung ein jedenfalls verfügungsähnlicher Vorgang ist, gilt der öffentliche Glaube des Grundbuchs im Ergebnis auch für den Erwerb einer Vormerkung.

Aufgrund des Akzessorietätsprinzips kommt ein gutgläubiger Erwerb einer Vormerkung allerdings überhaupt nur dann in Betracht, wenn der **mit der Vormerkung gesicherte Anspruch besteht**.

I. Gutgläubiger Ersterwerb

137 Im Ergebnis entspricht es allgemeiner Auffassung, dass eine Vormerkung, die von einem im Grundbuch eingetragenen Nichtberechtigten bewilligt wird, wegen des öffentlichen Glaubens des Grundbuchs nach §§ 892, 893 BGB gutgläubig erworben werden kann (sog. **gutgläubiger Ersterwerb einer Vormerkung**). Diskutiert wird allein darüber, welche der in §§ 892, 893 BGB aufgeführten Alternativen einschlägig ist. § 892 Abs. 1 S. 1 Alt. 1 BGB wäre anwendbar, wenn es um den Erwerb eines dinglichen Rechts gehen würde. Doch ist die Vormerkung nach ganz h.M. kein dingliches Recht, weil sie lediglich ankündigt, dass der Vormerkungsberechtigte einmal dinglich Berechtigter werden wird; sie ist ein bloßes Sicherungsmittel für einen schuldrechtlichen

Anspruch und begründet keinerlei Herrschaftsmacht über das Grundstück. Allerdings **entfaltet die Vormerkung dingliche Wirkungen** (§ 883 Abs. 2 BGB) und stellt damit eine unmittelbare Einwirkung auf das betroffene Grundstück (= Verfügung) dar, so dass nach h.M. § 893 Alt. 2 BGB („ein nicht unter die Vorschrift des § 892 fallendes Rechtsgeschäft … das eine Verfügung über das Recht enthält") anwendbar ist (Staudinger/*Gursky*, § 893 Rn. 39 m.w.N. auch zur Auffassung, die eine nur entsprechende Anwendung von § 893 Alt. 2 BGB befürwortet).

Die Vormerkung ist **kein dingliches Recht** an einem Grundstück, sondern ein **dinglich wirkendes Sicherungsmittel** eigener Art.

Ein gutgläubiger Erwerb scheidet nach allgemeinen Grundsätzen aus, wenn ein Widerspruch im Grundbuch eingetragen ist oder der Erwerber Kenntnis von der Unrichtigkeit hat (§ 892 Abs. 1 S. 1 Hs. 2 BGB). Das Gleiche gilt, wenn die Vormerkung nicht aufgrund einer Bewilligung, sondern gem. § 885 Abs. 1 S. 1 Alt. 1 BGB durch einstweilige Verfügung in das Grundbuch eingetragen wurde, denn dann liegt kein Rechtsgeschäft vor, das Grundlage für einen gutgläubigen Erwerb (vgl. Rn. 63) sein könnte (Staudinger/*Gursky*, § 892 Rn. 90).

Ein **gutgläubiger Eigentumserwerb** ist im Ergebnis auch dann **138**
möglich, wenn zwar eine Vormerkung gutgläubig erworben wurde, der Betreffende aber vor Erfüllung der für die Eigentumsübertragung erforderlichen Voraussetzungen bösgläubig wird.

Beispiel: K hat von V, der zu Unrecht im Grundbuch eingetragen ist, ein Grundstück gekauft. Nachdem zugunsten des K eine Auflassungsvormerkung im Grundbuch eingetragen wurde, aber noch bevor der Antrag auf Eintragung des K als Eigentümer beim Grundbuchamt gestellt worden ist, erfährt K, dass V nicht Eigentümer des Grundstücks ist. Später wird die Auflassung erklärt und K als Eigentümer eingetragen.

Hätte V das Grundstück unmittelbar nach Abschluss des Kaufvertrags übereignet (anstatt die Übereignung aufzuschieben und zunächst lediglich eine Vormerkung zu bestellen), so hätte K nach §§ 873 Abs. 1 Var. 1, 925 BGB i.V.m. § 892 Abs. 1 BGB gutgläubig Eigentum erwerben können. Für den Zeitpunkt des guten Glaubens kommt es gem. § 892 Abs. 2 BGB auf die Stellung des Antrags auf Eintragung im Grundbuch an. Doch scheidet im vorliegenden Fall ein gutgläubiger Eigentumserwerb eigentlich aus, da K mittlerweile bösgläubig geworden ist. Doch könnte K **gutgläubig eine Vormerkung** erworben haben, die ihm den späteren Erwerb des Grundstücks „garantiert". Ein gutgläubiger Vormerkungserwerb ist in der vorliegenden Konstellation unstreitig möglich (sog. Ersterwerb). Nach h.M. findet § 893 Alt. 2 BGB Anwendung (Rn. 137).

139 Der gutgläubige Erwerb der Vormerkung bewirkt aber nach ganz h.M., dass sich der für den **gutgläubigen Erwerb des Eigentums maßgebliche Zeitpunkt verschiebt** und es insofern auf den Zeitpunkt des Erwerbs der Vormerkung ankommt (*Vieweg/Werner*, § 14 Rn. 23). Der Zweck der Vormerkung ist nämlich die dingliche Sicherung des künftigen Erwerbs eines Rechts am Grundstück, und der durch den gutgläubigen Erwerb der Vormerkung vermittelte Schutz würde entwertet, wenn spätere Erwerbshindernisse (hier: Bösgläubigkeit, das gleiche würde aber auch für die Eintragung eines Widerspruchs gelten) den Eigentumserwerb noch verhindern könnten. Durch den gutgläubigen Erwerb der Auflassungsvormerkung wird K demnach in die Position versetzt, die er bei sofortiger Übertragung des Eigentums gehabt hätte.

Fall: V, der zu Unrecht an Stelle des wahren Eigentümers E im Grundbuch eingetragen ist, verkauft das Grundstück für 500.000 € an K. Da die Eigentumsübertragung erst nach vollständiger Kaufpreiszahlung erfolgen soll, bewilligt V eine Auflassungsvormerkung, die in das Grundbuch eingetragen wird. Als kurze Zeit später D für das Grundstück 1.000.000 € bietet, veräußert V das Grundstück an D und erklärt die Auflassung. D wird als Eigentümer in das Grundbuch eingetragen. Welche Ansprüche stehen K gegen V und D zu, nachdem der gesamte Sachverhalt ans Licht gekommen ist?

Lösung: Fraglich ist, ob K gegen V einen **Anspruch auf Übereignung und Übergabe des Grundstücks aus § 433 Abs. 1 S. 1 BGB** Zug um Zug gegen Zahlung des Kaufpreises (§§ 320 Abs. 1 S. 1, 322 Abs. 1 BGB) hat. Der Anspruch könnte nach § 275 Abs. 1 BGB ausgeschlossen sein, weil V zur **Eigentumsverschaffung nach Maßgabe der §§ 873 Abs. 1, 925 BGB** nicht in der Lage ist, da er nicht Eigentümer des Grundstücks ist. Auch ein Erwerb des Grundstücks kraft öffentlichen Glaubens gem. § 892 BGB scheint auszuscheiden, da K nunmehr von der fehlenden Berechtigung des V weiß. Jedoch könnte es für die Gutgläubigkeit auf den Zeitpunkt des Erwerbs (genauer: den Zeitpunkt des Antrags gem. § 892 Abs. 2 BGB, vgl. Staudinger/*Gursky*, § 892 Rn. 216) der Vormerkung ankommen. Denn der redliche Erwerb einer Vormerkung liefe praktisch ins Leere, wenn der Eigentumserwerb an einer späteren Bösgläubigkeit scheitern könnte. Hierfür spricht auch die Wertung von § 883 Abs. 2 BGB, die dem Vormerkungsinhaber einen umfassenden Schutz gewährt.

K müsste also eine wirksame **Vormerkung** nach §§ 883 Abs. 1, 885 BGB erworben haben. Der vormerkungsfähige Anspruch auf Eigentumsübertragung resultiert aus dem zwischen V und K geschlossenen Kaufvertrag. Die Auflassungsvormerkung wurde auch in das Grundbuch eingetragen. Allerdings ist gem. § 885 Abs. 1 BGB die Bewilligung durch den Berechtigten erforderlich, doch war V nicht Eigentümer des Grundstücks. K könnte die Vormerkung aber **kraft guten Glaubens** erworben haben. Die Möglichkeit eines gutgläubigen Vormerkungserwerbs gem. §§ 892, 893 Alt. 2 BGB ist allgemein anerkannt, weil die Bestellung einer Vormerkung jedenfalls verfügungsähnlich ist (ausführlich Rn. 137). V war im Grundbuch als Eigentümer eingetragen, und K hatte von seiner Nichtberechtigung zum Zeitpunkt des Antrags auf Eintragung der Vormerkung keine Kenntnis (§ 892 Abs. 2 BGB). K hat daher von V die Vormerkung kraft guten Glaubens erworben.

Damit verhindert der gutgläubige Erwerb der Vormerkung, dass die mittlerweile eingetretene Bösgläubigkeit den gutgläubigen Eigentumserwerb vereitelt. Durch den Erwerb einer Vormerkung wird also die zu diesem Zeitpunkt bestehende Gutgläubigkeit quasi konserviert. Außerdem führt der redliche Erwerb der Vormerkung gem. § 883 Abs. 2 BGB dazu, dass die spätere Verfügung von V an D gegenüber K unwirksam ist und V somit gegenüber K die Auflassung i.S.v. §§ 873 Abs. 1 Var. 1, 925 BGB nach wie vor wirksam erklären kann.

Auch dass V nicht mehr **Besitzer des Grundstücks** ist, lässt die Erfüllung des Anspruchs aus § 433 Abs. 1 S. 1 BGB nicht unmöglich werden, weil K nach seiner Eintragung als Eigentümer einen Anspruch gegen D aus § 985 BGB auf Herausgabe hat. § 888 Abs. 1 BGB verschafft K zudem gegen D einen Anspruch auf **Zustimmung zur Eintragung** des K in das Grundbuch, so dass auch die nach § 19 GBO für die Grundbuchänderung erforderliche Bewilligung des Betroffenen – hier im Verhältnis zu K nicht der wahre Betroffene E, sondern der eingetragene D analog §§ 883 Abs. 2 S. 1, 892, 893 Alt. 2 BGB i.V.m. § 39 GBO – einer Eigentumsübertragung nicht im Wege steht.

K hat somit gegen V einen Anspruch auf Übereignung und Übergabe des Grundstücks aus § 433 Abs. 1 S. 1 BGB Zug um Zug gegen Zahlung des restlichen Kaufpreises.

Ein zusätzliches Problem stellt sich, wenn in der Zwischenzeit der **wahre Eigentümer gem. § 894 BGB in das Grundbuch eingetragen** wurde. Die h.M. gewährt dem Inhaber der Vormerkung dann einen Anspruch analog § 888 Abs. 1 BGB gegen den wahren Eigentümer, weil die Grundbuchberichtigung in entsprechender Anwendung von § 883 Abs. 2 BGB unbeachtlich sei. Denn wenn die Rechtsordnung einen gutgläubigen Erwerb der Vormerkung ermöglicht, **140** muss der durch die Vormerkung gesicherte Anspruch auch durchsetzbar sein (Staudinger/*Gursky*, § 888 Rn. 73).

Wirkungen der Vormerkung
– Schutz gegen vormerkungswidrige Verfügungen: § 883 Abs. 2 BGB i.V.m. § 888 Abs. 1 BGB
– Sicherungswirkung für gutgläubigen Erwerb: Für den gutgläubigen Erwerb von Grundstücksrechten nach § 892 BGB kommt es nur auf die Gutgläubigkeit im Zeitpunkt des Erwerbs der Vormerkung an
– Rangwirkung: § 883 Abs. 3 BGB

II. Gutgläubiger Zweiterwerb

141 Fraglich ist, ob ein gutgläubiger Erwerb einer Vormerkung auch dann möglich ist, wenn eine Vormerkung weiterübertragen wird, die zwar im Grundbuch eingetragen ist, aber unwirksam ist (sog. **gutgläubiger Zweiterwerb einer Vormerkung**). Diese Frage ist umstritten.

Beispiel: V, der zu Unrecht im Grundbuch eingetragen ist, verkauft das Grundstück an den bösgläubigen K, zu dessen Gunsten eine Auflassungsvormerkung eingetragen wird. K tritt den vorgemerkten Anspruch aus dem Kaufvertrag an den gutgläubigen D ab.

Ein gutgläubiger Erwerb der Vormerkung durch K gem. § 893 Alt. 2 BGB scheitert an dessen Bösgläubigkeit. Allerdings könnte D die Vormerkung gutgläubig erworben haben. Grundsätzlich ist die Möglichkeit des gutgläubigen Erwerbs einer Vormerkung anerkannt (vgl. Rn. 137). Doch stellt sich die Frage, ob diese Grundsätze, die bislang für den Fall des gutgläubigen Ersterwerbs erörtert wurden, auch für den gutgläubigen Zweiterwerb gelten.

Nach einer Ansicht (*Baur/Stürner*, § 20 Rn. 52; *Medicus/Petersen*, Rn. 556 f.) kommt ein gutgläubiger (Zweit-)Erwerb von Vormerkungen nicht in Frage, weil es **an einer rechtsgeschäftlichen Verfügung fehlt**. Im Wege rechtsgeschäftlicher Verfügung (§ 398 BGB) übertragen wird zwischen K und D nur die Forderung aus dem Kaufvertrag und nicht die Vormerkung, diese geht mit der Abtretung nach § 401 BGB analog kraft Gesetzes über. §§ 892, 893 BGB setzen aber ausdrücklich den Erwerb eines Grundstücksrechts „durch Rechtsgeschäft" voraus. Hinzu kommt noch, dass zum Erwerb der Vormerkung im vorliegenden Fall keine Eintragung im Grundbuch erforderlich ist.

Dennoch spricht sich die herrschende Meinung für die Möglichkeit des gutgläubigen Zweiterwerbs der Vormerkung gem. §§ 401, 892, 893 Alt. 2 BGB analog aus (BGHZ 25, 16, 23 f.; *Westermann/Gurs-*

ky/Eickmann, § 84 IV), weil ein Zweiterwerber, der auf das Grundbuch vertraut, in gleichem Maße **schutzwürdig** ist wie ein gutgläubiger Ersterwerber. Außerdem basiert auch im vorliegenden Fall der Erwerb der Vormerkung letztlich auf einem rechtsgeschäftlichen Vorgang, nämlich der Abtretung der (gesicherten) Forderung. Dass allein die Forderung übertragen wird und die Vormerkung kraft Gesetzes folgt, ist eine **rechtstechnische Konstruktion**, ändert aber nicht die maßgeblichen Wertungsgesichtspunkte (nämlich: Vormerkung besitzt dingliche Wirkung und ist daher wie ein dingliches Recht zu behandeln).

Ist die Vormerkung deshalb unwirksam, weil **keine zu sichernde Forderung** **142**
(mehr) existiert, kommt ein gutgläubiger Zweiterwerb der Vormerkung schon deshalb nicht in Frage, weil keine Forderung besteht, die abgetreten werden könnte, und ein gutgläubiger Erwerb von Forderungen (grundsätzlich) nicht vorgesehen ist.

Kapitel 6. Das dingliche Vorkaufsrecht

A. Funktion und Abgrenzung zum schuldrechtlichen Vorkaufsrecht

Möchte jemand ein Grundstück erwerben, das der Eigentümer zu diesem Zeitpunkt noch gar nicht verkaufen will, kann der Kaufinteressent mit dem Eigentümer eine Vorkaufsvereinbarung schließen, die ihn berechtigt, das betreffende Grundstück im Falle des Verkaufs an einen Dritten (= Vorkaufsfall) zu den Konditionen zu erwerben, die der Eigentümer mit dem Dritten vereinbart hat. 143

Beispiel: V möchte sein Unternehmen um eine weitere Halle erweitern. Dafür wäre das neben seinem Betrieb gelegene Grundstück des E gut geeignet. E ist sich noch nicht sicher, ob er zum Verkauf des Grundstücks bereit ist. V möchte aber auf jeden Fall vermeiden, dass ihm ein anderer Interessent das Grundstück des E „vor der Nase wegschnappt“. Deshalb vereinbart er mit E (gegen Zahlung eines gewissen Entgelts) ein Vorkaufsrecht.

Ein solches Vorkaufsrecht kann zwischen den Parteien **sowohl schuldrechtlich** gem. §§ 463 ff. BGB **als auch als beschränkt dingliches Erwerbsrecht** gem. §§ 873 Abs. 1, 1094 ff. BGB vereinbart werden. Der entscheidende Unterschied zwischen diesen beiden Optionen besteht darin: Der **schuldrechtliche Vorkaufsberechtigte** kann nur Schadensersatzansprüche geltend machen, wenn der Eigentümer die geschlossene Vereinbarung missachtet und das Grundstück gem. §§ 873 Abs. 1, 925 Abs. 1 BGB an einen Dritten übereignet. Demgegenüber kann der **dingliche Vorkaufsberechtigte** in diesem Fall seinen Anspruch gleichwohl durchsetzen, weil das dingliche Vorkaufsrecht die Wirkung einer Vormerkung besitzt (§§ 1098 Abs. 2, 883 Abs. 2 BGB). 144

Beispiel: E ist Eigentümer von zwei Grundstücken. Bezüglich Grundstück Nr. 1 einigt er sich mit K1 auf ein schuldrechtliches Vorkaufsrecht gem. §§ 463 ff., 311 Abs. 1 BGB, bezüglich des Grundstücks Nr. 2 wird für K2 gem. §§ 873 Abs. 1, 1094 Abs. 1 BGB ein dingliches Vorkaufsrecht begründet. Anschließend verkauft und übereignet E beide Grundstücke an den Dritten D.

Übt K1 nunmehr sein (schuldrechtliches) Vorkaufsrecht aus, so kommt nach § 464 Abs. 2 BGB ein Kaufvertrag zwischen E und K1 zu den Bedingungen zustande, die zwischen E und D vereinbart worden waren. K1 kann daher von E grds. gem. §§ 433 Abs. 1, 311 Abs. 1 BGB Übereignung und Übergabe des Grundstücks Nr. 1 verlangen. Da E allerdings zwischenzeitlich das Eigentum an diesem Grundstück gem. §§ 873 Abs. 1, 925 Abs. 1 BGB wirksam auf D übertragen hat (E handelte insoweit als Berechtigter, die schuldrechtliche Verpflichtung gegenüber K1 ändert nichts an seiner dinglichen Berechtigung, vgl. § 137 BGB), ist ihm die Übereignung an K1 gem. § 275 Abs. 1 BGB unmöglich geworden. K1 kann von E deshalb lediglich Schadensersatz nach §§ 280 Abs. 1 und 3, 283 BGB verlangen. Demgegenüber hat ein **dingliches Vorkaufsrecht** gem. § 1098 Abs. 2 BGB die **Wirkung einer Vormerkung**. Gem. § 883 Abs. 2 BGB ist die Eigentumsübertragung des Grundstücks Nr. 2 von E an D daher gegenüber K2 (relativ) unwirksam (vgl. Rn. 127). K2 kann deshalb weiterhin von E Übereignung des Grundstücks gem. § 433 Abs. 1 BGB i.V.m. §§ 1098 Abs. 1 S. 1, 464 Abs. 2 BGB verlangen (E wird wegen § 1098 Abs. 2 BGB i.V.m. § 883 Abs. 2 BGB gegenüber K2 weiterhin als Berechtigter angesehen), und D ist gem. § 888 Abs. 1 BGB verpflichtet, der Eintragung des K2 als neuer Eigentümer im Grundbuch zuzustimmen (vgl. §§ 19, 29 GBO).

145 Während das dingliche Vorkaufsrecht das Grundstück selbst belastet und gegenüber jedermann wirkt, entfaltet das schuldrechtliche Vorkaufsrecht Wirkungen nur im Verhältnis der Vertragsparteien (sog. Relativität der Schuldverhältnisse). Wegen des im Sachenrecht geltenden Typenzwangs (SachenR I, Rn. 11) ist für das dingliche Vorkaufsrecht eine **Abweichung von den gesetzlichen Vorschriften der §§ 1094 ff. BGB nicht zulässig**, demgegenüber gilt für das schuldrechtliche Vorkaufsrecht die Vertragsfreiheit.

Beispiel: E bestellt ein dingliches Vorkaufsrecht an seinem Grundstück zugunsten des K, dabei verabreden sie, dass das Vorkaufsrecht auf einen festen Kaufpreis von 50.000 € lauten soll.

Die Vereinbarung eines solchen Festpreisvorkaufsrechts ist nach § 1098 BGB i.V.m. § 464 Abs. 2 BGB unwirksam, da es gegen das Leitbild des dinglichen Vorkaufsrechts verstößt, welches den Kaufvertrag zu den Konditionen entstehen lässt, die mit dem Dritten vereinbart wurden. Die Vereinbarung eines schuldrechtlichen Vorkaufsrechts mit diesem Inhalt wäre demgegenüber möglich. Nach h.M. kann das Rechtsgeschäft aber nach § 140 BGB in ein schuldrechtliches Vorkaufsrecht (soweit dessen Form gem. § 311b Abs. 1 BGB eingehalten ist) umgedeutet und die Eintragung im Grundbuch als Vormerkung des künftigen Übereignungsanspruchs zum Festkaufpreis gewertet werden (RG JW 1929, 3319).

146 Neben rechtsgeschäftlich vereinbarten Vorkaufsrechten gibt es auch **gesetzliche Vorkaufsrechte**, so etwa das Vorkaufsrecht des Mieters nach § 577 BGB, das des Miterben nach § 2034 BGB oder die in der Praxis sehr relevanten öffentlichrechtlichen Vorkaufsrechte, z.B. für Gemeinden nach §§ 24 ff. BauGB.

B. Entstehung des dinglichen Vorkaufsrechts

Das dingliche Vorkaufsrecht entsteht gem. § 873 Abs. 1 Var. 2 BGB – in der für beschränkte dingliche Rechte gewohnten Weise – durch **Einigung** (mit dem Inhalt des § 1094 BGB) und **Eintragung** im Grundbuch. **147**

Dingliches Vorkaufsrecht (§§ 873 Abs. 1 Var. 2, 1094 BGB)
– Einigung mit dem Inhalt des § 1094 BGB
– Eintragung im Grundbuch
– Berechtigung des Bestellers

Welchen Inhalt die **Einigung** (§ 873 Abs. 1 BGB) über die Bestellung eines dinglichen Vorkaufsrechts haben muss, ergibt sich aus § 1094 BGB. Das Vorkaufsrecht kann gem. § 1094 Abs. 1 BGB für eine bestimmte Person (sog. **subjektiv-persönliches Vorkaufsrecht**) oder gem. § 1094 Abs. 2 BGB für den jeweiligen Eigentümer eines bestimmten anderen Grundstücks (sog. **subjektiv-dingliches Vorkaufsrecht**) bestellt werden. Das subjektiv-dingliche Vorkaufsrecht ist als Recht mit dem herrschenden Grundstück verbunden und geht deshalb gem. § 96 BGB bei der Übereignung dieses Grundstücks auf den neuen Eigentümer über. **148**

Nach § 1097 Hs. 1 BGB beschränkt sich das Vorkaufsrecht eigentlich auf den Fall des Verkaufs durch den Eigentümer des Grundstücks, doch kann nach § 1097 Hs. 2 BGB ein Vorkaufsrecht auch für mehrere Vorkaufsfälle vereinbart werden. **149**

Beispiel: E und K bestellen am Grundstück des E für K ein Vorkaufsrecht „für alle Verkaufsfälle“. E verkauft und übereignet das Grundstück an D1, ohne dass K das Vorkaufsrecht ausübt. Verkauft D1 das Grundstück später an D2, ist K nach wie vor berechtigt, das Vorkaufsrecht auszuüben. Beachte: Ohne die Vereinbarung gem. § 1097 Hs. 2 BGB wäre das Vorkaufsrecht mit Verkauf und Übereignung von E an D1 erloschen.

Die Einigung über die Entstehung eines dinglichen Vorkaufsrechts ist – im Unterschied zur Auflassung gem. § 925 BGB – formlos möglich (BGH NJW 2016, 2035, 2036 m. Anm. *Karsten Schmidt* JuS 2017, 71). Des Weiteren ist gem. § 873 Abs. 1 BGB die **Eintragung** in das Grundbuch erforderlich. Dabei muss derjenige, der das dingliche Vorkaufsrecht bestellt, grundsätzlich **Berechtigter** i.S.v. § 873 Abs. 1 BGB sein, doch kommt unter den Voraussetzungen von §§ 892, 873 Abs. 1 BGB auch ein gutgläubiger Erwerb vom Nichtberechtigten in Frage. Eine Weiterübertragung des Vorkaufsrechts ist grundsätzlich **150** gem. §§ 1098 Abs. 1, 473 S. 1 BGB ausgeschlossen, soweit nicht etwas anderes vereinbart ist (§ 473 S. 1 a.E. BGB).

151 Der Bestellung eines dinglichen Vorkaufsrechts liegt als Rechtsgrund ein **schuldrechtliches Grundgeschäft** zu Grunde. Nach dem Abstraktionsprinzip ist die Wirksamkeit des dinglichen Vorkaufsrechts allerdings unabhängig von der Wirksamkeit des schuldrechtlichen Kausalgeschäfts.

Beispiel: E und K vereinbaren mündlich, dem K gegen Zahlung von 5.000 € ein dingliches Vorkaufsrecht am Grundstück des E zu bestellen (= schuldrechtliches Verpflichtungsgeschäft). Wenig später erfolgt die dingliche Einigung gem. §§ 873 Abs. 1, 1094 Abs. 1 BGB, und das Vorkaufsrecht wird in das Grundbuch eingetragen (= dingliches Erfüllungsgeschäft). Beachte: Im Regelfall wird ein Grundstückseigentümer nicht bereit sein, ein dingliches Vorkaufsrecht unentgeltlich zu bestellen, denn der Wert eines Grundstücks wird durch die Eintragung einer solchen „Kaufoption" nicht unerheblich gemindert.

Nach ihrem Wortlaut gilt die **Formvorschrift des § 311b Abs. 1 BGB** nicht für die (schuldrechtliche) Vereinbarung, ein Vorkaufsrecht an einem Grundstück zu bestellen. Doch wird E durch die Vereinbarung eines Vorkaufsrechts verpflichtet, dem K das Grundstück zu veräußern, sofern er einen Kaufvertrag mit einem Dritten abschließt und K sein Vorkaufsrecht ausübt, wobei die Ausübung des Vorkaufsrechts selbst gem. § 1098 Abs. 1 BGB i.V.m. § 464 Abs. 1 S. 2 BGB formlos möglich ist. Daher ist es geboten, auf den vorliegenden Fall § 311b Abs. 1 S. 1 BGB analog anzuwenden (BGH NJW 2016, 2035, 2036 m. Anm. *Karsten Schmidt* JuS 2017, 71), weil sonst eine Verpflichtung zur Übereignung eines Grundstücks entstehen könnte, ohne dass zwischen K und E die Form des § 311b Abs. 1 S. 1 BGB gewahrt wäre (Übereilungsschutz). Damit findet allerdings gleichzeitig auch der Grundsatz der **Heilung durch Eintragung** nach § 311b Abs. 1 S. 2 BGB Anwendung. Im vorliegenden Beispiel war die Eintragung in das Grundbuch erfolgt, daher ist letztlich auch das schuldrechtliche Kausalgeschäft wirksam. Wichtig ist in diesem Zusammenhang: Wegen des Abstraktionsprinzips ist die Bestellung des dinglichen Vorkaufsrechts wirksam (und kann die Heilungswirkung des § 311b Abs. 1 S. 2 BGB herbeiführen), obwohl das zu Grunde liegende Kausalgeschäft (form)unwirksam ist.

C. Wirkungen

152 Die Wirkungen des dinglichen Vorkaufsrechts ergeben sich aus § 1098 Abs. 1 S. 1 BGB, der auf die Regeln für das schuldrechtliche Vorkaufsrecht (§§ 463–473 BGB) verweist. Entscheidend ist dabei der

Übereignungsanspruch des Vorkaufsberechtigten aus §§ 464 Abs. 2, 433 Abs. 1 BGB.

Übereignungsanspruch (§§ 1098 Abs. 1 S. 1, 464 Abs. 2, 433 Abs. 1 BGB)
– Dingliches Vorkaufsrecht nach §§ 873 Abs. 1, 1094 BGB
– Vorkaufsfall = Kaufvertrag (§§ 433, 311b Abs. 1 BGB) zwischen Eigentümer und Drittem §§ 1098 Abs. 1, 463 BGB
– Ausübung des Vorkaufsrechts §§ 1098 Abs. 1, 464 Abs. 1 BGB

Voraussetzung für die Ausübung des Vorkaufsrechts ist der Eintritt des **Vorkaufsfalls**. Dies ist der Abschluss eines wirksamen Kaufvertrages i.S.v. §§ 433, 311b Abs. 1 BGB zwischen Eigentümer (= Vorkaufsbelastetem) und einem Dritten. Ist der Vorkaufsfall eingetreten, kann der Vorkaufsberechtigte nach §§ 1098 Abs. 1, 464 Abs. 1 BGB das **Vorkaufsrecht ausüben**. Dies geschieht durch Abgabe einer (empfangsbedürftigen) Willenserklärung gegenüber dem Vorkaufsbelasteten. Die Erklärung muss, soweit nichts anderes vereinbart ist (§ 469 Abs. 2 S. 2 BGB), innerhalb der Zweimonatsfrist der §§ 1098 Abs. 1, 469 Abs. 2 S. 1 BGB erfolgen. 153

Wird das Vorkaufsrecht fristgerecht ausgeübt, kann der Vorkaufsberechtigte vom Vorkaufsverpflichteten **Übereignung und Übergabe des Grundstücks** Zug um Zug gegen Zahlung des Kaufpreises verlangen, der zwischen Eigentümer (= Vorkaufsbelastetem) und Drittem vereinbart wurde, denn durch Ausübung des Vorkaufsrechts kommt zwischen Eigentümer und Vorkaufsberechtigtem kraft Gesetzes ein Kaufvertrag zu den Bedingungen zustande, die zwischen Eigentümer und Drittem vereinbart wurden (§§ 1098 Abs. 1, 464 Abs. 2 BGB). 154

Übt der Vorkaufsberechtigte sein Vorkaufsrecht aus, so ändert das nichts daran, dass der Vorkaufsverpflichtete grds. **auch dem Dritten gegenüber** aus dem mit ihm geschlossenen Kaufvertrag gem. §§ 433 Abs. 1 S. 1, 311b Abs. 1 BGB zur Übereignung und Übergabe des Grundstücks verpflichtet bleibt. In der Praxis wird der Vorkaufsbelastete deshalb, um nicht zwangsläufig gegenüber einem seiner beiden Vertragspartner schadensersatzpflichtig zu werden, von vornherein im Kaufvertrag mit dem Dritten für den Fall der Ausübung des Vorkaufsrechts **ein Rücktrittsrecht oder eine auflösende Bedingung** vereinbaren. Gem. § 465 BGB wirkt eine solche Vereinbarung zwar nicht gegenüber dem Vorkaufsberechtigten, wohl aber gegenüber dem Dritten, d.h. die Auflösung des Kaufvertrags im Verhältnis Eigentümer – Dritter ändert nichts daran, dass gem. § 1098 Abs. 1 BGB i.V.m. § 464 Abs. 2 BGB durch Ausübung des Vorkaufsrechts zwischen 155

Eigentümer und Vorkaufsberechtigtem ein Kaufvertrag mit den Bedingungen zustande kommt, wie sie im Kaufvertrag zwischen Eigentümer und Drittem vereinbart worden waren (eben nur ohne die in § 465 BGB genannten Klauseln).

156 Zur **Vormerkungswirkung** des dinglichen Vorkaufsrechts gem. § 1098 Abs. 2 BGB vgl. Rn. 144.

Gegenüber einem Dritten, der das Eigentum am Grundstück erlangt, bevor der Vorkaufsberechtigte seine Rechte aus § 1098 Abs. 1 BGB i.V.m. § 464 Abs. 2 BGB durchsetzen kann, finden die Sondervorschriften der §§ 1100–1102 BGB Anwendung. Auch wenn in § 1100 S. 1 BGB ausdrücklich nur ein Zurückbehaltungsrecht geregelt ist, lässt sich aus dieser Vorschrift doch ein (stillschweigend vorausgesetzter) Anspruch des Vorkaufsberechtigten gegen den Dritten auf Herausgabe des Grundstücks ableiten (BGH NJW 1992, 236, 238; Staudinger/*Schermaier*, § 1100 Rn. 8). Zwar besteht zwischen Vorkaufsberechtigtem und Drittem eigentlich kein Eigentümer-Besitzer-Verhältnis, weil der Vorkaufsberechtigte (noch) nicht Eigentümer des Grundstücks ist, doch gelten für Nutzungen und Verwendungen des Dritten – ähnlich wie bei der Vormerkung (Rn. 134) – die §§ 987 ff. BGB analog (vgl. BGHZ 87, 296).

Kapitel 7. Rang von Grundstücksrechten

A. Einführung

Bestehen an einem Grundstück gleichzeitig mehrere beschränkte dingliche Rechte, stellt sich die Frage, in welchem Verhältnis diese zueinander stehen. 157

Beispiel: Am Grundstück des X bestehen eine Hypothek, eine Grundschuld und ein Wegerecht (= Grunddienstbarkeit i.S.v. § 1018 BGB).

Unmittelbar einleuchtend ist es, dass die **Hypothek und die Grundschuld in einem Rangverhältnis** zueinander stehen müssen. Denn sowohl der Inhaber der Hypothek als auch der Inhaber der Grundschuld hat gegen den Eigentümer des Grundstücks einen Anspruch auf Duldung der Zwangsvollstreckung (§ 1147 BGB i.V.m. § 1192 Abs. 1 BGB, vgl. Rn. 165 und 201). Sollte der bei einer Zwangsversteigerung des Grundstücks erzielte Erlös aber nicht ausreichen, um beide Sicherungsnehmer (vollständig) zu befriedigen, muss feststehen, wer zuerst befriedigt wird. Darüber hinaus stellt sich die Frage, ob eine Zwangsversteigerung des Grundstücks **Auswirkungen auf das Wegerecht** hat: Bleibt dieses trotz der Zwangsversteigerung bestehen? Dann würde es den Wert des Grundstücks und damit auch der Grundpfandrechte mindern. Würde es demgegenüber erlöschen, könnte sich der Begünstigte auf das Wegerecht nur eingeschränkt verlassen. Auch die Beantwortung dieser Frage hängt vom Rang der jeweiligen beschränkten dinglichen Rechte ab.

B. Auswirkung des Rangs auf die Zwangsvollstreckung

Die Bedeutung des Rangs zeigt sich also vor allem in der Zwangsvollstreckung. Will sich ein Gläubiger aus einer persönlichen Forderung oder aus einem dinglichen Sicherungsrecht durch Zugriff auf das Grundstück befriedigen, wird er in aller Regel die Zwangsversteigerung betreiben (vgl. § 866 Abs. 1 ZPO). 158

Beispiel: Am Grundstück des X bestehen: auf dem ersten Rang eine Hypothek, auf dem zweiten Rang eine weitere Hypothek, auf dem dritten Rang eine Grundschuld und auf dem vierten Rang ein Wegerecht (= Grunddienstbarkeit i.S.v. § 1018 BGB).

Hat der zweitrangige Hypothekengläubiger seinen Anspruch aus § 1147 BGB eingeklagt und ein vollstreckbares Urteil erlangt (vgl. § 704 ZPO), kann er seinen Anspruch gem. § 866 Abs. 1 ZPO durch Zwangsversteigerung des Grundstücks realisieren. Diese richtet sich gem. § 869 ZPO nach den Vorschriften des Zwangsversteigerungsgesetzes (ZVG). In der Zwangsversteigerung gilt zunächst das sog. **Übernahmeprinzip**. Das bedeutet, dass rangbessere dingliche Rechte erhalten bleiben (im vorangehenden Beispiel die erstrangige Hypothek). Zum Ausdruck kommt dies in § 52 Abs. 1 S. 1 ZVG, wonach ein Recht insoweit bestehen bleibt, „als es bei der Feststellung des geringsten Gebots berücksichtigt […] ist“. Der Grundsatz des sog. **geringsten Gebots** wird in § 44 Abs. 1 ZVG geregelt. Danach wird „bei der Versteigerung nur ein solches Gebot zugelassen, durch welches die dem Anspruch des Gläubigers vorgehenden Rechte“ (sowie die Verfahrenskosten) gedeckt werden (**Deckungsprinzip**). Vom Ersteher konkret bezahlt werden muss nur das **Bargebot** (vgl. § 49 Abs. 1 ZVG), also der Teil seines Gebots, der über das geringste Gebot hinausgeht, weil ja die dinglichen Rechte, welche dem Anspruch des Gläubigers vorgehen, bestehen bleiben und den Ersteher daher auch in Zukunft belasten. Die im geringsten Gebot nicht berücksichtigten Rechte (im vorangehenden Beispiel also die nachrangigen Rechte aus der Grundschuld und dem Wegerecht) erlöschen demgegenüber gem. §§ 52 Abs. 1 S. 2, 91 Abs. 1 ZVG und werden entsprechend ihrem Wert (§ 92 Abs. 1 ZVG) und ihrem Rangverhältnis (§ 11 Abs. 1 ZVG) aus dem Bargebot – soweit dieses dafür ausreicht – befriedigt (§ 109 Abs. 2 ZVG).

Wird aus einem nachrangigen Grundpfandrecht die Zwangsversteigerung betrieben, bleiben vorrangige Rechte bestehen (§ 52 Abs. 1 S. 1 ZVG i.V.m. § 44 Abs. 1 ZVG). Wird aus einem vorrangigen Grundpfandrecht die Zwangsversteigerung betrieben, erlöschen nachrangige Rechte (§ 52 Abs. 1 S. 2 ZVG).

C. Rangbestimmung

159 Welcher Rang einem Recht zukommt, kann grundsätzlich **zwischen den Parteien vereinbart** werden (§ 879 Abs. 3 BGB). Die Voraussetzungen entsprechen den gewöhnlichen Regeln für die Vereinbarung von Rechten an Grundstücken: Einigung i.S.v. § 873 Abs. 1 BGB über den Rang des Grundstücksrechts, Eintragung des Rangs im Grundbuch (§ 879 Abs. 3 BGB) und Berechtigung. Soweit das Rangverhältnis von den Parteien nicht vereinbart wird (in der Praxis der Regelfall), greifen

die **gesetzlichen Regeln gem. § 879 Abs. 1 und 2 BGB**: Bei Rechten in derselben Abteilung des Grundbuchs kommt es auf die Reihenfolge der Eintragung an (§ 879 Abs. 1 S. 1 BGB, sog. Locus-Prinzip), bei Rechten in unterschiedlichen Abteilungen bestimmt das Eintragungsdatum den Rang (§ 879 Abs. 1 S. 2 BGB, sog. Tempus-Prinzip). Zu den verschiedenen Abteilungen vgl. Rn. 39.

Beispiel: Im Grundbuchblatt eines Grundstücks sind in Abteilung 3 an erster Stelle eine Hypothek über 10.000 € (Eintragungsdatum 2.1.2012), an zweiter Stelle eine Grundschuld über 20.000 € (Eintragungsdatum 2.2.2013) und an dritter Stelle eine Rentenschuld über 30.000 € (Eintragungsdatum 2.3.2014) eingetragen. In Abteilung 2 wurde am 5.2.2013 eine Grunddienstbarkeit und am 2.3.2014 ein Nießbrauch eingetragen.

Im Beispielsfall geht in Abteilung 3 die Hypothek der Grundschuld und die Grundschuld der Rentenschuld im Rang vor. Zudem geht in Abteilung 2 die Grunddienstbarkeit dem Nießbrauch vor (jeweils § 879 Abs. 1 S. 1 BGB). Vergleicht man die Rechte aus den verschiedenen Abteilungen miteinander, reiht sich die Grunddienstbarkeit gemäß der Eintragungsdaten nach Hypothek (erster Rang) und Grundschuld (zweiter Rang) vor der Rentenschuld auf dem dritten Rang ein (§ 879 Abs. 1 S. 2 BGB). Nießbrauch und Rentenschuld haben dasselbe Eintragungsdatum und deshalb auch beide denselben, nämlich vierten, Rang (vgl. § 879 Abs. 1 S. 2 a.E. BGB).

In aller Regel entstehen die beschränkten dinglichen Rechte im Zeitpunkt der **160**
Eintragung. Doch selbst wenn die (dingliche) Einigung der Eintragung ausnahmsweise nachfolgen sollte, kommt es gem. **§ 879 Abs. 2 BGB** auf den **Zeitpunkt der Eintragung** an.

Wie der Rang zu bestimmen ist, **wenn die Grundbuchbeamten bei** **161**
der Eintragung selbst Fehler machen, entweder weil sie im Grundbuch ein falsches Eintragungsdatum angeben (vgl. Beispiel 1) oder weil das Recht an einer falschen Position im Grundbuch eingetragen wird (vgl. Beispiel 2), ist umstritten. Nach wohl herrschender Meinung soll bei einer **Divergenz zwischen tatsächlichem und niedergeschriebenen Eintragungsdatum** das niedergeschriebene Datum entscheidend sein (vgl. Jauernig/*Berger*, §§ 879–882 Rn. 4), während bei der **Divergenz zwischen der räumlichen Position und dem Eintragungsdatum** in derselben Abteilung letzteres ausschlaggebend sein soll (vgl. Jauernig/*Berger*, §§ 879–882 Rn. 3; *Baur/Stürner*, § 17 Rn. 20).

Beispiel 1: In Abteilung 2 ist mit Datum vom 1.6.2013 bereits ein Nießbrauch eingetragen. Am 2.1.2014 trägt der Grundbuchbeamte in Abteilung 3 eine Grundschuld ein, notiert im Grundbuch aber als Eintragungsdatum den

2.1.2013. Folge: Die Grundschuld geht wegen des falschen Eintragungsdatums dem Nießbrauch im Rang vor.

Beispiel 2: Der Grundbuchbeamte lässt bei der Eintragung einer Hypothek am 2.1.2012 versehentlich einen Platz frei, der später von einem anderen Grundbuchbeamten verwendet wird, um am 2.2.2013 dort – also räumlich vor der Hypothek – eine Grundschuld einzutragen. Folge: Die Hypothek geht der räumlich davor eingetragenen Grundschuld wegen des vorrangigen Eintragungsdatums im Rang vor.

162 Da es für den Rang i.d.R. auf den Zeitpunkt der Eintragung in das Grundbuch ankommt, versucht das **formelle Grundbuchrecht**, jede Willkür des Grundbuchbeamten auszuschließen, indem es anordnet, dass Anträge stets in der Reihenfolge ihres Eingangs zu bearbeiten sind: §§ 17, 45 GBO (vgl. Rn. 41). Verstößt das Grundbuchamt gegen diese formelle (Verfahrens-)Regel, ändert dies allerdings nichts an der **materiell-rechtlichen Wirksamkeit der Eintragung**. Für die Entstehung des Rechts ist materiell-rechtlich allein der Zeitpunkt seiner Eintragung im Grundbuch entscheidend.

Fall: E stellt einen Antrag auf Eintragung eines Wohnrechts zugunsten des A am 1.6. und einen Antrag auf Eintragung einer Hypothek zugunsten des B am 15.6. Aufgrund eines Versehens des Grundbuchbeamten wird die Hypothek als Erstes (am 25.6.) und das Wohnrecht als Zweites (am 26.6.) in das Grundbuch eingetragen.

Lösung: Ein **Anspruch des A aus § 894 BGB** würde voraussetzen, dass das Grundbuch unrichtig ist und in Wahrheit dem Wohnrecht des A der erste Rang zukommt. Der Rang eines Grundstücksrechts entsteht aber erst mit der Eintragung in das Grundbuch und bestimmt sich – bei Rechten, die in unterschiedlichen Abteilungen einzutragen sind – gem. § 879 Abs. 1 S. 2 BGB nach dem Zeitpunkt der Eintragung, so dass die Hypothek Vorrang vor dem Wohnrecht hat. Der Verstoß gegen die (Verfahrens-)Vorschriften der §§ 17, 45 GBO ist materiell-rechtlich unbeachtlich. Das Grundbuch ist daher richtig.

Fraglich ist, ob A ein **Bereicherungsanspruch gegen B aus § 812 Abs. 1 S. 1 Alt. 2 BGB** zusteht. B hat ein vermögenswertes „etwas“ erlangt, nämlich den besseren Rang. Zweifelhaft ist aber bereits, ob dies „auf Kosten“ des A geschah. Dafür müsste B in den Zuweisungsgehalt eines Rechts eingegriffen haben, das dem A zustand. Da nach normalem Lauf der Dinge §§ 17, 45 GBO sicherstellen, dass A den besseren Rang erhält, stand A eine Art Anwartschaftsrecht zu, in das durch die vorrangige Eintragung des B eingegriffen wurde (Staudinger/*Kutter,* § 879 Rn. 47 m.w.N.). Allerdings erfolgte dieser Eingriff nicht ohne rechtlichen Grund, denn das in § 879 Abs. 1 S. 2 BGB verankerte Tempus-Prinzip (= Rang bestimmt sich nach dem Zeitpunkt der Eintragung) legitimiert den Erwerb des besseren Rangs (BGHZ 21, 98, 99 f.; Palandt/*Sprau,* § 812 Rn. 45). A kann daher allenfalls nach **Art. 34 GG i.V.m. § 839 BGB einen Amtshaftungsanspruch** geltend machen, weil dem Grundbuchbeamten ein Fehler unterlaufen ist.

D. Rangänderung (§ 880 BGB)

Das Rangverhältnis zwischen zwei beschränkten dinglichen Rechten kann gem. § 880 Abs. 1 BGB durch Vereinbarung zwischen den betroffenen Parteien nachträglich geändert werden. Voraussetzung dafür ist stets die **Einigung** zwischen dem zurücktretenden und dem vortretenden Berechtigten (§ 880 Abs. 2 S. 1 BGB), die formfrei möglich ist, und die **Eintragung** im Grundbuch (§ 880 Abs. 2 S. 1 BGB). Bei Hypotheken, Grundschulden und Rentenschulden ist zusätzlich die Zustimmung des Grundstückseigentümers erforderlich (§ 880 Abs. 2 S. 2 BGB). Außerdem muss die Zustimmung Dritter eingeholt werden, wenn deren Rechte am zurücktretenden Recht (z.B. Pfandrecht) betroffen sind (§§ 880 Abs. 3, 876 BGB). Die Rangänderung führt zum **Rangtausch**: Das vortretende Recht tritt an die Stelle des zurücktretenden Rechts. **163**

Bei der **Rangänderung** ist gem. § 880 Abs. 5 BGB zu beachten, dass Rechte zwischen dem zurücktretenden und dem vortretenden Recht nicht beeinträchtigt werden dürfen. Ein vortretendes Recht kann deshalb immer nur in der Höhe des zurücktretenden Rechts vorrücken. **164**

Beispiel: An einem Grundstück bestehen eine Hypothek über 10.000 € (erster Rang), eine Grundschuld über 20.000 € (zweiter Rang) und eine Rentenschuld über 30.000 € (dritter Rang). Tauschen Hypothek und Rentenschuld den Rang, würden sich die Rangverhältnisse anschließend wie folgt darstellen: Rentenschuld über 10.000 € (erster Rang), Grundschuld über 20.000 € (zweiter Rang und nicht beeinträchtigt, da ihr nach wie vor nur 10.000 € im Rang vorgehen), Rentenschuld über weitere 20.000 € (dritter Rang), Hypothek über 10.000 €, die der Rentenschuld gemäß der Vereinbarung nachgehen sollte (vierter Rang).

Kapitel 8. Grundpfandrechte

A. Einführung

I. Grundpfandrechte als Kreditsicherheiten

Hypothek (§§ 1113 ff. BGB), Grundschuld (§§ 1191 ff. BGB) und Rentenschuld (§§ 1199 ff. BGB) werden zusammenfassend auch als Grundpfandrechte bezeichnet. Grundpfandrechte sind beschränkte **dingliche Verwertungsrechte**, die es dem Gläubiger ähnlich wie bei einem Pfandrecht an beweglichen Sachen i.S.v. §§ 1204 ff. BGB ermöglichen, in die „Pfandsache" – bei den Grundpfandrechten also in das Grundstück – zu vollstrecken und sich aus dem Erlös zu befriedigen. **Zentrale Anspruchsgrundlage des Inhabers eines Grundpfandrechts ist insoweit § 1147 BGB**, der den Eigentümer des belasteten Grundstücks zur Duldung der Zwangsvollstreckung in das Grundstück verpflichtet. Wie das Fahrnispfandrecht werden auch die Grundpfandrechte in erster Linie als Kreditsicherheiten eingesetzt. 165

Beispiel: Gläubiger G hat gegen Schuldner S einen schuldrechtlichen Anspruch gem. § 488 Abs. 1 S. 2 BGB aus einem Darlehensvertrag. G verlangt von S eine Sicherheit für den Fall, dass S nicht mehr in der Lage sein sollte, das Darlehen fristgemäß zurückzuzahlen. Als Sicherheit käme beispielsweise die Stellung eines Bürgen (Personalsicherheit) oder die Verpfändung oder Sicherungsübereignung von Wertgegenständen (Realsicherheit) in Frage. Der Einsatz einer Realsicherheit durch Bestellung eines Grundpfandrechts an einem Grundstück ist in der Praxis besonders beliebt und verbreitet. Denn Grundstücke haben regelmäßig einen relativ einfach zu ermittelnden Wert und aufgrund des begrenzten Angebots eine hohe Wertbeständigkeit.

Zwar steht einem Gläubiger das Grundstück eines zahlungsunwilligen oder zahlungsunfähigen Schuldners auch dann als Haftungsmasse zur Verfügung, wenn er kein Grundpfandrecht an dem Grundstück besitzt, da er im Wege der Zwangsvollstreckung auch auf das Grundstück zugreifen kann (§§ 864 ff. ZPO). Doch hat die Absicherung einer Forderung durch ein Grundpfandrecht **erhebliche Vorteile**, weil dem Inhaber des Grundpfandrechts das Grundstück selbst dann noch als Haftungsmasse zur Verfügung steht, wenn der ursprüngliche Eigentümer das **Grundstück an einen Dritten übereignet**. 166

Beispiel: G1 und G2 haben gegen S je eine Forderung aus Kaufvertrag über 20.000 €. Die Forderung des G1 ist durch eine Hypothek am Grundstück des S abgesichert. Übereignet S nunmehr sein Grundstück an den Dritten D gem.

§§ 873, 925 BGB, kann G2 zwar nach wie vor seine Forderung gegen S geltend machen, eine Zwangsvollstreckung in das Grundstück ist ihm aber nicht mehr möglich, da dieses nicht mehr zum Vermögen des Schuldners gehört. G1 hat dagegen gem. § 1147 BGB einen Anspruch auf Duldung der Zwangsvollstreckung in das Grundstück gegen D, weil die Belastung des Grundstücks mit der Hypothek durch die Übereignung nicht verloren gegangen ist, sondern nunmehr D als neuen Eigentümer verpflichtet.

167 Der Inhaber eines Grundpfandrechts ist auch abgesichert, wenn über das Vermögen des Eigentümers des Grundstücks das **Insolvenzverfahren** eröffnet wird (vgl. § 49 InsO) oder wenn andere Gläubiger dem Grundpfandrechtsinhaber mit **Zwangsvollstreckungsmaßnahmen** zuvorkommen.

Beispiel: G1 und G2 haben gegen S je eine Forderung aus Kaufvertrag über 20.000 €. Die Forderung des G1 ist durch eine Hypothek am Grundstück des S abgesichert. Nachdem G2 seinen Anspruch gem. § 433 Abs. 2 BGB gegen S erfolgreich eingeklagt hat, geht er aus seinem persönlichen Titel im Wege der Zwangsvollstreckung gegen S vor und lässt dessen Grundstück zwangsversteigern. Zwar erwirbt der Ersteher durch Zuschlag Eigentum an dem Grundstück (vgl. § 90 ZVG), doch bleibt auch in diesem Fall die Hypothek am Grundstück als besserrangiges Recht bestehen und ist vom Ersteher zu übernehmen (vgl. §§ 44, 52 ZVG), so dass nunmehr er dem G1 auf Duldung der Zwangsvollstreckung haftet.

II. Arten von Grundpfandrechten

168 Hypothek und Grundschuld erfüllen zwar weitgehend denselben wirtschaftlichen Zweck, unterscheiden sich aber durch ihre rechtliche Ausgestaltung. Der Hauptunterschied besteht in der unterschiedlich intensiven Verknüpfung der zu sichernden Forderung mit dem Grundpfandrecht: Die **Hypothek** ist ein **akzessorisches** Grundpfandrecht und sichert stets eine Geldschuld ab (vgl. § 1113 Abs. 1 BGB, „wegen einer ihm zustehenden Forderung“), während die **Grundschuld** als **nichtakzessorisches** Grundpfandrecht auch unabhängig von einer Forderung bestehen kann (vgl. § 1191 Abs. 1 BGB, der den gleichen Wortlaut hat wie § 1113 Abs. 1 BGB, allerdings ohne die Einschränkung „zur Befriedigung wegen einer ihm zustehenden Forderung“).

Die Akzessorietät der Hypothek, also die zwingende Verknüpfung zwischen Hypothek und Forderung, und die fehlende Akzessorietät der Grundschuld sind der Schlüssel für das Verständnis dieser Rechtsinstitute.

169 Die **Rentenschuld** ist eine Sonderform der Grundschuld. Sie zeichnet sich dadurch aus, dass bei ihr nicht eine einmalige, sondern eine regelmäßig wiederkehrende Zahlungsverpflichtung aus dem Grundstück zu erfüllen ist. Die praktische Bedeutung ist allerdings sehr gering.

Arten von Grundpfandrechten

Hypothek	**Grundschuld**	**Rentenschuld**
§§ 1113 ff. BGB	§§ 1191 ff. BGB	§§ 1199 ff. BGB
Dingliches Verwertungsrecht zur Absicherung einer Geldforderung	Selbständiges dingliches Verwertungsrecht	Sonderfall der Grundschuld für regelmäßige Zahlungen
(akzessorisch)	(nicht akzessorisch)	(nicht akzessorisch)

Vom Gesetz werden Hypothek und Grundschuld als gleichartig betrachtet, **was sich darin zeigt, dass rechtsgeschäftliche Umwandlungen** zwischen Hypothek, gewöhnlicher Grundschuld und Rentenschuld möglich sind (vgl. §§ 1198, 1203 BGB). 170

B. Hypothek

I. Grundlagen

1. Akzessorietät zwischen Hypothek und Forderung

Als **akzessorisches Grundpfandrecht** sichert die Hypothek eine 171 Forderung (vgl. § 1113 Abs. 1 BGB), d.h., **zwischen Hypothek und Forderung besteht eine Verknüpfung**, so dass Entstehung, Übertragung und (Fort-)Bestand der Hypothek grundsätzlich von der gesicherten Forderung abhängig sind. Verliert der Gläubiger seine Forderung (z.B. durch Erfüllung oder Abtretung), verliert er auch seine Stellung als Hypothekar (= Inhaber der Hypothek).

Die Akzessorietät zwischen Hypothek und Forderung ist auch der Grund dafür, dass die Hypothek als Sicherungsmittel in der Praxis weitgehend von der deutlich flexibleren (Sicherungs-)Grundschuld abgelöst wurde. Die ausführliche Auseinandersetzung mit den Grundregeln der Hypothek ist dennoch erforderlich. Zum einen werden Hypothekenfälle nach wie vor in Klausuren thematisiert, zum anderen sind die Regelungen für die Grundschuld nur verständlich, wenn man die entsprechenden Grundsätze des Hypothekenrechts verstanden hat (vgl. nur § 1192 Abs. 1 BGB).

2. Rechtsverhältnisse zwischen den Beteiligten

172 Der Inhaber der Hypothek, der grundsätzlich zugleich Inhaber der Forderung sein muss, hat **zwei Ansprüche**: Den **schuldrechtlichen Anspruch aus der Forderung** gegen den persönlichen Schuldner und den **dinglichen Anspruch aus § 1147 BGB** auf Duldung der Zwangsvollstreckung gegen den Eigentümer des mit der Hypothek belasteten Grundstücks. Schuldner der persönlichen Forderung und Eigentümer des belasteten Grundstücks können (Beispiel 1 = Normalfall), müssen aber nicht (Beispiel 2) identisch sein.

Beispiel 1: E kauft ein Grundstück. Den Kaufpreis finanziert er über ein Darlehen bei seiner Bank (B), der er zur Absicherung des Kaufpreisdarlehens absprachegemäß an dem erworbenen Grundstück eine Hypothek bestellt. Die B hat gegen E (sog. Eigentümerschuldner) einen Anspruch auf Rückzahlung des Darlehens aus § 488 Abs. 1 S. 2 BGB und außerdem einen Anspruch aus § 1147 BGB auf Duldung der Zwangsvollstreckung, der durchgesetzt werden kann, wenn E das Darlehen nicht ordnungsgemäß zurückzahlt.

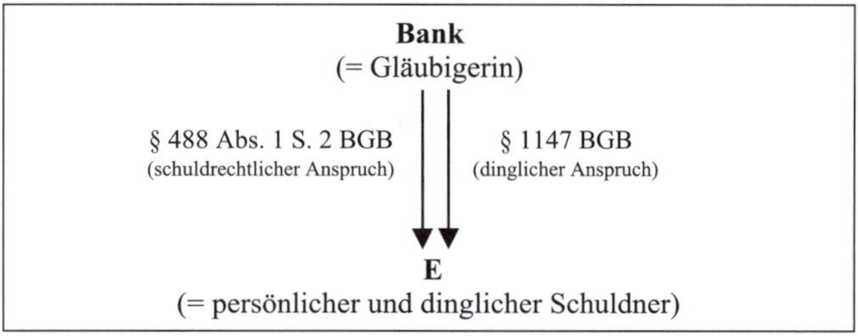

173 Grundsätzlich ist niemand (gesetzlich) verpflichtet, seinem Gläubiger eine Sicherheit zu stellen. Eine solche Verpflichtung entsteht nur, wenn sich der Schuldner in einem sog. **Sicherungsvertrag** dazu (schuldrechtlich) verpflichtet. Im vorangehenden Beispiel liegt also in der Absprache zwischen E und B, dass E der B zur Sicherung des Rückzahlungsanspruchs aus dem Darlehen (§ 488 Abs. 1 S. 2 BGB) eine Hypothek bestellt, der (zumindest konkludente) Abschluss eines Sicherungsvertrags. Hat der Eigentümer dinglich wirksam eine Hypothek bestellt, obwohl er dazu schuldrechtlich gar nicht verpflichtet war (z.B. weil ein Sicherungsvertrag nicht wirksam geschlossen wurde oder dieser nichtig ist), kann der Gläubiger die Hypothek als dingliches Recht trotzdem wirksam erworben haben (Abstraktionsprinzip!), ist

aber ggf. bereicherungsrechtlich zur Herausgabe verpflichtet (vgl. die ähnliche Situation bei der Sicherungsübereignung SachenR I, Rn. 265).

Der Sicherungsvertrag wird in Klausurfällen eher bei der Sicherungsgrundschuld thematisiert. Deshalb wird die Thematik auch dort im Detail erörtert (vgl. Rn. 244 ff.).

Beispiel 2: S kauft das Unternehmen des G. G erklärt sich mit einer Ratenzahlung einverstanden, wenn S eine entsprechende Sicherheit stellt. S, der selbst kein größeres Vermögen hat, bittet seinen Vater V, an dessen Grundstück für G eine Hypothek in Höhe des Unternehmenskaufpreises zu bestellen. Kommt V dieser Bitte nach, hat G gegen S (= persönlicher Schuldner) einen Anspruch auf Zahlung des Kaufpreises aus § 433 Abs. 2 BGB und gegen V (= Eigentümer) einen Anspruch auf Duldung der Zwangsvollstreckung aus § 1147 BGB.

Sind persönlicher Schuldner und Eigentümer wie in Beispielsfall 2 nicht identisch, kann auch die **Rechtsbeziehung zwischen diesen beiden Personen** bei der Falllösung eine Rolle spielen. Denn befriedigt einer der beiden den Gläubiger, stellt sich regelmäßig die Frage, ob er von dem anderen hierfür einen Ausgleich verlangen kann. Dafür ist entscheidend, was persönlicher Schuldner und Eigentümer miteinander vereinbart haben und warum sich der Eigentümer bereit erklärt hat, für die Schuld eines anderen eine Sicherheit an seinem Grundstück zu bestellen. Oft wird der Eigentümer **aufgrund eines Auftrags** tätig (§§ 662 ff. BGB), wobei üblicherweise im Innenverhältnis zwischen Eigentümer und Schuldner (konkludent) vereinbart wird, dass primär der Schuldner zur Rückzahlung der Forderung verpflichtet bleibt.

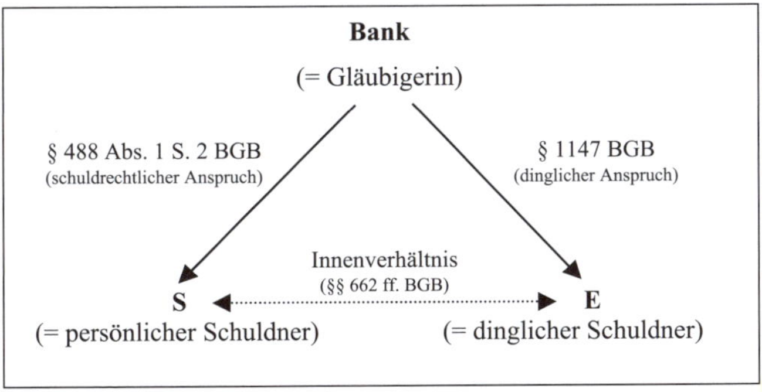

Wird in einer Klausur allgemein nach den Rechten des Hypothekars gefragt, sind – unabhängig von der Frage, ob Schuldner und Eigentümer personenidentisch sind – grundsätzlich **zunächst der schuld-**

rechtliche Anspruch aus der Forderung und **dann der dingliche Anspruch** aus der Hypothek zu prüfen. Oft entwickeln sich die beiden Ansprüche unterschiedlich.

II. Erwerb einer Hypothek vom Berechtigten

174 Eine Hypothek kann man auf zwei verschiedene Arten erwerben: Entweder bestellt der Eigentümer an seinem Grundstück für den Gläubiger eine (neue) Hypothek (**Ersterwerb**), oder der Inhaber einer bereits vorhandenen Hypothek überträgt diese auf einen Dritten (**Zweiterwerb**).

Der Unterschied zwischen Erst- und Zweiterwerb spielt im Sachenrecht an vielen Stellen eine entscheidende Rolle, da regelmäßig unterschiedliche Entstehungsvoraussetzungen zu prüfen sind. Bei der Falllösung sollte man daher zunächst immer überlegen, ob ein Erst- oder ein Zweiterwerb vorliegt.

1. Ersterwerb einer Hypothek vom Berechtigten

a) Entstehungsvoraussetzungen

175 Nach der **allgemeinen Vorschrift des § 873 Abs. 1 Var. 2 BGB** setzt die „Belastung eines Grundstücks mit einem Recht" die Einigung des Berechtigten und des anderen Teils sowie die Eintragung der Rechtsänderung in das Grundbuch voraus. Mit der „Belastung eines Grundstücks mit einem Recht" sind beschränkte dingliche Rechte an Grundstücken gemeint, zu denen auch die Hypothek gehört. Für die Hypothek findet jedoch **ergänzend § 1113 Abs. 1 BGB Anwendung**. Diese Vorschrift präzisiert, welchen Inhalt die Einigung i.S.v. § 873 Abs. 1 Var. 2 BGB haben muss, wenn sich die Beteiligten über die Entstehung einer Hypothek verständigen wollen. Außerdem ordnet § 1113 Abs. 1 BGB an, dass die Bestellung einer Hypothek stets nur „zur Befriedigung wegen einer ihm zustehenden Forderung" erfolgen kann, d.h. stets die Existenz einer zu sichernden Forderung voraussetzt (Akzessorietät!). Insgesamt ergeben sich damit für die **Bestellung einer Hypothek** (= Ersterwerb einer Hypothek) aus §§ 873 Abs. 1 Var. 2, 1113 Abs. 1 BGB folgende Voraussetzungen:

- Besteller und Erwerber der Hypothek müssen sich darüber **einigen** (= dinglicher Vertrag), dass das Grundstück mit einer Hypothek zur Absicherung einer bestimmten Forderung gem. § 1113 BGB belastet wird. Die Einigung ist **formfrei** gültig (Beachte: § 925 BGB findet nur auf die Übertragung von Eigentum an Grundstücken Anwendung).

– Die Bestellung der Hypothek muss in das Grundbuch **eingetragen werden.** Der Inhalt der Eintragung bestimmt sich nach § 1115 BGB: einzutragen sind insbesondere Gläubiger, Forderungshöhe und Zinssatz (vgl. Mustergrundbuch Abteilung 3 im Anhang).
– Der **Besteller** muss **berechtigt** sein, er muss also Eigentümer des Grundstücks oder zur Verfügung ermächtigt sein. Anderenfalls kommt nur der Erwerb vom Nichtberechtigten in Frage (vgl. Rn. 185).
– Darüber hinaus setzt § 1113 Abs. 1 BGB („zur Befriedigung wegen einer ihm zustehenden Forderung“) das **Bestehen einer Geldforderung** voraus (Akzessorietät), die dem Hypothekar zusteht, sich aber nicht unbedingt gegen den Grundstückseigentümer richten muss.

Beispiel: Eigentümer E einigt sich mit der G-Bank (G) darauf, an seinem Grundstück eine Hypothek zur Absicherung einer Darlehensforderung der G gegen seinen Sohn zu bestellen.

Die zu sichernde Forderung muss **bestimmt** oder zumindest **individualisierbar** sein, dafür müssen Gläubiger, Schuldner, geschuldete Geldsumme und der Schuldgrund (z.B. aus Darlehensvertrag vom…) feststehen (vgl. auch § 1115 BGB). **176**

Nach § 1113 Abs. 2 BGB ist auch die Sicherung einer **zukünftigen oder bedingten Forderung** möglich. Das setzt allerdings – wegen des Bestimmtheitsgebots – voraus, dass der „Rechtsboden für die Forderung“ schon bereitet ist (*Wolf/Wellenhofer*, § 27 Rn. 3; BeckOGK-BGB/*Kern* § 1113 Rn. 93, vgl. auch Rn. 116 ff. zur Vormerkung). Nach h.M. ist das nur dann der Fall, wenn der Schuldner das Entstehen der Forderung nicht mehr einseitig verhindern kann.

Sehr umstritten ist, ob die Hypothek auch einen **bereicherungsrechtlichen Rückabwicklungsanspruch** erfasst, der entsteht, wenn sich der Vertrag, der der eigentlich beabsichtigten Forderung zugrunde liegt (z.B. Darlehensvertrag), als nichtig herausstellt. Grundsätzlich können zwar auch gesetzliche Forderungen durch eine Hypothek abgesichert werden, ob dies im Einzelfall aber auch tatsächlich geschieht, soll nach wohl h.M. vom Willen der Parteien abhängen, der durch Auslegung der dinglichen Einigung festzustellen ist. Regelmäßig dürften nicht genügend Anhaltspunkte für die Absicherung des Bereicherungsanspruchs gegeben sein (vgl. dazu *Baur/Stürner*, § 37 Rn. 48 m.w.N.). **177**

– Schließlich hängt der **Zeitpunkt des Erwerbs** einer Hypothek davon ab, ob eine Brief- oder eine Buchhypothek bestellt werden soll: **178**
  – Der gesetzliche Regelfall ist die **Briefhypothek** (§ 1116 Abs. 1 BGB). Diese ist aufgrund des ausgestellten Hypothekenbriefs (gem. § 56 GBO enthält der Hypothekenbrief alle wesentlichen Angaben über die Hypothek) besonders verkehrsfähig, da die Übertragung des Grundpfandrechts mit Hilfe des Hypothekenbriefs auch außerhalb des Grundbuchs erfolgen kann (vgl. Rn. 184). Die

Briefhypothek entsteht gem. § 1117 Abs. 1 S. 1 BGB allerdings erst, wenn der Brief, der vom Grundbuchamt erstellt worden ist, an den Eigentümer ausgehändigt (vgl. § 60 Abs. 1 GBO) und anschließend **vom Eigentümer an den Hypothekar übergeben** wird. Gem. § 1117 Abs. 1 S. 2 BGB kann die Übergabe auch gem. §§ 929 S. 2, 930 und 931 BGB durch ein **Übergabesurrogat** ersetzt werden. Alternativ können die Parteien gem. § 1117 Abs. 2 BGB vereinbaren, dass sich der Gläubiger den Brief selbst vom Grundbuchamt aushändigen lassen darf (sog. „**Aushändigungsabrede**"). In einem solchen Fall entsteht die Hypothek bereits – sofern alle übrigen Voraussetzungen vorliegen – mit der Aushändigungsabrede, die tatsächliche Übergabe des Briefes vom Grundbuchamt an den Hypothekar bleibt demgegenüber rechtlich ohne Bedeutung.

Fall: S hat bei der G-Bank ein Darlehen aufgenommen. Zur Absicherung einigt er sich mit der G-Bank über die Bestellung einer Briefhypothek an seinem Grundstück. Nach der Eintragung übersendet das Grundbuchamt den Brief an S, wo er – vor der geplanten Übergabe an die G-Bank – von D gestohlen wird. Die G-Bank möchte wissen, ob sie bereits Inhaberin der Hypothek ist oder – wenn nicht – wie sie dies möglichst schnell werden kann, ohne auf das Wiederauftauchen des Briefes warten zu müssen.

Lösung: Fraglich ist, ob G gem. §§ 873 Abs. 1 Var. 2, 1113, 1117 Abs. 1 BGB eine Hypothek erworben hat. Zwar haben sich S und G über die Entstehung der Hypothek geeinigt, diese wurde auch im Grundbuch eingetragen und dient der Sicherung des Anspruchs aus § 488 Abs. 1 S. 2 BGB auf Rückzahlung des Darlehens, doch fehlt es bislang an der gem. § 1117 Abs. 1 BGB erforderlichen Übergabe des Hypothekenbriefs von S an die G. Will S, dass G Inhaberin der Hypothek wird, ohne auf das Wiederauftauchen des Hypothekenbriefs zu warten, kann er die Übergabe des Briefes durch die Abtretung seines Herausgabeanspruchs gegen D (z.B. aus § 823 Abs. 1 BGB) gem. §§ 1117 Abs. 1 S. 2, 931 BGB ersetzen. Mit der Abtretung wird G Inhaberin der Hypothek und gem. § 952 Abs. 2 BGB auch Eigentümerin des Hypothekenbriefs.

Das Eigentum am Hypothekenbrief geht gem. § 952 BGB immer kraft Gesetzes über; eine Übereignung nach §§ 929 ff. BGB ist nicht möglich. § 1117 Abs. 1 BGB spricht deshalb auch von der Übergabe, nicht von der Übereignung.

– Gem. § 1116 Abs. 2 S. 1 BGB kann die Erteilung des Briefes auch **ausgeschlossen** werden. Voraussetzung dafür ist gem.

§ 1116 Abs. 2 S. 3 BGB die entsprechende Einigung des Gläubigers und des Eigentümers sowie die Eintragung in das Grundbuch („ohne Brief" oder „brieflos"). In einem solchen Fall entsteht eine sog. **Buchhypothek**, die für ihre Entstehung – naturgemäß – die Übergabe eines Hypothekenbriefs nicht voraussetzt.

Der Unterschied zwischen Brief- und Buchhypothek macht sich vor allem bei der Weiterübertragung bemerkbar: Während die Übertragung einer Briefhypothek neben der Abtretung der Forderung nur die Übergabe des Hypothekenbriefs voraussetzt und nicht die Eintragung in das Grundbuch (§§ 1154 Abs. 1 S. 1, 1153 BGB), muss bei einer Buchhypothek nicht nur die erstmalige Bestellung der Hypothek, sondern auch jede Weiterübertragung in das Grundbuch eingetragen werden (§§ 1154 Abs. 3, 873 Abs. 1 Var. 3, 1153 BGB). Die Buchhypothek ist deshalb weniger verkehrsfähig als die Briefhypothek (vgl. ausführlich Rn. 182 ff.). **179**

<table>
<tr><th colspan="2">Ersterwerb einer Hypothek vom Berechtigten
(§§ 873 Abs. 1 Var. 2, 1113 ff. BGB)</th></tr>
<tr><td colspan="2">– Einigung über die Bestellung einer Hypothek (§§ 873 Abs. 1 Var. 2, 1113 BGB)
– Eintragung der Hypothek in das Grundbuch (§§ 873 Abs. 1, 1115 BGB)
– Berechtigung des Bestellers (§ 873 Abs. 1 BGB)
– Bestehen der zu sichernden Forderung des Erwerbers (§ 1113 BGB)</td></tr>
<tr><th>zusätzlich bei der Briefhypothek</th><th>zusätzlich bei der Buchhypothek</th></tr>
<tr><td>– Übergabe des Hypothekenbriefs vom Eigentümer an den Gläubiger oder Ersatz der Übergabe durch ein Übergabesurrogat (§ 1117 Abs. 1 BGB)
oder
– Aushändigungsabrede (§ 1117 Abs. 2 BGB)</td><td>– Einigung über Ausschluss der Erteilung des Hypothekenbriefs und entsprechende Eintragung (§ 1116 Abs. 2 BGB)</td></tr>
</table>

b) Exkurs: Die Eigentümergrundschuld

Während eine Hypothek – aufgrund der Akzessorietät – gem. § 1113 Abs. 1 BGB die Existenz einer zu sichernden Forderung voraussetzt, ist dies bei einer Grundschuld nicht der Fall (vgl. den unterschiedlichen Wortlaut von § 1191 Abs. 1 BGB gegenüber § 1113 Abs. 1 BGB). § 1196 Abs. 1 BGB erlaubt daher dem Eigentümer eines Grundstücks sogar, **eine Grundschuld an seinem eigenen Grund-** **180**

stück zu bestellen. Eine solche „Eigentümergrundschuld" sichert naturgemäß nicht die Forderung eines Dritten, sondern steht dem Eigentümer des Grundstücks selbst zu. Der Eigentümer kann beispielsweise beabsichtigen, die Grundschuld zu einem späteren Zeitpunkt durch Übertragung einem Dritten als Kreditsicherheit zur Verfügung zu stellen. Ein solches Vorgehen kann z.B. dann sinnvoll sein, wenn an einem Grundstück verschiedene Grundpfandrechte bestellt werden sollen und der Eigentümer mit der Eigentümergrundschuld einen bestimmten Rang sichern will.

181 Eine Eigentümergrundschuld kann aber gem. §§ 1163, 1177 Abs. 1 S. 1 BGB auch im Zusammenhang mit der Begründung einer Hypothek **kraft Gesetzes** entstehen. Vor allem zwei Fälle spielen eine Rolle:

– wenn bis auf die Entstehung der zu sichernden Forderung alle anderen Voraussetzungen vorliegen (§ 1163 Abs. 1 S. 1 BGB) oder
– wenn bei einer Briefhypothek bis auf die Übergabe des Briefes alle Voraussetzungen vorliegen (§ 1163 Abs. 2 BGB).

Durch die Entstehung der (vorläufigen) Eigentümergrundschuld wird der Rang auch für den Fall gesichert, dass weitere beschränkte dingliche Rechte in das Grundbuch eingetragen werden.

Beispiel: S hat bei der G-Bank ein Darlehen aufgenommen. Zur Absicherung einigt er sich mit ihr über die Bestellung einer Briefhypothek an seinem Grundstück. Nach der Eintragung übersendet das Grundbuchamt den Brief an S. Auch wenn alle anderen Voraussetzungen vorliegen, ist die Briefhypothek zugunsten der G mangels Übergabe des Hypothekenbriefs gem. § 1117 Abs. 1 S. 1 BGB noch nicht entstanden. Gem. §§ 1163 Abs. 2, 1177 Abs. 1 S. 1 BGB ist S aber kraft Gesetzes Inhaber einer Eigentümergrundschuld geworden. Das Grundbuch, in das bereits eine Hypothek für die G-Bank eingetragen wurde, ist deshalb zu diesem Zeitpunkt (noch) falsch. Sobald S den Brief an die G übergibt, liegen alle Voraussetzungen für den Erwerb der Briefhypothek vor, die Eigentümergrundschuld wandelt sich in die Hypothek zugunsten der G-Bank; das Grundbuch wird in diesem Moment also richtig.

2. Zweiterwerb einer Hypothek vom Berechtigten

182 Die Übertragung einer bereits bestehenden Hypothek auf einen neuen Gläubiger (Zweiterwerb) erfolgt **gem. § 1153 Abs. 1 BGB durch Übertragung der gesicherten Forderung** (der gleiche Grundsatz wird in § 401 Abs. 1 BGB bereits allgemein für alle akzessorischen Sicherungsrechte aufgestellt). § 1153 BGB (vgl. insbesondere auch § 1153 Abs. 2 BGB) bringt den Akzessorietätsgrundsatz besonders gut zum Ausdruck: **Die Hypothek selbst kann als solche rechtsgeschäftlich gar nicht übertragen werden**, sondern haftet quasi an der Forderung und geht deshalb mit der Übertragung der Forderung kraft Gesetzes über.

§ 1153 BGB ist nicht abdingbar und gilt sowohl für Forderungs- **183**
übertragungen kraft Gesetzes (z.B. im Wege der Universalsukzession gem. § 1922 Abs. 1 BGB) als auch für rechtsgeschäftliche Forderungsübertragungen (= Abtretung gem. § 398 BGB). Grundsätzlich ist die Abtretung von Forderungen formlos möglich. Eine durch Hypothek gesicherte Forderung kann allerdings **nur in der Form des § 1154 BGB** übertragen werden.

§ 1154 BGB ist eine wichtige Formvorschrift für die Abtretung von Forderungen und ergänzt somit § 398 BGB. Dass für die Abtretung hypothekarisch gesicherter Forderungen zusätzliche Formanforderungen aufgestellt werden, ist verständlich, denn gem. § 1153 Abs. 1 BGB (vgl. auch bereits § 401 Abs. 1 BGB) geht mit der Abtretung der Forderung automatisch die Hypothek mit über, und für die Übertragung von dinglichen Rechten an Grundstücken gelten im Allgemeinen recht strenge Formvorschriften (vgl. § 873 Abs. 1 BGB).

§ 1154 BGB differenziert hinsichtlich der Formerfordernisse je nach **184**
Art der Hypothek:

– Bei einer **Briefhypothek** ist es gem. § 1154 Abs. 1 S. 1 BGB erforderlich, dass die Abtretungserklärung des ursprünglichen Gläubigers (Zedenten) in schriftlicher Form erklärt wird (die Annahme des neuen Gläubigers unterliegt nicht der Schriftform) und der Hypothekenbrief dem neuen Gläubiger (Zessionar) übergeben oder ein entsprechendes Übergabesurrogat gem. § 1117 Abs. 1 S. 2 BGB vereinbart wird. Die Übertragung einer Briefhypothek kann also außerhalb des Grundbuchs erfolgen, was gerade die besondere Verkehrsfähigkeit der Briefhypothek ausmacht. Gem. § 1154 Abs. 2 BGB ist es jedoch auch möglich, die Abtretung in das Grundbuch einzutragen, wodurch die schriftliche Form ersetzt wird (vgl. Beispiel Mustergrundbuch Abteilung 3 im Anhang).

Beispiel 1: S hat G1 für eine Darlehensforderung eine Hypothek an seinem Grundstück bestellt. G1 tritt seine Darlehensforderung mündlich an G2 ab, der von dem Bestehen einer Hypothek keine Kenntnis hat. Da eine durch Hypothek abgesicherte Forderung – unabhängig von der Kenntnis des Zessionars – nur in der Form des § 1154 BGB abgetreten werden kann, ist die Abtretung unwirksam. Deshalb konnte G2 auch nicht über § 1153 Abs. 1 BGB die Hypothek erwerben. Im Ergebnis wird also sichergestellt, dass es nicht zu einer Trennung von Forderung und Hypothek kommt (vgl. § 1153 Abs. 2 BGB).

Beispiel 2: Wie Beispiel 1, nur tritt G1 seine Darlehensforderung gegen S mit schriftlicher Abtretungserklärung an G2 ab und übergibt diesem den Hypothekenbrief. G2 erwirbt damit unmittelbar und ohne Änderung des Grundbuchs die Forderung aus § 488 Abs. 1 S. 2 BGB und gem. § 1153 Abs. 1 BGB auch die Briefhypothek.

Mit der formgerechten Übertragung der Forderung, die durch eine Briefhypothek gesichert ist, wird das Grundbuch also falsch, eine spätere Eintragung des neuen Inhabers wirkt nur noch **deklaratorisch**.

– Wird eine Forderung durch eine **Buchhypothek** gesichert, finden auf die Abtretung der Forderung gem. § 1154 Abs. 3 BGB die §§ 873, 878 BGB „entsprechende" Anwendung. Nach § 873 Abs. 1 BGB ist für die Übertragung von Grundstücksrechten die Einigung und die Eintragung in das Grundbuch erforderlich. Wenn diese Vorschrift auf die „Abtretung der Forderung" entsprechend anzuwenden ist, dann bedeutet das, dass die Forderungsabtretung in das Grundbuch einzutragen ist (vgl. Mustergrundbuch Abteilung 3 im Anhang), demgegenüber bleibt die für eine Forderungsabtretung gem. § 398 BGB erforderliche Einigung formlos gültig.

Im Fall des § 1154 Abs. 3 BGB wirkt die Eintragung des neuen Inhabers im Grundbuch also **konstitutiv**.

Zweiterwerb einer Hypothek vom Berechtigten (§§ 398, 1154, 1153 Abs. 1 BGB)

- Veräußerer (Zedent) ist Inhaber der zu sichernden Forderung
- Einigung über die Abtretung der Forderung in der vorgeschriebenen Form mit dem Erwerber (Zessionar) (§§ 398 Abs. 1, 1154 BGB)
  - bei Briefhypothek: Abtretungserklärung in schriftlicher Form (§ 1154 Abs. 1 BGB) oder Eintragung der Abtretung in das Grundbuch (§ 1154 Abs. 2 BGB)
    und Übergabe des Hypothekenbriefs (§ 1154 Abs. 1 BGB)
  - bei Buchhypothek: Eintragung der Abtretung in das Grundbuch (§ 1154 Abs. 3 BGB i.V.m. § 873 BGB)
- Zedent ist Inhaber einer Hypothek (Berechtigung)

III. Erwerb einer Hypothek vom Nichtberechtigten

1. Gutgläubiger Ersterwerb einer Hypothek

Da der öffentliche Glaube an das Grundbuch gem. § 892 Abs. 1 S. 1 **185**
Alt. 1 BGB denjenigen schützt, der „ein Recht an einem Grundstück" erwirbt, und ein Recht an einem Grundstück sowohl das Eigentum (Vollrecht) als auch z.B. eine Hypothek (= beschränktes dingliches Recht) sein kann, **unterscheidet sich der gutgläubige Ersterwerb einer Hypothek kaum vom gutgläubigen Erwerb des Eigentums** an einem Grundstück (vgl. Rn. 60 ff.). Nur müssen außer den in §§ 873, 892 BGB genannten Voraussetzungen (Rn. 62 f.) auch noch die sich aus §§ 1113 ff. BGB ergebenden Entstehungsvoraussetzungen erfüllt sein, um einen gutgläubigen Erwerb zu ermöglichen.

Gutgläubiger Ersterwerb einer Hypothek vom Nichtberechtigten (§§ 873 Abs. 1 Var. 2, 1113 ff., 892 Abs. 1 S. 1 Alt. 1 BGB)
– Einigung über die Bestellung einer Hypothek (§§ 873 Abs. 1 Var. 2, 1113 BGB) – Eintragung in das Grundbuch (§§ 873 Abs. 1, 1115 BGB)
– rechtsgeschäftlicher Erwerb der Hypothek (§ 892 Abs. 1 S. 1 BGB) – Nichtberechtigter im Grundbuch als Eigentümer eingetragen (§ 892 Abs. 1 S. 1 BGB) – guter Glaube des Erwerbers und – keine Eintragung eines Widerspruchs (§ 892 Abs. 1 S. 1 Hs. 2 BGB)
– Bestehen der zu sichernden Forderung des Erwerbers (§ 1113 BGB) – zusätzliche Voraussetzungen für das Entstehen einer Brief- oder Buchhypothek (§§ 1116, 1117 BGB)

Fall: Erblasser E ist Eigentümer eines Grundstücks. Nach seinem Tod wird sein Sohn S als gesetzlicher Erbe in das Grundbuch als neuer Eigentümer eingetragen. S nimmt bei der G-Bank ein Darlehen über 50.000 € auf, und einigt sich mit ihr über die Bestellung einer Buchhypothek an seinem Grundstück, die formgerecht eingetragen wird. Später findet sich ein wirksames Testament des E, in dem er seinen Freund F als Alleinerben eingesetzt hatte. Nachdem F als neuer Eigentümer des Grundstücks eingetragen worden ist, verlangt er von G die Zustimmung zur Löschung der Hypothek. Wie ist die Rechtslage?

Lösung: F hätte nur dann einen Anspruch gegen G auf Zustimmung zur Grundbuchberichtigung gem. § 894 BGB, wenn das Grundbuch hinsichtlich der Hypothek falsch wäre, die wahre Rechtslage also von der Grundbuchlage abweichen würde. Entscheidend ist daher, ob G die Hypothek von S wirksam erworben hat. Ein Rechtserwerb vom Berechtigten scheidet aus, da F (und nicht S) gem. §§ 1922 Abs. 1, 1937 BGB mit dem Tod des E Eigentümer des Grundstücks geworden war (Vorrang der gewillkürten vor der gesetzlichen Erbfolge). G könnte die Hypothek aber gem. § 892 BGB gutgläubig vom Nichtberechtigten erworben haben. Die Voraussetzungen dafür sind erfüllt: Einigung und Eintragung i.S.v. §§ 873 Abs. 1 Var. 2, 1113 Abs. 1, 1115 BGB lagen vor. Auch bestand die zu sichernde Forderung der G gegen S aus § 488 Abs. 1 S. 2 BGB, und die Erteilung eines Hypothekenbriefes war wirksam ausgeschlossen worden (§ 1116 Abs. 2 BGB). Da S zum Zeitpunkt des Rechtserwerbs im Grundbuch eingetragen und dort kein Widerspruch gegen die falsche Grundbuchlage vermerkt war, konnte die gutgläubige G die Hypothek wirksam vom nichtberechtigten S erwerben. Ein Anspruch des F aus § 894 BGB besteht also nicht.

2. Gutgläubiger Zweiterwerb

186 Ein Zweiterwerb einer Hypothek liegt vor, wenn eine bereits bestehende Hypothek vom (bisherigen) Inhaber durch Abtretung der gesicherten Forderung in der Form des § 1154 BGB auf den Erwerber gem. § 1153 Abs. 1 BGB übergeht (vgl. Rn. 182). Ein gutgläubiger Zweiterwerb ist unstreitig möglich, die Prüfung ist allerdings etwas komplexer, weil **verschiedene Konstellationen auseinanderzuhalten** sind:

- Die Berechtigung des bisherigen Hypothekeninhabers kann fehlen, weil die Hypothek nicht wirksam bestellt wurde. **Beispiele:** Die Einigung beim Ersterwerb scheiterte an der zeitweisen Störung der Geistestätigkeit eines der Beteiligten (§ 105 Abs. 2 Alt. 2 BGB), oder es fehlte die vorgeschriebene Hypothekenbriefübergabe gem. § 1117 Abs. 1 S. 1 BGB (sog. **Mangel des dinglichen Rechts**).
- Die Berechtigung des bisherigen Hypothekeninhabers scheitert zwar nicht an den Voraussetzungen der §§ 873, 1117 BGB, es fehlt aber eine zu sichernde Forderung gem. § 1113 BGB, oder diese ist später weggefallen (sog. **Mangel der Forderung**).

– Schließlich ist es möglich, dass sowohl ein Fehler bei der Bestellung der Hypothek unterlaufen ist als auch die Forderung nie bestanden hat oder nicht mehr existiert (sog. **Doppelmangel**).

Die übliche – auch hier vorgenommene – Unterscheidung zwischen Mangel des dinglichen Rechts und Mangel der Forderung ist eigentlich nicht ganz exakt, da ein Fehlen der Forderung regelmäßig zur Entstehung einer Eigentümergrundschuld gem. §§ 1163 Abs. 1 S. 1 oder 2, 1177 Abs. 1 BGB führt, so dass auch in diesem Fall streng genommen ein Mangel im dinglichen Recht vorliegt. Diese Ungenauigkeit wird aber hingenommen und danach unterschieden, ob (nur) die Forderung fehlt (Mangel der Forderung) oder ob die Bestellung der Hypothek aus anderen Gründen gescheitert ist (Mangel des dinglichen Rechts).

a) Mangel des dinglichen Rechts

Der Fall, dass der Übergang der Hypothek gem. § 1153 Abs. 1 BGB **187**
daran scheitert, dass die Hypothek nicht wirksam bestellt wurde, ist am ehesten **mit dem Fall des gutgläubigen Ersterwerbs vergleichbar**. Auch hier kommt ein gutgläubiger Erwerb gem. § 892 BGB in Frage. Dies überrascht nur insofern, als eigentlich schon die erste Voraussetzung des § 892 Abs. 1 S. 1 BGB, nämlich der rechtsgeschäftliche Erwerb (vgl. Wortlaut der Vorschrift: „durch Rechtsgeschäft"), nicht vorliegt. Die Hypothek wird streng genommen nicht kraft Rechtsgeschäfts übertragen, sondern geht mit der rechtsgeschäftlichen Übertragung (= Abtretung i.S.v. § 398 BGB) der Forderung gem. § 1153 Abs. 1 BGB und damit kraft Gesetzes auf den Erwerber der Forderung (= Zessionar) über. Die allgemeine Meinung (vgl. Erman/*Artz*, § 892 Rn. 17, *Lüke*, Rn. 704) sieht darüber jedoch hinweg, weil dem gesetzlichen Erwerb der Hypothek ein Rechtsgeschäft, nämlich die Abtretung der Forderung, zu Grunde liegt, was eine ausreichende Basis für einen gutgläubigen Erwerb darstellen soll.

Die Frage, ob diese Begründung besonders überzeugend ist oder ob hier eher ergebnisbezogen argumentiert wird, weil man die Verkehrsfähigkeit der Hypothek sichern möchte und deshalb den gutgläubigen Erwerb gestatten muss, kann letztlich offen bleiben. In den dogmatisch sehr ähnlich gelagerten Fällen des gutgläubigen Zweiterwerbs einer Vormerkung entscheidet die herrschende wenn auch umstrittene Ansicht die Frage in gleicher Weise (vgl. Rn. 141), während beim Fahrnispfand die ganz herrschende Ansicht einen gutgläubigen Zweiterwerb ablehnt (vgl. SachenR I, Rn. 224).

Gutgläubiger Zweiterwerb einer Hypothek vom Nichtberechtigten (Mangel des dinglichen Rechts) (§§ 398, 1154, 1153 Abs. 1, 892 Abs. 1 S. 1 Alt. 1 BGB)

- Veräußerer (Zedent) ist Inhaber der zu sichernden Forderung
- Einigung über die Abtretung der Forderung in der vorgeschriebenen Form mit dem Erwerber (Zessionar) gem. §§ 398, 1154 BGB:
  - bei Briefhypothek: Abtretungserklärung in schriftlicher Form (§ 1154 Abs. 1 S. 1 BGB) oder Eintragung der Abtretung in das Grundbuch (§ 1154 Abs. 2 BGB) und Übergabe des Hypothekenbriefs (§ 1154 Abs. 1 S. 1 BGB)
  - bei Buchhypothek: Eintragung der Abtretung in das Grundbuch (§ 1154 Abs. 3 BGB i.V.m. § 873 Abs. 1 BGB)
- Zedent ist nicht Berechtigter, da die Hypothek nicht wirksam entstanden ist (Mangel des dinglichen Rechts)
- dem Erwerb der Hypothek kraft Gesetzes gem. § 1153 BGB liegt ein rechtsgeschäftlicher Erwerb der Forderung zu Grunde (§ 892 Abs. 1 S. 1 BGB)
- Zedent ist im Grundbuch als Inhaber der Hypothek eingetragen (§ 892 Abs. 1 S. 1 BGB)
- guter Glaube des Zessionars und
- keine Eintragung eines Widerspruchs (§ 892 Abs. 1 S. 1 Hs. 2 BGB)

Fall: S nimmt bei G1 ein Darlehen auf, für das E auf Bitten des S an seinem Grundstück eine Briefhypothek bestellt. G1 tritt die Darlehensforderung gegen S schriftlich an G2 ab und übergibt ihm den Hypothekenbrief. Nachdem sich herausgestellt hat, dass E bei Bestellung der Hypothek unerkannt geisteskrank war, fragt G2 bei Fälligkeit des Darlehens nach seinen Rechten.

Lösung: G2 hat einen Anspruch gegen S aus §§ 488 Abs. 1 S. 2, 398, 1154 BGB. Der Darlehensvertrag zwischen G1 und S ist wirksam zustande gekommen und die Forderung des G1 gegen S formgerecht gem. §§ 398, 1154 Abs. 1 S. 1 BGB an G2 abgetreten worden. Fraglich ist, ob G2 auch einen Anspruch gegen E auf Duldung der Zwangsvollstreckung aus § 1147 BGB hat. Voraussetzung dafür ist der wirksame Erwerb der am Grundstück des E bestehenden Hypothek. Grundsätzlich geht gem. § 1153 Abs. 1 BGB mit der

Forderung auch die Hypothek auf den neuen Gläubiger über. Im vorliegenden Fall war aber wegen mangelnder Geschäftsfähigkeit des E die dingliche Einigung i.S.v. § 873 Abs. 1 BGB zwischen E und G1 gem. §§ 105 Abs. 1, 104 Abs. 2 BGB unwirksam, so dass für G1 keine Hypothek entstanden war. Deshalb konnte auch nicht ohne Weiteres mit der Abtretung der Forderung eine Hypothek auf G2 übergehen. G2 könnte die Hypothek aber gutgläubig gem. § 892 Abs. 1 S. 1 Alt. 1 BGB erworben haben (Fall: Mangel des dinglichen Rechts). Zwar erfolgt der (Zweit-)Erwerb der Hypothek gem. § 1153 Abs. 1 BGB kraft Gesetzes, doch liegt diesem Vorgang ein rechtsgeschäftlicher Forderungserwerb zu Grunde, was nach allgemeiner Meinung ausreichend ist, um einen gutgläubigen Erwerb zu legitimieren. Zudem war G1 – formal – als Inhaber einer Hypothek im Grundbuch ausgewiesen. Von der Gutgläubigkeit des G2 kann mangels entgegenstehender Anhaltspunkte ausgegangen werden, und ein Widerspruch war im Grundbuch nicht eingetragen.

b) Mangel der Forderung

Fehlt die zu sichernde Forderung und ist nur deshalb auch die Hypothek nicht entstanden, hilft § 892 BGB alleine nicht weiter. Selbst wenn man annähme, über § 892 BGB könne man die fehlende Berechtigung des vermeintlichen Hypothekeninhabers „retten“, fehlte doch nach wie vor die Forderung, deren Abtretung für den Übergang der Hypothek gem. § 1153 Abs. 1 BGB Voraussetzung ist. Um trotzdem einen gutgläubigen Erwerb der Hypothek zu ermöglichen und damit die gewünschte Verkehrsfähigkeit der Hypothek zu sichern, musste der Gesetzgeber deshalb einen dogmatisch anderen Weg gehen. Dies tat er mittels **§ 1138 BGB**, der die §§ 891 bis 899 BGB „für die Hypothek auch in Ansehung der Forderung“ für anwendbar erklärt. Aus dieser auf den ersten Blick schwer verständlichen Formulierung kann man zweierlei ableiten: **188**

1. § 892 BGB soll „**in Ansehung der Forderung**“ angewendet werden. Zu prüfen ist also, ob die Voraussetzungen der Gutglaubensvorschrift hinsichtlich der Forderung vorliegen. **Beispiel:** S muss hinsichtlich des Bestehens der Forderung gutgläubig sein, im Grundbuch muss (bei der Hypothek) eine Forderung eingetragen sein (vgl. Mustergrundbuch Abteilung 3 im Anhang), die tatsächlich nicht besteht usw.
2. § 1138 BGB erlaubt die Anwendung des § 892 BGB in Ansehung der Forderung nur „**für die Hypothek**“. Es soll also nur ein gutgläubiger Zweiterwerb der Hypothek ermöglicht werden, hinsichtlich der Forderung soll es dagegen auch in diesem Fall bei dem allgemeinen Prinzip bleiben, dass ein gutgläubiger Erwerb von Forderungen grundsätzlich nicht möglich ist.

189 § 1138 BGB ist daher so zu verstehen, dass die Forderung für ihre Abtretung und damit quasi als **Transportmittel für den Übergang der Hypothek nur fingiert** wird. Die Fiktion der Forderung „erweckt außerdem auch die Hypothek zum Leben", die bisher mangels Forderung nur als Eigentümergrundschuld existierte (§§ 1163 Abs. 1 S. 1, 1177 Abs. 1 S. 1 BGB). Damit sind alle Voraussetzungen erfüllt, damit die Hypothek nach § 1153 Abs. 1 BGB übergehen kann. Sobald die Hypothek beim gutgläubigen Erwerber „angekommen" ist, endet jedoch die Fiktionswirkung des § 1138 BGB (die Forderung hat dann ihre Aufgabe erfüllt und kann wieder fortfallen), was zur Folge hat, dass der Erwerber eine Hypothek ohne Forderung, eine sog. **forderungsentkleidete Hypothek**, erhält.

Ob eine Hypothek ohne Forderung nicht eigentlich eine Grundschuld sein müsste, ist eine dogmatische Frage, deren Beantwortung umstritten ist (vgl. Staudinger/*Wolfsteiner,* § 1138 Rn. 8 m.w.N.). Jedenfalls aber wird man bei der Weiterübertragung einer forderungsentkleideten Hypothek die Regeln für die Übertragung der Grundschuld (vgl. Rn. 252) heranziehen müssen, da mangels Forderung eine Übertragung gem. § 1153 Abs. 1 BGB nicht mehr in Frage kommt.

§ 1138 BGB, der den Erwerb einer Hypothek ohne bestehende Forderung ermöglicht, offenbart, dass der Gesetzgeber hinsichtlich des Grundsatzes der Akzessorietät (vgl. insbesondere § 1153 Abs. 2 BGB) Abstriche hingenommen hat, um die Verkehrsfähigkeit der Hypothek zu gewährleisten.

Gutgläubiger Zweiterwerb einer Hypothek vom Nichtberechtigten (Mangel der Forderung) (§§ 398, 1154, 1153 Abs. 1, 1138, 892 Abs. 1 S. 1 Alt. 1 BGB)

- Veräußerer (Zedent) ist nicht Inhaber der zu sichernden Forderung (Mangel der Forderung)
- Einigung über die Abtretung der Forderung in der vorgeschriebenen Form mit dem Erwerber (Zessionar) (§§ 398, 1154 BGB)
  - bei Briefhypothek: Abtretungserklärung in schriftlicher Form (§ 1154 Abs. 1 S. 1 BGB) oder Eintragung der Abtretung in das Grundbuch (§ 1154 Abs. 2 BGB) und Übergabe des Hypothekenbriefs (§ 1154 Abs. 1 S. 1 BGB)
  - bei Buchhypothek: Eintragung der Abtretung in das Grundbuch (§ 1154 Abs. 3 BGB i.V.m. § 873 Abs. 1 BGB)
- Hypothek ist (mit Ausnahme der Forderung) dinglich wirksam entstanden

– rechtsgeschäftlicher Erwerb in Ansehung der Forderung (§§ 1138, 892 Abs. 1 S. 1 BGB)
– Zedent ist im Grundbuch in Ansehung der Forderung als Berechtigter ausgewiesen (§§ 1138, 892 Abs. 1 S. 1 BGB)
– guter Glaube des Zessionars an die Forderungsinhaberschaft des Zedenten und
– keine Eintragung eines Widerspruchs in Ansehung der Forderung (§§ 1138, 892 Abs. 1 S. 1 Hs. 2 BGB)

Fall: S schließt mit G1 einen Darlehensvertrag über 10.000 €. Zur Absicherung der Darlehensschuld des S bestellt E an seinem Grundstück wirksam eine Buchhypothek zugunsten des G1. G1 tritt die Darlehensforderung an G2 ab. Die Übertragung der Hypothek wird im Grundbuch eingetragen. Später stellt sich heraus, dass das Darlehen von G1 an S nie valutiert (= ausgezahlt) wurde. Welche Ansprüche hat G2 gegen S und E?

Lösung: G2 hat gegen S keinen Anspruch aus § 488 Abs. 1 S. 2, 398, 1154 Abs. 3 BGB. Mangels Valutierung ist ein Rückzahlungsanspruch des G1 nie entstanden. Demnach konnte G1 den Anspruch auch nicht an G2 gem. §§ 398, 1154 Abs. 3 BGB abtreten. Ein gutgläubiger Erwerb von Forderungen ist grundsätzlich ausgeschlossen (Hinweis: § 1138 BGB ist an dieser Stelle nicht zu erwähnen, da er nur „für die Hypothek“ gilt).

Fraglich ist, ob G2 von E Duldung der Zwangsvollstreckung gem. § 1147 BGB verlangen kann. Voraussetzung dafür ist, dass G2 eine Hypothek am Grundstück des E erworben hat. Ein Erwerb der Hypothek nach § 1153 Abs. 1 BGB scheitert zum einen daran, dass schon G1 mangels Existenz einer zu sichernden Forderung keine Hypothek am Grundstück des E erworben hatte und außerdem die nicht existente Forderung auch nicht wirksam an G2 abgetreten werden konnte. G2 könnte die Hypothek aber gem. §§ 1153 Abs. 1, 1138, 892 BGB gutgläubig erworben haben. Nach § 1138 BGB kann unter den Voraussetzungen des § 892 BGB die für den (Zweit-)Erwerb einer Hypothek erforderliche Forderung fingiert werden: Die Abtretung der Forderung war ein Rechtsgeschäft, das Grundbuch war in Ansehung der Forderung falsch, G2 war in Ansehung der Forderung mangels anderer Anhaltspunkte gutgläubig, und ein Widerspruch, aus dem sich das Fehlen der Forderung hätte ergeben können, war nicht eingetragen. Damit fingiert § 1138 BGB das Bestehen einer Forderung, womit nach § 1153 Abs. 1 BGB die Hypothek am Grundstück des E, deren Wirksamkeit lediglich an der

Existenz einer zu sichernden Forderung scheiterte, auf G2 übergeht. Da § 1138 BGB die Forderung aber nur für den Erwerb der Hypothek fingiert, erwirbt G2 eine sog. forderungsentkleidete Hypothek. Somit kann G2 aus der Hypothek gem. § 1147 BGB unabhängig von einer Forderung Duldung der Zwangsvollstreckung verlangen.

c) Mangel des dinglichen Rechts und der Forderung

190 Addieren sich die Fehler, fehlt es also sowohl an einer wirksamen dinglichen Bestellung der Hypothek als auch an der zu Grunde liegenden Forderung, muss **§ 892 BGB in einer Falllösung zweimal geprüft** werden. Zum einen zusammen mit § 1138 BGB in Ansehung der Forderung, zum anderen wegen der Hypothek selbst.

Fall: Wie vorheriger Fall (Rn. 189), allerdings stellt sich zusätzlich heraus, dass E zum Zeitpunkt der Hypothekenbestellung unerkannt geisteskrank war. Welche Ansprüche hat G2 gegen S und E?

Lösung: G2 hat gegen S keinen Anspruch auf Rückzahlung des Darlehens gem. §§ 488 Abs. 1 S. 2, 398, 1154 BGB, da das Darlehen mangels Valutierung nicht entstanden ist und deshalb kein Rückzahlungsanspruch bestand, der von G1 an G2 hätte abgetreten werden können (keine Änderung zum vorherigen Fall).

Fraglich ist allerdings, ob ein Anspruch des G2 gegen E aus § 1147 BGB besteht. Zwar konnte G2 die Hypothek nicht vom Berechtigten gem. § 1153 Abs. 1 BGB erwerben, da dies mangels bestehender Forderung bereits an der dem Erwerb zu Grunde liegenden Abtretung scheiterte. Insoweit helfen G2 aber die §§ 1138, 892 BGB, die für die Übertragung der Hypothek das Bestehen der Forderung fingieren. Die Voraussetzungen der §§ 1138, 892 BGB sind im vorliegenden Fall erfüllt, da ein rechtsgeschäftlicher Erwerb der Forderung angestrebt, das Grundbuch in Ansehung der Forderung falsch, G2 in Ansehung der Forderung gutgläubig und ein Widerspruch nicht eingetragen war. §§ 1138, 892 BGB können somit zwar die Forderung für den „Transport“ der Hypothek fingieren, allerdings führt die bloße Fiktion der Forderung in diesem Fall nicht dazu, dass die Hypothek zur Entstehung gelangen kann. Denn mangels wirksamer Einigung gem. § 873 Abs. 1 Var. 2 BGB (vgl. auch hier §§ 105 Abs. 1, 104 Nr. 2 BGB) war zunächst kein Grundpfandrecht entstanden und mangels wirksamer dinglicher Einigung – anders als im vorhergehenden Fall – auch keine Eigentümergrundschuld. Insoweit konnte G2 die Hypothek aber gutgläubig gem. § 892 BGB erwerben (zweite Prüfung von § 892 BGB, diesmal hinsichtlich des dinglichen Rechts!). Zwar erfolgt der Erwerb einer

Hypothek gem. § 1153 Abs. 1 BGB auf den ersten Blick kraft Gesetzes, doch liegt diesem Vorgang eine Forderungsabtretung und damit ein Rechtsgeschäft zu Grunde, das eine ausreichende Basis für einen gutgläubigen Erwerb darstellt. Auch hinsichtlich der Hypothek war das Grundbuch falsch, da eine solche zu Unrecht zugunsten des G1 eingetragen war. G2 war auch gutgläubig, und ein Widerspruch lag nicht vor. Mangels Forderung erwirbt G2 auch in diesem Fall eine forderungsentkleidete Hypothek.

d) Sonderfälle bei Kettenabtretungen

Da § 892 BGB für den gutgläubigen Erwerb von Grundstücksrech- 191
ten voraussetzt, dass der Nichtberechtigte durch die Eintragung im Grundbuch legitimiert ist, eine Briefhypothek aber auch außerhalb des Grundbuchs übertragen werden kann (vgl. Rn. 182), stellt sich die Frage, ob und unter welchen Voraussetzungen ein **gutgläubiger Erwerb einer Briefhypothek** möglich sein soll.

Beispiel: G1 hat eine durch Hypothek gesicherte Forderung erworben, die er mittels schriftlicher Abtretungserklärung und Übergabe des Hypothekenbriefs an G2 abtritt. Will G2 die Forderung weiter an G3 abtreten, wäre er nicht unmittelbar durch das Grundbuch legitimiert, das nach wie vor – wenn auch nunmehr fehlerhaft – den Ersterwerber G1 als Berechtigten ausweist.

Die Tatsache, dass der Inhaber einer Hypothek nicht im Grundbuch 192
eingetragen ist, ist im Prinzip unproblematisch, solange er tatsächlich berechtigt ist. Der Erwerb wäre aber mit einem Risiko verbunden, da der Erwerber nicht sicher wissen kann, ob der Veräußerer tatsächlich Inhaber der Hypothek ist. Und dieses Risiko wäre umso größer und schwerer überprüfbar, je mehr Abtretungen schon stattgefunden haben, da jede einzelne auf ihre Wirksamkeit zu prüfen wäre. Insoweit greift § 1155 S. 1 BGB ein, der den Schutz der §§ 891 bis 899 BGB auf den aktuellen Briefinhaber erweitert und damit die gewünschte Verkehrsfähigkeit der Briefhypothek auch außerhalb des Grundbuchs sichert. Voraussetzung ist allerdings eine **zusammenhängende, also ununterbrochene Kette von öffentlich beglaubigten Abtretungserklärungen** (oder von gerichtlichen Überweisungsbeschlüssen, § 1155 S. 2 BGB), die auf den im Grundbuch eingetragenen ehemaligen Hypothekeninhaber zurückführen. In einem solchen Fall wird der Briefinhaber so gestellt, als stünde er selbst im Grundbuch.

Fall: G1 hat gegen S eine Kaufpreisforderung, die S durch eine 193
Briefhypothek an seinem Grundstück abgesichert hat. Es erfolgen formgerechte Abtretungen der Kaufpreisforderung an G2, G3, G4 und G5. Wer ist Inhaber von Forderung und Hypothek, wenn sich

später herausstellt, dass G3 geschäftsunfähig war und nur die Abtretungserklärungen an G2 und an G3 in öffentlich beglaubigter Form erfolgten?

Lösung: Die Forderung aus § 433 Abs. 2 BGB ist zunächst für G1 entstanden. Die Abtretung gem. §§ 398, 1154 BGB von G1 an G2 war – unabhängig von der öffentlichen Beglaubigung – wirksam, so dass G2 Inhaber der Forderung wurde. Die Abtretung von G2 an G3 scheiterte demgegenüber, weil wegen der Geschäftsunfähigkeit des G3 (§ 105 Abs. 1 BGB) die Einigung i.S.v. § 398 S. 1 BGB unwirksam war. Die Abtretung von G3 an G4 scheiterte nicht nur an der fehlenden Geschäftsfähigkeit des G3, sondern auch an dessen fehlender Forderungsinhaberschaft. Aus diesem Grund wurden auch G4 und G5 nicht Inhaber der Forderung (auf § 1155 BGB kommt es hier nicht an, da dieser nur den gutgläubigen Erwerb der Hypothek betrifft).

Was die Hypothek betrifft, hat G1 diese zunächst wirksam erworben, bevor sie gem. § 1153 Abs. 1 BGB auf G2 übergegangen ist. Sowohl die Übertragung von G2 auf G3 als auch von G3 auf G4 gem. § 1153 Abs. 1 BGB scheiterten, weil wegen der fehlenden Geschäftsfähigkeit des G3 seine Abtretungserklärungen (§ 398 S. 1 BGB) unwirksam waren. Zu prüfen ist, ob G5 die Hypothek von G4 gutgläubig gem. §§ 1138, 892 BGB erworben hat. Problematisch ist insoweit die Legitimation des G4 durch das Grundbuch. Da er selbst nicht als Inhaber der Hypothek im Grundbuch ausgewiesen ist, könnten §§ 1138, 892 BGB nur anwendbar sein, wenn G4 seine Berechtigung aufgrund einer durchgehenden Kette von öffentlich beglaubigten Abtretungserklärungen von dem im Grundbuch eingetragenen G1 ableiten kann (§ 1155 S. 1 BGB). Dies ist hier – mangels öffentlicher Beglaubigung der Abtretung von G3 an G4 – nicht der Fall. Im Ergebnis kann also nur G2 von S Zahlung des Kaufpreises gem. § 433 Abs. 2 BGB und Duldung der Zwangsvollstreckung gem. § 1147 BGB verlangen.

194 Im Zusammenhang mit einer Kettenabtretung kann sich auch die Frage stellen, was passiert, wenn die wörtliche Anwendung der Gutglaubensnormen dazu führen würde, dass Forderung und Hypothek entgegen der Vorschrift des § 1153 Abs. 2 BGB auseinanderfallen.

Beachte: Der Fall der Trennung von Hypothek und Forderung unterscheidet sich von den bisher erörterten Fällen des gutgläubigen Erwerbs, bei denen letztlich zwar eine Hypothek, aber keine Forderung bestand.

Variante zum vorherigen Fall (Rn. 193): Auch die Abtretung von G3 an G4 erfolgte mit öffentlich beglaubigter Abtretungserklärung.

Lösung: Hinsichtlich der **Forderung** ändert sich (vorerst) nichts: G2 hat die Forderung von G1 erworben. Die weitere Abtretung an G3 scheiterte an dessen Geschäftsunfähigkeit. Da ein gutgläubiger Forderungserwerb grundsätzlich ausgeschlossen ist, konnten auch G4 und G5 die Forderung nicht erwerben.

Hinsichtlich der **Hypothek** kommt nunmehr ein gutgläubiger Erwerb des G5 von G4 gem. §§ 1155 S. 1, 1153 Abs. 1, 1138, 892 BGB in Frage, da G4 durch eine ununterbrochene Kette von öffentlich beglaubigten Abtretungserklärungen gem. § 1155 S. 1 BGB legitimiert war, ohne tatsächlich Inhaber der Forderung zu sein. G5 war hinsichtlich der Forderung gutgläubig, und ein Widerspruch lag nicht vor, somit konnte die Forderung für die Übertragung der Hypothek fingiert werden. Da aber auch die Hypothek nicht dem G4, sondern nach wie vor dem G2 zustand, bedarf es für den gutgläubigen Erwerb noch der (isolierten) Anwendung des § 892 BGB (Fall des Doppelmangels), dessen Voraussetzungen hier ebenfalls vorliegen: Dem gesetzlichen Zweiterwerb liegt ein Rechtsgeschäft zu Grunde, G4 wird zu Unrecht über § 1155 S. 1 BGB als Inhaber der Hypothek legitimiert, G5 ist gutgläubig, und ein Widerspruch ist nicht eingetragen.

Zwischenergebnis: G5 ist Inhaber der Hypothek, während die Forderung nach wie vor G2 zusteht. Forderung und Hypothek wären also entgegen § 1153 Abs. 2 BGB getrennt. Nach einer Auffassung ist dieses Ergebnis, obwohl das Auseinanderfallen von Forderung und Hypothek dem Akzessorietätsprinzip widerspricht, hinnehmbar (sog. **Trennungslösung**, vgl. MüKo-BGB/*Lieder*, § 1153 Rn. 16 ff.). Eine andere Auffassung will dagegen die Einheit von Forderung und Hypothek wiederherstellen und in diesem speziellen Fall ausnahmsweise einen gutgläubigen Forderungserwerb des G5 erlauben. Die Hypothek reiße die Forderung quasi mit, auch um zu verhindern, dass der Schuldner am Ende von zwei verschiedenen Personen (persönlicher Gläubiger und Gläubiger der Hypothek) in Anspruch genommen werde (sog. **Einheitslösung** oder Mitreißtheorie, vgl. *Baur/Stürner*, § 38 Rn. 28). Folgt man dieser Auffassung, wäre das Zwischenergebnis hinsichtlich der Forderung zu korrigieren.

Beachte: Ob die Abtretung von G4 an G5 öffentlich beglaubigt war, ist weder für die Lösung des Ausgangsfalles noch für die Variante relevant, da es sich um den letzten Erwerb handelte, bei dem nur G4 als Verfügender legitimiert sein musste. Will G5 zu einem späteren Zeitpunkt allerdings seinerseits über § 1155 S. 1 BGB in den Genuss der Vorzüge der §§ 891 bis 899 BGB kommen, wäre die Beglaubigung auch dieser Abtretung erforderlich.

Sobald mehrere Personen in einem Fall mitspielen, ist das Fertigen einer Skizze hilfreich. Auch empfiehlt sich regelmäßig der historische Prüfungsaufbau.

3. Exkurs: Bedeutung des Hypothekenbriefs

195 Zwar ermöglicht § 1155 S. 1 BGB unter den dort genannten Voraussetzungen, dass der Briefbesitzer sozusagen in das Grundbuch projiziert wird (*Baur/Stürner*, § 38 Rn. 41), so dass der Erwerber so behandelt wird, als hätte er vom Grundbuchberechtigten erworben. Der **Inhalt des Briefes selbst genießt aber keinen Gutglaubensschutz** und keine Vermutung der Richtigkeit gem. § 891 BGB.

196 Worauf abzustellen ist, wenn der **Inhalt des Briefes vom Grundbuch abweicht**, regelt § 1140 BGB: Maßgeblich ist der Inhalt des Grundbuches. Weicht der Inhalt des Briefes allerdings vom Grundbuch ab, verhindert dies in diesem Umfang die Anwendbarkeit der §§ 892, 893 BGB und damit insbesondere einen gutgläubigen Erwerb.

197 Auch ein Vermerk auf dem Brief oder ein dort notierter Widerspruch i.S.d. § 899 Abs. 1 BGB zerstören die Möglichkeit des gutgläubigen Erwerbs. Dies gilt nicht nur bei amtlichen (§ 62 GBO), sondern auch bei privatschriftlichen Vermerken oder Widersprüchen auf dem Brief (vgl. Staudinger/*Wolfsteiner*, § 1140 Rn. 7 ff.). Beim Erwerb einer Briefhypothek sollte der Ersteher also immer auch den Brief studieren, will er böse Überraschungen vermeiden.

Fall: S nimmt bei G1 ein Darlehen über 50.000 € auf, das durch eine Briefhypothek am Grundstück des S abgesichert wird. Nach einiger Zeit zahlt S 20.000 € zurück und lässt sich dies auf dem Hypothekenbrief quittieren (vgl. § 1145 BGB). Anschließend überträgt G1 die durch Hypothek gesicherte Forderung formgerecht an G2, der von der bereits erfolgten Teilrückzahlung keine Kenntnis hatte. Welche Ansprüche hat G2 gegen S?

Lösung: Der Anspruch aus § 488 Abs. 1 S. 2 BGB besteht nur in Höhe von 30.000 €. Durch die Teilrückzahlung von S an G1 war die Forderung in Höhe von 20.000 € gem. § 362 Abs. 1 BGB bereits erloschen, und ein gutgläubiger Forderungserwerb kommt grundsätzlich nicht in Frage.

Hinsichtlich des Anspruchs auf Duldung der Zwangsvollstreckung ist zu **differenzieren**: In Höhe von 30.000 € ist die insoweit noch bestehende Hypothek gem. § 1153 Abs. 1 BGB mit der formgerechten Abtretung der Forderung übergegangen (Erwerb vom Berechtigten!). In Höhe von 20.000 € war G1 hinsichtlich der Hypothek Nichtberechtigter, da diese mit der Rückzahlung gem. §§ 1163 Abs. 1 S. 2, 1177 Abs. 1 BGB zu einer Eigentümergrundschuld wurde und damit dem S zustand. Grundsätzlich könnte G2 die Teilhypothek über 20.000 € jedoch gutgläubig gem. §§ 1138, 892 BGB erworben haben (Fall: Mangel der Forderung!). Das Grundbuch war in Ansehung der Forderung auch falsch, und G2 war insoweit gutgläubig. Da sich die Rückzahlung aber aus einem Vermerk auf dem Brief ergab, scheitert der gutgläubige Erwerb über §§ 1138, 892 BGB an § 1140 S. 1 BGB. G2 kann also nur in Höhe von 30.000 € Duldung der Zwangsvollstreckung verlangen.

Der Hypothekenbrief spielt auch bei der Geltendmachung der Ansprüche aus **198**
Forderung und Briefhypothek eine Rolle: Gem. §§ 1160, 1161 BGB kann der Eigentümer den Ansprüchen des Gläubigers aus der persönlichen Forderung und der Hypothek widersprechen, wenn ihm der Brief nicht vorgelegt wird.

IV. Anspruch des Hypothekengläubigers auf Duldung der Zwangsvollstreckung gem. § 1147 BGB und Gegenrechte des Grundstückseigentümers

1. Anspruchsart und Anspruchsvoraussetzungen

Der zentrale Anspruch des Hypothekengläubigers ergibt sich aus **199**
§ 1147 BGB, der den Eigentümer zur **Duldung der Zwangsvollstreckung** in sein Grundstück verpflichtet. Da die Verwertung des Grundstücks nur im Wege der Zwangsvollstreckung möglich ist und dies einen Vollstreckungstitel voraussetzt, ist Ziel des Anspruchs aus § 1147 BGB letztlich die Erlangung eines vollstreckbaren Urteils (§ 704 ZPO), was nur im Klageweg möglich ist.

Um den relativ zeitintensiven Weg über ein Gerichtsverfahren zu vermeiden, verlangen Gläubiger in der Praxis häufig bereits bei der Bestellung der Hypothek eine vollstreckbare Urkunde gem. § 794 Abs. 1 Ziff. 5 ZPO, in der sich der Eigentümer der sofortigen Zwangsvollstreckung in das Grundstück unterwirft. Eine Klage aus § 1147 BGB ist dann nicht mehr nötig, weil eine vollstreckbare Urkunde einen (sonstigen) Vollstreckungstitel darstellt.

200 Für den Anspruch aus § 1147 BGB muss der Anspruchsteller **Inhaber der Hypothek** sein. Im Streitfall hilft ihm insoweit die Vermutung des § 891 Abs. 1 BGB. Zudem muss die **gesicherte Forderung fällig** sein.

Setzt die Fälligkeit der Forderung eine **Kündigung** voraus (vgl. etwa § 488 Abs. 3 BGB), ist § 1141 BGB zu beachten. Danach wirkt die Kündigung der Forderung für die Hypothek nur, wenn sie (auch) gegenüber dem Eigentümer erklärt wurde. Diese Durchbrechung des Akzessorietätsprinzips hat zur Folge, dass ein Darlehensgeber das Darlehen sowohl gegenüber dem Schuldner als auch gegenüber dem Eigentümer kündigen muss.

2. Die Verwertung des Grundstücks in der Zwangsvollstreckung

201 Hat der Gläubiger aufgrund der Klage gem. § 1147 BGB einen Titel auf Duldung der Zwangsvollstreckung erlangt, kann er daraus die Zwangsvollstreckung in das Grundstück betreiben. Diese richtet sich dann nach §§ 864 ff., 869 ZPO i.V.m. den Normen des Gesetzes über die Zwangsversteigerung und Zwangsverwaltung (ZVG). Grundsätzlich hat der Gläubiger zwei Möglichkeiten, seinen Titel „zu Geld zu machen“: Er kann das Grundstück **gem. §§ 15 ff. ZVG zwangsversteigern** lassen und sich aus dem Versteigerungserlös befriedigen, oder das Grundstück wird **gem. §§ 146 ff. ZVG zwangsverwaltet,** und der Gläubiger wird aus den Erträgnissen (z.B. Miete) des Grundstücks befriedigt, während die Substanz dem Eigentümer erhalten bleibt (vgl. *Hock/Klein/Hilbert/Deimann*, Rn. 1463).

a) Der Haftungsverband

202 Im Zusammenhang mit der Verwertung des Grundstücks stellt sich die Frage, welche Gegenstände vom Haftungsverband der Hypothek umfasst werden. Anders ausgedrückt: Welche Güter können in der Zwangsvollstreckung verwertet werden bzw. was erwirbt derjenige, der im Rahmen der Zwangsversteigerung den Zuschlag erhält? Gem. § 1113 Abs. 1 BGB haftet jedenfalls das **Grundstück** selbst, zu dem die **wesentlichen Bestandteile,** also insbesondere die auf dem Grundstück errichteten Gebäude, gehören (§§ 93 ff., vgl. SachenR I, Rn. 120 f.). Die **§§ 1120 ff. BGB erweitern die Haftungsmasse** je nach Art der Zwangsvollstreckung auf

- bestimmte **Erzeugnisse**, **sonstige Bestandteile** und **Zubehör** (vgl. §§ 97, 98 BGB) des Eigentümers (§ 1120 BGB),
- **Miet- und Pachtforderungen** (§ 1123 BGB) sowie
- Versicherungsforderungen (§ 1127 BGB).

203 Der Gesetzgeber betrachtet das Grundstück hier also als Teil einer wirtschaftlichen Einheit, was die Haftungsmasse zugunsten des Grund-

pfandrechtsgläubigers insbesondere bei Unternehmensgrundstücken meist deutlich erweitert.

Beispiele: Die Zwangsvollstreckung aufgrund eines Titels aus § 1147 BGB umfasst bei einem **Hotelgrundstück** auch die dem Eigentümer gehörenden Zimmereinrichtungen (z.B. Betten, Fernseher) und den hoteleigenen Shuttlebus (jeweils Zubehör i.S.v. § 97 Abs. 1 BGB). Bei **einem landwirtschaftlichen Betrieb** sind die eingeholte Ernte (getrennte Erzeugnisse), das Vieh (z.B. Schweine, Kühe) und die Traktoren (Zubehör gem. § 97 Abs. 1 S. 1 BGB i.V.m. § 98 Nr. 2 BGB) grundsätzlich von der Haftung umfasst.

Wer im Rahmen der Zwangsversteigerung den Zuschlag erhält, er- 204
wirbt also nicht nur Eigentum am Grundstück (§ 90 Abs. 1 ZVG), sondern auch an den dem Haftungsverband unterfallenden Mobilien, vgl. **§§ 90 Abs. 2, 55 Abs. 1, 20 Abs. 2 ZVG i.V.m. §§ 1120 ff. BGB**.

Diese „berühmte" Paragraphenkette sollten Sie sich merken oder – sofern zulässig – als Verweisung im Gesetz notieren.

Merken Sie sich auch, dass bei Zubehör eines grundpfandrechtsbelasteten Grundstücks eine **Pfändung im Rahmen der Mobiliarvollstreckung unzulässig** ist (vgl. § 865 Abs. 2 ZPO).

Bei dieser Paragraphenkette handelt es sich im Übrigen um allgemeine zwangsvollstreckungsrechtliche Regeln, die unabhängig davon gelten, ob der Gläubiger Inhaber eines Grundpfandrechts ist. Denn es kommt nach § 20 Abs. 2 ZVG nicht darauf an, ob das Grundstück tatsächlich mit einem Grundpfandrecht belastet ist. Die Beschlagnahme der dem Haftungsverband der Hypothek unterliegenden Gegenstände erfolgt auch zugunsten eines Gläubigers, der aus einer persönlichen Forderung (z.B. auf Schadensersatz) in ein Grundstück vollstreckt.

Die Tatsache, dass ein Grundstück mit einem Grundpfandrecht belas- 205
tet ist, **führt aber zunächst nicht dazu, dass der Eigentümer in seiner Verfügungsmacht beschränkt** ist. Das Grundstück selbst kann er ohnehin veräußern, da die Hypothek auch gegenüber dem neuen Eigentümer bestehen bleibt. Aber auch die sonstigen dem Haftungsverband unterfallenden Gegenstände kann der Eigentümer grundsätzlich veräußern, auch wenn dies im Einzelfall dazu führen kann, dass sie als Haftungsmasse nicht mehr zur Verfügung stehen (sog. Enthaftung, § 1121 BGB).

Beispiel: Hotelier H, auf dessen Hotelgrundstück zugunsten der G-Bank eine Hypothek lastet, kann seinen Shuttlebus ohne Weiteres gem. § 929 S. 1 BGB an D übereignen.

Die **Verfügungsmacht des Eigentümers wird aber beschränkt**, 206
sobald die Haftung durch Anordnung der Zwangsversteigerung oder der Zwangsverwaltung realisiert wird. Beide Beschlüsse führen zu einer **Beschlagnahme des Grundstücks** (§ 20 Abs. 1 ZVG) sowie der

dem **Haftungsverband unterfallenden Gegenstände** (§ 20 Abs. 2 ZVG i.V.m. §§ 1120 ff. BGB) und haben gem. § 23 Abs. 1 S. 1 ZVG für den Eigentümer ein relatives Veräußerungsverbot (vgl. §§ 135, 136 BGB) zur Folge. In diesem Fall kann der Dritte Mobilien, die der Beschlagnahme unterliegen, gem. §§ 135 Abs. 2, 932 ff. BGB allenfalls gutgläubig vom Nichtberechtigten erwerben.

b) Die Enthaftung

207 Unabhängig von der Frage, ob der bisherige Eigentümer einem Dritten Eigentum an den vom Haftungsverband umfassten Gegenständen verschaffen kann, ist zu klären, ob und wann Enthaftung eintritt, die Gegenstände also nicht mehr von der Zwangsvollstreckung erfasst werden. Auch für die Beantwortung dieser Frage, die ebenfalls in den §§ 1120 ff. BGB geregelt ist, kommt es wesentlich auf den Zeitpunkt der Beschlagnahme an. Es gilt der **Grundsatz**, dass Erzeugnisse, sonstige Bestandteile und Zubehör gem. § 1121 Abs. 1 BGB von der Haftung frei werden, wenn sie **vor der Beschlagnahme veräußert <u>und</u> vom Grundstück entfernt** wurden.

Beispiel wie oben: Der Eigentümer eines mit einer Hypothek belasteten Hotelgrundstücks übereignet den Shuttlebus (Veräußerung) an D, der ihn mitnimmt (Entfernung), bevor die Beschlagnahme erfolgte. Der Bus ist damit gem. § 1121 Abs. 1 BGB aus dem Haftungsverband ausgeschieden.

208 Wenn die **Beschlagnahme erfolgt, bevor Veräußerung und Entfernung vollendet wurden**, bleiben die Gegenstände grundsätzlich im Haftungsverband.

Beispiel wie oben: Hotelier H übereignet seinen Shuttlebus an D gem. §§ 929, 930 BGB. Der Bus bleibt zunächst auf seinem Grundstück. Erfolgt nun die Beschlagnahme, bleibt der Bus im Haftungsverband und kann von einem Dritten im Rahmen der Zwangsversteigerung erworben werden, obwohl er zu diesem Zeitpunkt bereits D gehörte.

209 Allerdings gibt es von diesem Grundsatz Ausnahmen:

– Innerhalb der **Grenzen ordnungsgemäßer Wirtschaft** tritt Enthaftung trotz späterer Beschlagnahme unabhängig von einer Veräußerung ein, wenn Erzeugnisse oder Bestandteile vom Grundstück entfernt wurden (§ 1122 Abs. 1 BGB) oder wenn bei Zubehörstücken deren Zubehöreigenschaft aufgehoben wurde (§ 1122 Abs. 2 BGB).

Beispiele: (1) Ein Landwirt erntet Zuckerrüben (Erzeugnisse) auf einem mit einer Grundschuld belasteten Grundstück und lagert die Ernte bei einem Großhändler, der sie in seinem Namen veräußern soll. Noch vor der Veräußerung erfolgt die Beschlagnahme des Grundstücks (Enthaftung ohne vorherige Veräußerung gem. § 1122 Abs. 1 BGB).

(2) Ein Hotelier kauft einen neuen Shuttlebus und nutzt den alten nur noch für Ausflüge mit seiner Großfamilie. Im Falle einer Beschlagnahme des Grundstücks wäre der alte Bus nicht vom Haftungsverband erfasst, da er zuvor seine Zubehöreigenschaft verloren hatte (Enthaftung ohne vorherige Veräußerung und ohne Entfernung gem. § 1122 Abs. 2 BGB).

– Trotz Beschlagnahme ist eine Enthaftung ausnahmsweise auch möglich, wenn ein Dritter **gutgläubig lastenfrei** gem. §§ 136, 135 Abs. 2, 932 ff. BGB das Eigentum erworben hat (für den maßgeblichen Zeitpunkt der Gutgläubigkeit beachte § 1121 Abs. 2 BGB, zu den Details vgl. *Baur/Stürner*, § 39 Rn. 31). In der Praxis sind diese Fälle selten, weil ab der Eintragung des Versteigerungsvermerks im Grundbuch gem. § 23 Abs. 2 S. 2 ZVG guter Glaube ausgeschlossen ist.

c) Sonderfall: Das Anwartschaftsrecht im Haftungsverband

Als wesensgleiches Minus zum Vollrecht Eigentum kann auch das **210**
Anwartschaftsrecht an Zubehörstücken in den Haftungsverband einer Hypothek fallen.

Fall (nach BGHZ 35, 85 ff.): E ist Eigentümer eines Grundstücks, auf dem er eine Spielhalle betreibt. Zur Absicherung des Kaufpreiskredits hatte er der B-Bank eine Hypothek an seinem Grundstück bestellt. Für seine Spielhalle kauft E bei V einen wertvollen Billardtisch und zahlt 10 Prozent des Kaufpreises an. Der Tisch wird ihm unter Eigentumsvorbehalt geliefert. Als E einen weiteren Kredit benötigt, übereignet er den Billardtisch als Sicherheit gem. §§ 929, 930 BGB an die C-Bank, ohne diese über den Eigentumsvorbehalt zu informieren. Nachdem E zu etwas Geld gekommen ist, zahlt er V den noch offenen Kaufpreis. Wenig später wird das Grundstück auf Betreiben der B-Bank zwangsversteigert. Den Zuschlag erhält D, der anschließend die Spielhalle weiterbetreibt. Die C-Bank fragt, ob sie den Billardtisch gem. § 985 BGB von D herausverlangen kann.

Lösung: D ist Besitzer des Billardtisches. Fraglich ist, ob die C-Bank Eigentümerin des Tisches ist. Ursprünglich war V Eigentümer. Durch die bedingte Übereignung von V an E gem. §§ 929 S. 1, 158 Abs. 1 BGB hat E zunächst nur ein Anwartschaftsrecht erworben (vgl. SachenR I, Rn. 250 ff.). Mangels Berechtigung des E war demnach die Sicherungsübereignung von E an die C-Bank unwirksam. Die C-Bank konnte mangels Übergabe des Tisches auch nicht gem. §§ 929 S. 1, 930, 933 BGB gutgläubig Eigentum erwerben. Allerdings kann die Übertragung des Vollrechts Eigentum von E an die C-Bank zumindest gem. § 140 BGB in eine wirksame Übertragung des Anwartschaftsrechts umgedeutet werden. Somit erstarkte das Anwartschaftsrecht unmittelbar bei der C-Bank zum Vollrecht, als E den Bedingungseintritt durch Zahlung des Restkaufpreises herbeiführte.

Die C-Bank könnte das Eigentum am Billardtisch jedoch wieder verloren haben, wenn D das Eigentum im Rahmen der Zwangsversteigerung gem. §§ 90 Abs. 2, 55 Abs. 1, 20 Abs. 2 ZVG i.V.m. §§ 1120 ff. BGB erworben hätte. Dafür müsste der Billardtisch von der Beschlagnahme umfasst gewesen sein (§ 55 Abs. 1 ZVG). Dies könnte gem. § 20 Abs. 2 ZVG i.V.m. § 1120 BGB der Fall sein. Bei dem Billardtisch handelt es sich um Zubehör gem. § 97 Abs. 1 S. 1 BGB. Zwar stand der Tisch nie im Eigentum des Schuldners E, da das Anwartschaftsrecht unmittelbar bei der C-Bank zum Vollrecht erstarkte. Jedoch war das zunächst dem E zustehende Anwartschaftsrecht selbst als wesensgleiches Minus zum Vollrecht gem. § 1120 BGB in den Haftungsverband der Hypothek geraten. Eine Enthaftung ist mangels Entfernung nicht eingetreten. Vielmehr setzte sich die Hypothek beim Erstarken zum Vollrecht am Eigentum fort (vgl. Palandt/*Herrler*, § 1120 Rn. 8), so dass D Eigentum am Tisch erworben hat und der Herausgabeanspruch der C-Bank scheitert.

3. Einreden des Anspruchsgegners

211 Die Einreden des Eigentümers gegen den Anspruch aus § 1147 BGB können in drei Gruppen aufgeteilt werden:

- Eine Einrede kann sich unmittelbar aus dem Vertragsverhältnis zwischen dem Gläubiger und dem Eigentümer ergeben und sich **auf die Hypothek selbst beziehen**, z.B. bei einer Stundungsabrede bezüglich der Hypothek.
- Wegen der Akzessorietät von Hypothek und Forderung stehen dem Eigentümer gem. § 1137 Abs. 1 S. 1 Alt. 1 BGB auch die Einreden zu, die dem persönlichen Schuldner **gegen die Forderung** zustehen.
- Schließlich kann sich der Eigentümer gem. § 1137 Abs. 1 S. 1 Alt. 2 BGB i.V.m. § 770 BGB auch auf die einem Bürgen wegen **Gestaltungsrechten des persönlichen Schuldners** zustehenden Einreden berufen.

Anspruch aus § 1147 BGB

– Anspruchsteller ist Inhaber der Hypothek (ordnungsgemäßer Erwerb, keine Umwandlung in eine Eigentümergrundschuld)
– Anspruchsgegner ist Eigentümer des belasteten Grundstücks
– Fälligkeit der gesicherten Forderung (beachte § 1141 BGB)
– Keine Einreden gegen den Anspruch:
  – direkt aus dem Hypothekenverhältnis (eigentümerbezogen)
  – aus der Forderung (schuldnerbezogen, § 1137 Abs. 1 S. 1 Alt. 1 BGB)
  – aus Gestaltungsrechten des Schuldners (§ 1137 Abs. 1 S. 1 Alt. 2 BGB)

a) Einreden aus dem Hypothekenverhältnis

Die Einreden, die sich aus dem Verhältnis zwischen dem Gläubiger und dem Eigentümer ergeben und sich unmittelbar gegen die Geltendmachung der Hypothek richten, haben ihre Grundlage oft im Sicherungsvertrag. **212**

Beispiel: E ist zur Bestellung der Hypothek nur bereit, wenn der Gläubiger ihm zusagt, unabhängig von der Fälligkeit der Forderung frühestens nach vier Jahren aus der Hypothek vorzugehen.

Eine spezielle gesetzliche Regelung für die hypothekenbezogenen Einreden gibt es nicht. **§ 1157 S. 1 BGB** bestimmt allerdings, dass solche Einreden auch einem neuen Gläubiger entgegengehalten werden können. Sofern sich die Einrede allerdings nicht aus dem Grundbuch ergibt, kann der neue Gläubiger die Hypothek gem. §§ 1157 S. 2, 892 BGB **gutgläubig einredefrei** erwerben. **213**

Fall: E sichert eine Werklohnschuld des S gegenüber G1 mit einer Hypothek an seinem Grundstück ab. Er vereinbart mit G1, dass dieser nur dann aus der Hypothek vorgehen darf, wenn er zuvor erfolglos versucht hat, die persönliche Forderung bei S zu realisieren. Auf eine Eintragung dieser Abrede im Grundbuch verzichten E und G1 aus Kostengründen. Später überträgt G1 Forderung und Hypothek wirksam auf G2, dem die Abrede nicht bekannt war. G2 verlangt nach Fälligkeit des Werklohnanspruchs von E Duldung der Zwangsvollstreckung, ohne zuvor gegen S vorzugehen. Mit Recht?

Lösung: Zu prüfen ist, ob G2 den Anspruch aus § 1147 BGB gegen E durchsetzen kann. G2 ist im Wege des Zweiterwerbs Inhaber der Hypothek geworden. Der Anspruch ist auch fällig. Grundsätzlich könnte E die vertraglich vereinbarte Einrede der Vorausklage, die ihm gegenüber G1 zustand, gem. § 1157 S. 1 BGB auch gegenüber G2 geltend machen. Doch hat G2 die Hypothek gem. §§ 1157 S. 2, 892 BGB gutgläubig einredefrei erworben, da das Grundbuch falsch war, weil es die tatsächlich bestehende Einrede nicht auswies, G2 beim Erwerb gutgläubig war und auch kein Widerspruch eingetragen war.

b) Forderungsbezogene Einreden

214 **§ 1137 Abs. 1 S. 1 Alt. 1 BGB** erlaubt dem Eigentümer, Einreden, die dem (persönlichen) Schuldner aus dem Schuldverhältnis gegenüber dem Gläubiger zustehen (z.B. Stundungseinrede, Einrede des nicht erfüllten Vertrags, Bereicherungseinrede jeweils **bezüglich der Forderung**), auch gegenüber dem Anspruch aus § 1147 BGB geltend zu machen. Damit ist diese Vorschrift Ausfluss des **Akzessorietätsprinzips** (vgl. entsprechende Regelungen z.B. in §§ 768, 1211 BGB).

215 Nicht möglich ist es für den Schuldner allerdings, sich gem. § 214 Abs. 1 BGB auf die Verjährung der (persönlichen) Forderung zu berufen. Zwar fällt die **Verjährungseinrede** eigentlich unter den Wortlaut des § 1137 Abs. 1 BGB, doch bestimmt **§ 216 Abs. 1 BGB**, dass die Verjährung der Forderung die Geltendmachung von akzessorischen dinglichen Sicherheiten nicht verhindert.

Sofern es die jeweilige Prüfungsordnung zulässt, sollte § 216 BGB als Ausnahme bei § 1137 BGB im Gesetzestext notiert werden.

Beachte: Einwendungen, die den Bestand der Forderung betreffen (z.B. Rückzahlung der Forderung, Anfechtung des Vertrags, aus dem die Forderung resultiert), führen bereits zur Umwandlung der Hypothek in eine Eigentümergrundschuld gem. §§ 1163 Abs. 1, 1177 Abs. 1 BGB, so dass der Anspruch aus § 1147 BGB schon an der Berechtigung des Anspruchstellers scheitert.

216 Gem. § 1137 Abs. 1 S. 1 BGB kann der Eigentümer forderungsbezogene Einreden sowohl dem ursprünglichen als auch einem neuen Gläubiger entgegenhalten. Wie im Fall des § 1157 BGB ist es aber auch hier möglich, dass der neue Gläubiger die Hypothek gem. §§ 1138 a.E., 892 BGB **gutgläubig einredefrei** erwirbt.

Gem. § 1137 Abs. 2 BGB behält der Eigentümer, der nicht zugleich persönlicher Schuldner ist, seine Einreden gem. § 1137 Abs. 1 S. 1 Alt. 1 BGB, auch wenn der Schuldner auf sie verzichtet.

Fall: S kauft bei G1 einen wertvollen Oldtimer. G1 erklärt sich bereit, den fälligen Kaufpreisanspruch für zwei Jahre zu stunden, wenn ihm S im Gegenzug eine Hypothek an seinem Grundstück einräumt. Nachdem die Hypothek ordnungsgemäß bestellt worden ist, tritt G1 den Anspruch aus § 433 Abs. 2 BGB formgültig an G2 ab, dem die Stundungseinrede nicht bekannt war. Nach Ablauf eines Jahres fragt G2 nach seinen Ansprüchen gegen S.

Lösung: G2 hat gegen S zunächst einen Anspruch auf Zahlung des Kaufpreises gem. §§ 433 Abs. 2, 398, 1154 BGB. Der Anspruch ist bei G1 wirksam entstanden und auf G2 gem. §§ 398, 1154 BGB übergegangen. Allerdings ist der Anspruch noch nicht durchsetzbar, da S gem. § 404 BGB auch dem neuen Gläubiger G2 die mit G1 wirksam vereinbarte Stundungseinrede entgegenhalten kann. Ein gutgläubiger lastenfreier Forderungserwerb ist grundsätzlich nicht möglich.

Fraglich ist, ob G2 bereits nach einem Jahr den Anspruch aus § 1147 BGB geltend machen kann. G2 hat die Hypothek gem. § 1153 Abs. 1 BGB wirksam erworben. Allerdings könnte S gem. § 1137 Abs. 1 S. 1 Alt. 1 BGB grundsätzlich auch gegenüber dem dinglichen Anspruch die Stundungseinrede bezüglich der Forderung entgegenhalten. Hier scheitert die Einrede des § 1137 Abs. 1 BGB aber daran, dass G2 die Hypothek gem. §§ 1138 a.E., 892 BGB gutgläubig einredefrei erworben hat. In Ansehung der Forderung war das Grundbuch falsch, da die Stundungseinrede daraus nicht ersichtlich war. G2 war insoweit auch gutgläubig, und ein Widerspruch war nicht eingetragen. Demnach kann G2 sofort aus der Hypothek vorgehen.

Da in Hypothekenklausuren regelmäßig auch das Schicksal der Forderung zu prüfen ist, lohnt es, sich mit den §§ 398 ff. BGB, insbesondere den §§ 404 ff. BGB, gründlich auseinanderzusetzen.

Eine Besonderheit im Zusammenhang mit den §§ 404 ff. BGB regelt **217**
§ 1156 BGB. Um die Verkehrsfähigkeit der Hypothek nicht einzuschränken, sollen die §§ 406 bis 408 BGB auf das Verhältnis zwischen Eigentümer und dem neuen Hypothekengläubiger keine Anwendung finden.

Beachte: § 1156 S. 1 BGB enthält für die Hypothek keine Einschränkung bezüglich der dem Schuldner aus § 404 BGB zustehenden Einreden, sondern betrifft nur die in §§ 406 bis 408 BGB genannten **Einwendungen, die nach der Abtretung der Forderung entstehen** können. Hinsichtlich des Anspruchs aus der persönlichen Forderung gegen den Schuldner greift § 1156 S. 1 BGB nicht.

Fall: G1 hat gegen S eine Darlehensforderung, die durch eine Hypothek am Grundstück des E abgesichert ist. Ohne S oder E dies mitzuteilen, überträgt G1 Forderung und Hypothek wirksam auf G2. Anschließend zahlt S an G1 die Darlehensforderung zurück. Welche Ansprüche hat G2?

Lösung: G2 hat gegen S keinen Anspruch aus §§ 488 Abs. 1 S. 2, 398, 1154 BGB. Zwar hat G1 die zu diesem Zeitpunkt noch bestehende Darlehensforderung wirksam an G2 abgetreten. S kann sich jedoch gem. §§ 407 Abs. 1, 362 Abs. 1 BGB auch gegenüber G2 auf Erfüllung berufen.

Fraglich ist, ob G2 gem. § 1147 BGB von E Duldung der Zwangsvollstreckung verlangen kann. Zwar könnte sich mit der Erfüllung der Forderung die Hypothek gem. §§ 1163 Abs. 1 S. 2, 1177 Abs. 1 BGB in eine Eigentümergrundschuld umgewandelt haben, so dass G2 nicht mehr berechtigter Anspruchsteller wäre. § 1156 S. 1 BGB verhindert aber, dass die Rechtsfolgen des § 407 Abs. 1 BGB auch Konsequenzen für das Rechtsverhältnis zwischen Eigentümer und Gläubiger haben. Da die Forderung untergegangen ist, wurde G2 Inhaber einer forderungsentkleideten Hypothek (vgl. Rn. 189) und kann nach § 1147 BGB Duldung der Zwangsvollstreckung verlangen.

Beachte: Anstatt gegen E aus § 1147 BGB vorzugehen, könnte G2 auch von G1 gem. § 816 Abs. 2 BGB Herausgabe des von S Geleisteten verlangen, da G1 nach Abtretung der Forderung Nichtberechtigter war, die Leistung des S gem. § 407 Abs. 1 BGB gegenüber G2 aber wirksam war.

c) Einrede der Anfechtbarkeit und Aufrechenbarkeit

218 § 1137 Abs. 1 S. 1 Alt. 2 BGB verweist auf **§ 770 BGB** und stellt den Eigentümer des mit einer Hypothek belasteten Grundstücks mit dem Bürgen gleich und erlaubt ihm deshalb, die dilatorischen (= aufschiebenden) Einreden der Anfechtbarkeit und der Aufrechenbarkeit zu erheben. Nötig ist der Verweis auf § 770 BGB, weil diese Fälle nicht bereits unter § 1137 Abs. 1 S. 1 Alt. 1 BGB fallen. Denn für den persönlichen Schuldner handelt es sich bei den Möglichkeiten anzufechten oder aufzurechnen um **Gestaltungsrechte**, mit denen er – bei der Ausübung des Gestaltungsrechts – die Rechtslage verändern kann, sie erlauben ihm aber nicht, eine Einrede zu erheben. Die Einreden gem. §§ 1137 Abs. 1, 770 BGB stehen dem Eigentümer so lange zu, bis der persönliche Schuldner sein Gestaltungsrecht ausgeübt hat oder dies nicht mehr möglich ist.

Beispiel: S ist bei Abschluss des Darlehensvertrags vom Gläubiger arglistig getäuscht worden. Würde er den Vertrag gem. § 123 Abs. 1 BGB wirksam anfechten, fiele der Darlehensvertrag gem. § 142 Abs. 1 BGB ex tunc weg und eine zur Sicherung des Rückzahlungsanspruchs aus § 488 Abs. 1 S. 2 BGB am Grundstück des E bestellte Hypothek würde gem. §§ 1163 Abs. 1 S. 1, 1177 Abs. 1 BGB zur Eigentümergrundschuld. Überlegt S aber zunächst, ob er anfechten soll, steht E in der „Schwebezeit" gegen den Anspruch aus § 1147 BGB die Einrede aus §§ 1137 Abs. 1 S. 1 Alt. 2 BGB i.V.m. § 770 Abs. 1 BGB zu. Nach Ablauf eines Jahres verliert E die Einrede, da eine Anfechtung wegen Fristablaufs (vgl. § 124 Abs. 1 BGB) nicht mehr möglich ist.

§ 1137 Abs. 2 BGB (vgl. Rn. 216) gilt für den **Verzicht auf ein** **219**
Gestaltungsrecht nicht. Dies ergibt sich nach allgemeiner Meinung (vgl. nur MüKo-BGB/*Lieder*, § 1137 Rn. 32 f. m.w.N.) bereits aus dem Wortlaut der Norm, da ein Gestaltungsrecht für den Schuldner gerade keine Einrede ist.

V. Zahlungen an den Gläubiger

Welche Folgen eine Zahlung an den Gläubiger **für die Forderung** **220**
und für die Hypothek haben kann, hängt insbesondere von folgenden Fragen ab:
- Wer zahlt an den Gläubiger (der persönliche Schuldner, der Eigentümer oder der Schuldner, der zugleich Eigentümer ist)?
- Worauf wird gezahlt (auf die Forderung, auf die Hypothek oder auf beides)?

1. Persönlicher Schuldner zahlt

Im **Normalfall** zahlt der persönliche Schuldner, denn er ist primär **221**
zur Zahlung aus der Forderung verpflichtet, während die Hypothek nur eine zusätzliche Sicherheit für den Fall bieten soll, dass er nicht zur Zahlung in der Lage ist. Zahlt der persönliche Schuldner auf die Forderung, erlischt diese gem. § 362 Abs. 1 BGB, was zur Folge hat, dass die Hypothek gem. §§ 1163 Abs. 1 S. 2, 1177 Abs. 1 BGB zur Eigentümergrundschuld wird. Diese Rechtsfolge tritt grundsätzlich unabhängig davon ein, ob der Schuldner zugleich Eigentümer ist (dann wird er selbst Inhaber der entstandenen Eigentümergrundschuld) oder nicht (dann wird der vom Schuldner verschiedene Eigentümer Inhaber der Eigentümergrundschuld).

Bei Teilzahlungen ist zu differenzieren: Soweit die Forderung erlischt, ent- **222**
steht eine (Teil-)Eigentümergrundschuld, insoweit ist der Hypothekengläubiger bei zukünftigen Übertragungen der Hypothek Nichtberechtigter; soweit die Forderung noch besteht, bleibt der Hypothekengläubiger Inhaber der (Teil-) Hypothek und Berechtigter (vgl. dazu Fall Rn. 197).

Eine Besonderheit liegt vor, wenn der persönliche Schuldner zahlt, **223**
obwohl **im Innenverhältnis der Eigentümer hätte zahlen müssen**. In einem solchen Fall geht die Hypothek gem. § 1164 Abs. 1 S. 1 BGB auf den Schuldner über und sichert den Ersatzanspruch des Schuldners gegen den Eigentümer (Fall der **gesetzlichen Forderungsauswechslung**).

Fall: S hat ein Grundstück gekauft und für die Finanzierung ein Darlehen bei der G-Bank aufgenommen, das er durch eine Hypothek an seinem Grundstück abgesichert hat. Später verkauft und übereignet er das Grundstück an E und vereinbart mit ihm, dass dieser die Darlehensschuld gegenüber der G übernimmt. Diese stimmt der Schuldübernahme jedoch nicht zu und verlangt Tilgung des Darlehens von S, der daraufhin zahlt. Welche Ansprüche hat S?

Lösung: Gem. § 415 Abs. 3 BGB war E im Innenverhältnis gegenüber S zur Zahlung an G verpflichtet (Fall der gesetzlichen Erfüllungsübernahme, vgl. § 329 BGB). Nachdem S die Schuld nunmehr selbst getilgt hat, ist E ihm gegenüber gem. § 415 Abs. 3 BGB zur Ersatzleistung verpflichtet (zur Rechtsnatur dieses Ersatzanspruchs vgl. Staudinger/*Jagmann*, § 329 Rn. 20). Darüber hinaus hat S gegen E einen Anspruch aus § 1147 BGB. Denn gem. § 1164 Abs. 1 S. 1 BGB ist die Hypothek auf S übergegangen und sichert nun nicht mehr den ursprünglichen Anspruch der G gegen S aus § 488 Abs. 1 S. 2 BGB, sondern den Ersatzanspruch des S gegen E.

2. Eigentümer, der nicht zugleich Schuldner ist, zahlt

224 Regelmäßig ist im Innenverhältnis zwischen persönlichem Schuldner und Eigentümer der **Schuldner zur Zahlung verpflichtet**. Um die Zwangsvollstreckung in sein Grundstück zu verhindern, kann trotzdem der Eigentümer ein Interesse daran haben, selbst den Gläubiger zu befriedigen. Dazu ist er gem. § 1142 Abs. 1 BGB auch berechtigt. Normalerweise zahlt der Eigentümer allerdings nicht auf die Forderung, sondern auf die Hypothek. In einem solchen Fall erlischt die Forderung des Gläubigers gegen den persönlichen Schuldner nicht, sondern geht gem. § 1143 Abs. 1 S. 1 BGB auf den Eigentümer über. Dies hat zur Folge, dass gem. § 1153 Abs. 1 BGB auch die Hypothek auf den Eigentümer übergeht. Da sie allerdings noch eine Forderung sichert, wird sie nicht zur Eigentümergrundschuld gem. § 1177 Abs. 1 BGB, sondern zu einer sog. **Eigentümerhypothek** gem. § 1177 Abs. 2 BGB.

Ist der Eigentümer ausnahmsweise im Innenverhältnis gegenüber dem Schuldner zur Befriedigung des Gläubigers verpflichtet, zahlt auch er grundsätzlich auf die Forderung. Diese erlischt dann gem. § 362 Abs. 1 BGB, und die Hypothek wird zur Eigentümergrundschuld gem. §§ 1163 Abs. 1 S. 2, 1177 Abs. 1 BGB.

Fall: E hat auf Bitten des S für dessen Kaufpreisschuld gegenüber G in Höhe von 5.000 € eine Hypothek bestellt. Nachdem S in Zahlungsschwierigkeiten geraten ist, zahlt E die 5.000 €. Welche Ansprüche hat E?

Lösung: E kann von S gem. §§ 1143 Abs. 1 S. 1, 433 Abs. 2 BGB Zahlung des Kaufpreises verlangen. Zudem ist die ursprüngliche Hypothek des G gem. §§ 1143 Abs. 1 S. 1, 1153 Abs. 1 BGB auf E übergegangen und zur Eigentümerhypothek geworden. Ansprüche kann E daraus allerdings nicht herleiten.

Hinweis: In der Regel ergibt sich auch aus dem **Innenverhältnis** zwischen E und S ein **Regressanspruch**. Hat S den E mit der Stellung der Hypothek beauftragt, kann dieser z.B. gem. § 670 BGB Ersatz seiner Aufwendungen verlangen.

VI. Erlöschen der Hypothek, insbesondere Löschungsansprüche Dritter

1. Ausgangslage

Die Befriedigung des Gläubigers durch Zahlung führt regelmäßig **225** nicht zum endgültigen Erlöschen der Hypothek, sondern zur **Umwandlung in eine Eigentümergrundschuld** oder ausnahmsweise in eine Eigentümerhypothek (vgl. Rn. 224). Eine Eigentümergrundschuld entsteht auch, wenn der Gläubiger auf die Hypothek gem. § 1168 BGB verzichtet.

Die **Fälle, in denen die Hypothek erlischt**, sind deshalb eher selten:

- Der Inhaber der Hypothek kann gem. § 875 Abs. 1 BGB (vgl. Rn. 18) ihre **Aufhebung** erklären und die Löschung beantragen. Die Löschung der Hypothek durch den Grundbuchbeamten wirkt dann konstitutiv und hat in diesem Fall auch das materielle Erlöschen des Grundpfandrechts zur Folge. Da die Aufhebung der Hypothek demnach die Entstehung einer Eigentümergrundschuld verhindert, setzt sie gem. § 1183 S. 1 BGB die Zustimmung des Eigentümers voraus.
- Gem. § 1181 Abs. 1 BGB erlischt die Hypothek auch, wenn der Gläubiger aus dem Grundstück befriedigt wird. Damit ist nur der Fall gemeint, dass die **Befriedigung im Wege der Zwangsvollstreckung** aufgrund des dinglichen Titels erfolgt, nicht aber der Fall der freiwilligen Zahlung (vgl. § 1142 Abs. 1 BGB).

2. Löschungsansprüche

Die Tatsache, dass eine Hypothek nur in wenigen Fällen erlischt und **226** regelmäßig als Eigentümergrundschuld „weiterlebt", ist für die Inhaber nachrangiger Rechte grundsätzlich nachteilig, da ihnen dadurch das **Aufrücken in einen besseren Rang** verwehrt wird (zum Rang vgl. Rn. 157 ff.). In der Praxis waren Gläubiger, die durch ein nachrangiges Grundpfandrecht gesichert werden sollten, zur Gewährung von Krediten deshalb regelmäßig nur bereit, wenn sich der Eigentümer verpflichtete, vorrangige Grundpfandrechte nach dem Erlöschen der abgesicherten Forderung gem. § 875 Abs. 1 BGB löschen zu lassen, anstatt die entstandenen Eigentümergrundschulden zur Absicherung neuer Kredite einzusetzen. Gem. § 1179 BGB ist es möglich, einen solchen vertraglichen Löschungsanspruch durch eine Vormerkung absichern zu lassen.

227 Die dargestellte Praxis führte allerdings zu einer erheblichen Belastung der Grundbuchämter, da nahezu in allen Fällen entsprechende Vormerkungen beantragt wurden und eingetragen werden mussten. Deshalb hat der Gesetzgeber nachträglich in § 1179a BGB einen **Löschungsanspruch nachrangiger Hypothekeninhaber** gesetzlich festgeschrieben und gem. § 1179a Abs. 1 S. 3 BGB mit einer Vormerkungswirkung versehen (eingehend *M. Schwab*, JuS 2010, 385 ff.).

Der Löschungsanspruch des § 1179a BGB soll allerdings nur greifen, wenn die Hypothek endgültig zu einer Eigentümergrundschuld geworden ist, nicht aber, wenn die Eigentümergrundschuld bei der Entstehung der Hypothek nur vorläufig entstanden ist (vgl. § 1179a Abs. 2 BGB). Auch eine **originär bestellte Eigentümergrundschuld** unterfällt nicht dem Löschungsanspruch (vgl. § 1196 Abs. 3 BGB).

Fall: S hat der A-Bank an seinem Grundstück eine erstrangige Hypothek zur Absicherung eines Darlehens über 50.000 € gewährt. Anschließend hat er bei der B-Bank einen weiteren Kredit über 30.000 € aufgenommen und diesen mit einer zweitrangigen Hypothek am selben Grundstück abgesichert. Nachdem S das Darlehen der A-Bank getilgt hat, nimmt er bei der C-Bank ein weiteres Darlehen über 50.000 € auf und überträgt ihr zur Absicherung die nunmehr aufgrund der Tilgung entstandene erstrangige Eigentümergrundschuld zur Absicherung. Die B-Bank fragt nach ihren Rechten.

Lösung: Zu prüfen ist, ob die B-Bank von S die Löschung der Eigentümergrundschuld über 50.000 € gem. § 1179a Abs. 1 S. 1 BGB verlangen kann. Zwar hat S die Eigentümergrundschuld auf die C-Bank übertragen, die somit Fremdgrundschuld wurde (§§ 1192 Abs. 1, 1154 BGB, vgl. Rn. 252), so dass sich S grundsätzlich auf Unmöglichkeit (§ 275 Abs. 1 BGB) berufen könnte, da er nicht mehr Inhaber des Rechts ist. Jedoch ist die Übertragung der Grundschuld gem. §§ 1179a Abs. 1 S. 3, 883 Abs. 2 BGB (Vormerkungswirkung) gegenüber der B-Bank relativ unwirksam, so dass der Anspruch aus § 1179a Abs. 1 S. 1 BGB bestehen bleibt. Von der C-Bank kann die B-Bank gem. §§ 1179a Abs. 1 S. 3, 888 Abs. 1 BGB Zustimmung zur Löschung der erstrangigen Grundschuld verlangen (sog. Hilfsanspruch).

Löschungsanspruch aus § 1179a Abs. 1 BGB
– Anspruchsteller ist Inhaber einer Hypothek – Anspruchsgegner ist Eigentümer des mit dem Grundpfandrecht des Anspruchstellers belasteten Grundstücks – Auf dem Grundstück lastete eine vor- oder gleichrangige Hypothek, die dem Anspruchsgegner als Eigentümer zusteht (Eigentümergrundschuld) – Die Vereinigung der vor- oder gleichrangigen Hypothek mit dem Anspruchsgegner ist nicht nur vorläufig (vgl. § 1179a Abs. 2 BGB)

VII. Sonderformen der Hypothek

1. Gesamthypothek

Eine Gesamthypothek gem. § 1132 Abs. 1 S. 1 BGB liegt vor, wenn **228**
für eine bestimmte Forderung **eine (!) Hypothek an mehreren Grundstücken** bestellt wird.

In der Praxis kommen Gesamthypotheken insbesondere dann vor, wenn der Wert der Forderung den Wert einzelner Grundstücke übersteigt. Dies kann darauf zurückzuführen sein, dass die Grundstücke nur einen geringen Wert haben (z.B. sog. Streubesitz in der Landwirtschaft) oder die zu sichernde Forderung besonders hoch ist (z.B. Großkredite in der Industrie).

Die rechtliche Ausgestaltung der Gesamthypothek ist für den Inha- **229**
ber attraktiv, denn alle Grundstücke haften für die ganze Forderung, so dass der Berechtigte (ähnlich einem Gläubiger bei einer Gesamtschuld, vgl. § 421 S. 1 BGB) zwar nur einmal Befriedigung verlangen, aber diese nach seiner Wahl aus einem oder mehreren Grundstücken suchen kann.

Besonderheiten sind insbesondere bei der Tilgung einer Gesamthypothek zu beachten (vgl. ausführlich *Baur/Stürner*, § 43 Rn. 17 ff.). Erlischt die gesicherte Forderung und **alle belasteten Grundstücke gehören demselben Eigentümer**, entsteht grundsätzlich eine Gesamteigentümergrundschuld gem. §§ 1163 Abs. 1 S. 2, 1177 Abs. 1 BGB. Gehören die belasteten Grundstücke **verschiedenen Personen**, greifen die §§ 1172 ff. BGB ein.

2. Sicherungshypothek

Die Sicherungshypothek i.S.v. § 1184 Abs. 1 BGB unterscheidet **230**
sich von der Verkehrshypothek durch die **uneingeschränkt strenge Akzessorietät**. Während bei der Verkehrshypothek zugunsten des gutgläubigen Rechtsverkehrs hinsichtlich der Akzessorietät gewisse Kompromisse gemacht werden (vgl. z.B. den Erwerb einer forderungs-

entkleideten Hypothek gem. §§ 1138, 892 BGB), ist für den Umfang einer Sicherungshypothek immer und **ausschließlich die Höhe der gesicherten Forderung** maßgeblich, was die Verkehrsfähigkeit einschränkt.

231 Eine Sicherungshypothek entsteht, wenn die Parteien dies gem. §§ 873, 1184 Abs. 1 BGB so vereinbaren. Darüber hinaus ist der Anspruch des Bauhandwerkers gem. § 650e S. 1 BGB auf Einräumung einer Sicherungshypothek gerichtet. Auch die Zwangs- und die Arresthypothek sind gem. §§ 866 ff. ZPO und § 932 ZPO als Sicherungshypotheken ausgestaltet.

232 Gegenüber der Verkehrshypothek gelten bei der Bestellung einer Sicherungshypothek folgende Besonderheiten:
- Die Sicherungshypothek ist immer eine **Buchhypothek** (§ 1185 Abs. 1 BGB) und
- sie muss im Grundbuch **als Sicherungshypothek bezeichnet** werden (§ 1184 Abs. 2 BGB).

233 Gem. **§ 1185 Abs. 2 BGB** (lesen!) sind einige Vorschriften, die für Verkehrshypotheken gelten, nicht anwendbar. Insbesondere gilt § 1138 BGB nicht, was zur Folge hat, dass ein gutgläubiger Zweiterwerb bei fehlender Forderung nicht möglich ist.

Liegt der Mangel dagegen im dinglichen Recht (z.B. bei fehlerhafter Einigung gem. § 873 BGB), ist ein gutgläubiger Erwerb gem. § 892 BGB denkbar.

Auch § 1156 BGB wird ausgeschlossen, so dass die §§ 406–408 BGB nicht wie bei der Verkehrshypothek nur die Forderung betreffen, sondern auch zu einer Umwandlung der Sicherungshypothek in eine Eigentümergrundschuld gem. §§ 1163 Abs. 1 S. 2, 1177 BGB führen.

Fall: Bauunternehmer U verlangt gem. § 650e S. 1 BGB von S die Einräumung einer Sicherungshypothek für eine noch offene Werklohnforderung in Höhe von 20.000 €. S kommt diesem Verlangen nach, und eine entsprechende Sicherungshypothek wird für U an dem Baugrundstück des S ordnungsgemäß bestellt. Nachdem S 5.000 € an U zurückgezahlt hat, tritt U seine Werklohnforderung „in Höhe von 20.000 €“ an den gutgläubigen Z in der Form des § 1154 Abs. 3 BGB ab. Nach erfolgter Umschreibung des Grundbuchs zahlt S, dem die Abtretung nicht bekannt war, weitere 3.000 € an U. Was kann Z von S verlangen?

Lösung: Z hat gem. §§ 631, 398, 1154 BGB einen Anspruch auf Zahlung der noch offenen Werklohnforderung in Höhe von 12.000 €. Bereits vor der Abtretung war die Forderung durch Teilleistung in Höhe von 5.000 € erloschen, so dass U dem Z nur noch die Forderung in Höhe von 15.000 € übertragen konnte (der gutgläubige Erwerb von Forderungen ist bekanntlich grundsätzlich ausgeschlossen). Nach der Abtretung war U zwar nicht mehr Gläubiger, dennoch ist die Forderung wegen §§ 407, 362 Abs. 1 BGB auch gegenüber Z in Höhe von weiteren 3.000 € erloschen.

Ein Anspruch auf Duldung der Zwangsvollstreckung gem. § 1147 BGB steht Z auch nur in Höhe von 12.000 € zu. Die Sicherungshypothek ist für U gem. §§ 873, 1184 BGB entstanden (auf § 650e BGB kommt es in diesem Zusammenhang nicht an, er regelt nur den Rechtsgrund, Abstraktionsprinzip!). Nach Zahlung der 5.000 € verwandelte sich diese aber in entsprechender Höhe in eine Eigentümergrundschuld gem. §§ 1163 Abs. 1 S. 2, 1177 Abs. 1 BGB zugunsten des S. Z erwarb deshalb nur eine Hypothek in Höhe von 15.000 € vom Berechtigten. Z konnte die Hypothek in Höhe der letzten 5.000 € auch nicht gutgläubig gem. §§ 1138, 892 BGB (Mangel der Forderung, vgl. Beispielsfall Rn. 189) erwerben, da die Anwendbarkeit von § 1138 BGB gem. § 1185 Abs. 2 BGB ausgeschlossen ist. Auch die Zahlung der 3.000 € nach der Abtretung führte zu einer weiteren Umwandlung in eine Eigentümergrundschuld in dieser Höhe gem. §§ 1163 Abs. 1 S. 2, 1177 Abs. 1 BGB. Zwar schließt § 1156 BGB die Anwendbarkeit der §§ 406–408 BGB für die Verkehrshypothek aus (vgl. Beispielsfall Rn. 217), gem. § 1185 Abs. 2 BGB ist § 1156 BGB jedoch nicht anwendbar.

Sicherungshypothek und Sicherungsgrundschuld (vgl. dazu Rn. 240) heißen zwar ähnlich, haben aber nichts miteinander zu tun. Während die Sicherungshypothek streng akzessorisch ist, fehlt die Akzessorietät bei der Sicherungsgrundschuld gerade.

3. Höchstbetragshypothek

Die Höchstbetragshypothek gem. § 1190 Abs. 1 BGB ist eine besondere Form der Sicherungshypothek (vgl. § 1190 Abs. 3 BGB), so dass die §§ 1184 ff. BGB grundsätzlich anwendbar sind. Sie ermöglicht es den Parteien, zunächst nur einen Haftungsrahmen (Höchstbetrag) festzulegen, der erst später durch ursprünglich in Art und/oder Höhe unbestimmte Forderungen ausgefüllt wird. Somit können sowohl mehrere als auch in ihrer Höhe schwankende oder sogar wechselnde Forderungen durch eine Hypothek gesichert werden. In der Praxis spielt die Höchstbetragshypothek so gut wie keine Rolle mehr, da eine Sicherung wechselnder Forderungen über eine Sicherungsgrundschuld möglich ist. 234

C. Grundschuld

I. Grundlagen

1. Unterschiede zwischen Hypothek und Grundschuld

235 Vergleicht man die Legaldefinitionen von Hypothek (§ 1113 Abs. 1 BGB) und Grundschuld (§ 1191 Abs. 1 BGB), stellt man fest, dass sich die Gesetzesformulierungen weitgehend entsprechen, aber in § 1191 Abs. 1 BGB die Worte „zur Befriedigung wegen einer ihm zustehenden Forderung" fehlen. Und genau dieser fehlende Zusatz zeigt den zentralen Unterschied zwischen beiden Rechtsinstituten auf: Während die **Hypothek akzessorisch** ist, also mit der gesicherten Forderung gesetzlich verbunden ist und von ihr abhängt, fehlt eine solche Verklammerung bei der **Grundschuld**, sie ist also ein **selbständiges Sicherungsmittel**.

236 Auf den ersten Blick überraschend ist die geringe Zahl der Vorschriften, die die Grundschuld regeln (§§ 1191–1198 BGB). Allerdings **verweist § 1192 Abs. 1 BGB auf die Normen des Hypothekenrechts**, „soweit sich nicht daraus ein anderes ergibt, dass die Grundschuld nicht eine Forderung voraussetzt". Gemeint ist mit diesem einschränkenden Zusatz, dass die Normen des Hypothekenrechts auf die Grundschuld nicht anwendbar sind, die gerade eine Folge der Akzessorietät zwischen Hypothek und gesicherter Forderung sind. Positiv ausgedrückt sind auf die Grundschuld also folgende Paragraphen anwendbar:

- Vorrangig anwendbar sind zunächst die **Sondervorschriften** in §§ 1191–1198 BGB.
- Im Übrigen verweist § 1192 Abs. 1 BGB auf alle Normen des Hypothekenrechts, die **nur das dingliche Recht (die Hypothek) betreffen**, sowie
- auf alle Normen, **die nur die Forderung betreffen, aber keine Akzessorietät** zwischen der Forderung und dem Grundpfandrecht voraussetzen.

Beispiele: § 1153 BGB beschreibt speziell die Akzessorietät zwischen Hypothek und Forderung bei ihrer Übertragung. Die Vorschrift findet deshalb auf die Grundschuld keine Anwendung (daher wird die Grundschuld auch in § 401 BGB nicht genannt). **§ 1116 Abs. 1 BGB** beschäftigt sich nur mit der Hypothek als solcher, ist demnach gemäß § 1192 Abs. 1 BGB auch auf die Grundschuld anwendbar und bei entsprechender Anwendung wie folgt zu lesen: „Über die *Grundschuld* wird ein *Grundschuld*brief erteilt". **§ 1154 Abs. 1 BGB** regelt die Abtretung der Forderung, ohne einen Bezug zum dinglichen Recht herzustellen (dieser kommt für die Hypothek erst über § 1153 BGB zustande). Demnach kann § 1154 Abs. 1 BGB auf die Abtretung einer durch Grundschuld gesicherten

Forderung nicht anwendbar sein, denn die Abtretung der Forderung zieht hier mangels Anwendbarkeit von § 1153 BGB nicht automatisch die Grundschuld nach sich. Doch kann § 1154 Abs. 1 BGB über § 1192 Abs. 1 BGB auf die Übertragung der **Grundschuld** selbst angewendet werden, wobei aufgrund der entsprechenden Anwendung der Sache nach auch das Wort „Forderung" durch das Wort „Grundschuld" ersetzt wird: Die Vorschrift ist also bei ihrer Anwendung auf die Grundschuld folgendermaßen zu lesen: „Zur Abtretung der *Grundschuld* ist Erteilung der Abtretungserklärung in schriftlicher Form und Übergabe des *Grundschuld*briefs erforderlich …"

In vielen gängigen Kommentaren findet sich bei den Normen des Hypothe- 237
kenrechts (§§ 1113–1190 BGB) jeweils ein Hinweis auf ihre Anwendbarkeit für Grundschulden. Bei manchen Normen muss nach den einzelnen Absätzen differenziert werden. In Einzelfällen ist die Anwendbarkeit auch streitig. Eine vollständige Übersicht findet sich z.B. bei MüKo-BGB/*Lieder*, § 1192 Rn. 1–4.

Auf die Grundschuld gem. § 1192 Abs. 1 BGB anwendbare Normen		
nicht anwendbar, da Akzessorietät vorausgesetzt:	**entsprechend anwendbar**, da keine Akzessorietät vorausgesetzt:	
z.B. §§ 1113, 1137, 1138, 1153, 1163 Abs. 1, 1164, 1177 BGB	Normen, die **nur das dingliche Recht** als solches betreffen, z.B. §§ 1116, 1117, 1147, 1157 S. 1, 1181 BGB	Normen, die **zwar von der Forderung sprechen**, jedoch nicht einen Fall der Akzessorietät beschreiben, z.B. §§ 1115 Abs. 1 Hs. 1, 1142, 1143, 1154 BGB

2. Arten von Grundschulden (Überblick)

Der gesetzliche Regelfall, der aber in der Praxis nur sehr selten vor- 238
kommt, ist die sog. **isolierte Grundschuld**, der keine Forderung zu Grunde liegt. Der Inhaber der Grundschuld hat bei Fälligkeit der Grundschuld also ausschließlich den Anspruch auf Duldung der Zwangsvollstreckung aus §§ 1192 Abs. 1, 1147 BGB.

Beispiel: Vater V schenkt seiner Tochter T zum 18. Geburtstag eine Grundschuld an einem seiner Grundstücke über 10.000 €. T kann diese Grundschuld, die losgelöst von irgendeinem schuldrechtlichen Zahlungsanspruch bestellt wurde, beispielsweise zur Sicherung eines Darlehens an eine Bank übertragen. Sie kann aber auch, da der Vater zur Duldung der Zwangsvollstreckung verpflichtet ist, nach Beschaffung eines entsprechenden Titels in das betroffene Grundstück vollstrecken und sich aus dem Erlös in Höhe von 10.000 € befriedigen.

Hinweis: Rechtsgrund für die Bestellung der Grundschuld ist in diesem Fall die Schenkung (§ 516 Abs. 1 BGB). Ein etwaiger Formmangel gem. § 518 Abs. 1 S. 1 BGB wäre nach § 518 Abs. 2 BGB geheilt.

239 Möglich ist auch die Bestellung einer sog. **originären Eigentümergrundschuld**, der ebenfalls keine Forderung zu Grunde liegt. Eine originäre Eigentümergrundschuld entsteht gem. § 1196 Abs. 1 BGB, wenn der Eigentümer an seinem eigenen Grundstück ein Grundpfandrecht bestellt. Dies unterscheidet die originäre Eigentümergrundschuld von einer Eigentümergrundschuld, die gem. §§ 1163, 1177 Abs. 1 S. 1 BGB entsteht, weil für das eigentliche Ziel, die Bestellung einer Hypothek, (vorläufig oder nachträglich) nicht alle Voraussetzungen vorliegen (vgl. Rn. 181). Die Bestellung einer originären Eigentümergrundschuld erfolgt regelmäßig zur Absicherung der Rangstelle.

Beispiel: E benötigt einen Kredit über 100.000 €. Nachdem sich die G2-Bank bereit erklärt hat, ihm einen zweitrangig abgesicherten Kredit über 60.000 € zu gewähren, bestellt E zunächst eine Eigentümergrundschuld an seinem Grundstück über 40.000 € und einigt sich anschließend mit der G2-Bank auf die Bestellung einer nunmehr (wegen der bereits bestehenden Eigentümergrundschuld) zweitrangigen Hypothek über 60.000 € zur Absicherung seines Kredits. Als sich später die G1-Bank zur Gewährung eines erstrangig abgesicherten Kredits über 40.000 € bereiterklärt, überträgt E seine Eigentümergrundschuld auf die G1-Bank, womit die (originäre) Eigentümergrundschuld zur Fremd- und Sicherungsgrundschuld wird.

240 Der in Praxis und Klausur häufigste Fall einer Grundschuld ist die **Sicherungsgrundschuld**. Von einer Sicherungsgrundschuld spricht man, wenn die Grundschuld – wie eine Hypothek – als dingliche Sicherheit zur Sicherung eines schuldrechtlichen Anspruchs, also einer Forderung des Gläubigers (vgl. die Legaldefinition in § 1192 Abs. 1a BGB) eingesetzt wird. Die Tatsache, dass die an sich von der Forderung unabhängige Grundschuld als Sicherheit gerade für eine Forderung Verwendung findet, ergibt sich – insoweit anders als bei der Hypothek – nicht aus dem Gesetz, sondern aus einer vertraglichen Vereinbarung, dem sog. Sicherungsvertrag. In ihrer rechtlichen Konstruktion ist die Sicherungsgrundschuld deshalb mit einer Sicherungsübereignung vergleichbar (vgl. dazu SachenR I, Rn. 263 ff.).

3. Die Sicherungsgrundschuld

a) Treuhänderischer Charakter

241 Hypothek und Sicherungsgrundschuld verfolgen denselben wirtschaftlichen Zweck: die Nutzung eines Grundstücks als dingliche Sicherheit zur Absicherung einer Forderung. Der zentrale Unterschied zwischen den beiden Rechtsinstituten liegt in ihrer rechtlichen Kon-

struktion: **Das wesentliche Merkmal der Hypothek, die Akzessorietät zwischen dinglichem Recht und Forderung, fehlt bei der Grundschuld.** Das bedeutet zunächst, dass die Sicherungsgrundschuld auch bei Tilgung der Forderung bestehen bleibt und sich nicht wie eine Hypothek gem. §§ 1163 Abs. 1, 1177 Abs. 1 S. 1 BGB in eine Eigentümergrundschuld verwandelt. Demgemäß kann eine (Sicherungs-) Grundschuld auch treuhänderischen Charakter erlangen: Der Gläubiger erhält oder behält mehr, als er eigentlich zur Absicherung seiner Forderung benötigt.

Beispiel: E erhält von G einen Kredit über 100.000 € und sichert ihn mit einer Sicherungsgrundschuld an seinem Grundstück in entsprechender Höhe ab. Später zahlt E auf die Forderung zunächst 40.000 € zurück. Mangels Akzessorietät bleibt G Inhaber der Grundschuld in voller Höhe (§ 1163 Abs. 1 BGB ist auf die Grundschuld nicht anwendbar!). Da zur Absicherung der Forderung ab diesem Zeitpunkt eine Grundschuld in Höhe von 60.000 € ausreichen würde, hält G die Grundschuld in Höhe der weiteren 40.000 € nur noch treuhänderisch. Das „**rechtliche Können**“ des Sicherungsnehmers (hier: Geltendmachung eines Anspruchs auf Duldung der Zwangsvollstreckung gem. §§ 1192 Abs. 1, 1147 BGB in Höhe von 100.000 €) geht also weiter, als es wirtschaftlich notwendig wäre. Beschränkt wird das „rechtliche Können“ des Grundschuldinhabers schuldrechtlich durch den Sicherungsvertrag, der das „**rechtliche Dürfen**“ regelt.

Die fehlende Akzessorietät bietet Chancen und Risiken zugleich: **242**
Vorteilhaft für die Parteien ist die größere **Flexibilität der Grundschuld**. Sie kann, da die automatische Umwandlung in eine Eigentümergrundschuld unterbleibt, auch für Darlehen mit schwankender Kreditlinie (z.B. Kontokorrentkredite) eingesetzt werden oder z.B. nacheinander zwei verschiedene Forderungen absichern.

Beispiel: E zahlt ein durch Sicherungsgrundschuld abgesichertes Darlehen in Höhe von 100.000 € an G zurück. Etwas später benötigt er ein weiteres Darlehen über 80.000 €. Dieses nimmt er bei G auf und einigt sich mit ihm, dass die nach wie vor für G bestehende Grundschuld nunmehr zur Absicherung des neuen Kredits verwendet werden soll.

Das wesentliche Risiko liegt darin, dass der Inhaber der Grund- **243**
schuld versuchen könnte, seine formale Rechtsposition als Inhaber eines dinglichen Verwertungsrechts auszunutzen, obwohl es dazu aufgrund fehlender Forderung gar keinen Anlass gibt.

Beispiel: E hat sein Darlehen abbezahlt, G macht trotzdem den ihm als Grundschuldinhaber zustehenden Anspruch aus §§ 1192 Abs. 1, 1147 BGB geltend oder überträgt die Grundschuld (als Berechtigter!) auf einen Dritten, anstatt sie an E zurück zu übertragen.

b) Sicherungsvertrag

Der treuhänderische Charakter der Sicherungsgrundschuld erfordert, **244**
dass Sicherungsgeber und Sicherungsnehmer festlegen, wie und wann

der Sicherungsnehmer aus der Grundschuld vorgehen darf und unter welchen Umständen er die dingliche Sicherheit an den Sicherungsgeber zurück übertragen muss. Diese und andere Vereinbarungen erfolgen im sog. Sicherungsvertrag, einem Vertrag sui generis gem. § 311 Abs. 1 BGB, den Sicherungsgeber und Sicherungsnehmer aus Anlass der Einräumung einer Sicherungsgrundschuld schließen. **Sicherungsnehmer** ist der Gläubiger der zu sichernden Forderung (z.B. der Kreditgeber). **Sicherungsgeber** ist meist der Schuldner der zu sichernden Forderung, doch kann es sich auch um einen Dritten handeln, der sein Grundstück mit einer Grundschuld belastet, um die Forderung des Gläubigers gegen den Schuldner zu sichern.

245 Demnach sind bei der Bestellung der Sicherungsgrundschuld **drei Vertragsverhältnisse auseinanderzuhalten**:

– Die Begründung der zu sichernden **Forderung** zwischen Gläubiger und Schuldner (z.B. aus Darlehensvertrag oder Kaufvertrag),
– die **dingliche Einigung** zur Bestellung einer Grundschuld gem. §§ 873 Abs. 1, 1191 Abs. 1 BGB zwischen Sicherungsgeber und Sicherungsnehmer und
– der schuldrechtliche **Sicherungsvertrag** zwischen Sicherungsgeber und Sicherungsnehmer, der die Forderung schuldrechtlich mit der Grundschuld verknüpft.

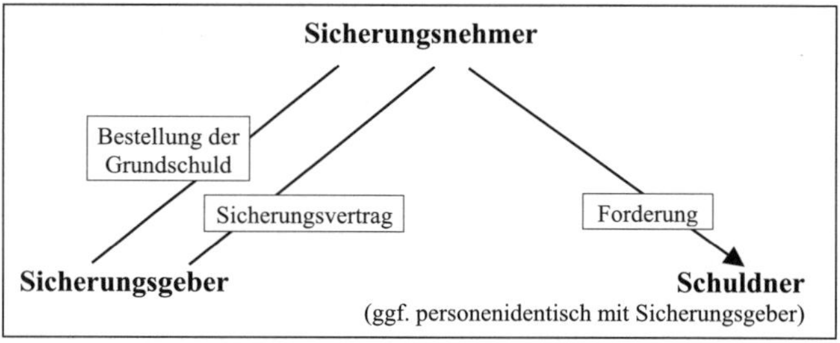

246 Im Sicherungsvertrag verpflichtet sich der Sicherungsgeber zur Bestellung oder Übertragung einer Grundschuld (sog. **Bestellabrede**). Der Sicherungsvertrag bildet somit den **Rechtsgrund für die Verschaffung der Grundschuld**. Fehlt er, ist die dingliche Bestellung der Grundschuld zwar nicht unwirksam (auch hier gilt das Abstraktionsprinzip), der Eigentümer kann aber gem. § 812 Abs. 1 S. 1 Alt. 1 BGB die Rückübertragung der dinglichen Sicherheit verlangen oder gegen den Anspruch aus §§ 1192 Abs. 1, 1147 BGB die Bereicherungseinrede (vgl. § 821 BGB) erheben.

Fall: Am 2.3.2012 hat E bei seiner Hausbank G ein Darlehen über 25.000 € aufgenommen. Als sich in den folgenden Monaten seine Vermögensverhältnisse deutlich verschlechtern, bittet G um die Bestellung einer dinglichen Sicherheit. Am 7.5.2012 vereinbaren E und G, dass E an seinem privaten Hausgrundstück für G eine Grundschuld zur Absicherung der Forderung über 25.000 € bestellt. Am 25.5.2012 einigen sich E und G wirksam über die Bestellung der Grundschuld, die im Folgenden auch wirksam für G entsteht. Als sich herausstellt, dass E am 7.5.2012 aufgrund einer akuten psychischen Erkrankung vorübergehend geisteskrank war, verlangt E von G Rückübertragung der Grundschuld.

Lösung: E könnte von G Rückübertragung der Grundschuld gem. § 812 Abs. 1 S. 1 Alt. 1 BGB verlangen. Dafür müsste G zunächst etwas durch Leistung von E erlangt haben. Hier hat E dem G bewusst und zweckgerichtet eine Grundschuld gem. §§ 873, 1191 BGB (vgl. Rn. 250) bestellt. Anhaltspunkte für die Unwirksamkeit der Bestellung bestehen nicht, insbesondere ergibt sich aus dem Sachverhalt nicht, dass E auch zum Zeitpunkt der dinglichen Einigung gem. § 873 Abs. 1 BGB in seiner Geistestätigkeit gestört war. Des Weiteren müsste die Bestellung der Grundschuld ohne Rechtsgrund erfolgt sein. Rechtsgrund für die Bestellung der Grundschuld ist der der Bestellung zu Grunde liegende Sicherungsvertrag (Trennungsprinzip!). Dieser wurde am 7.5.2012 geschlossen, war aber wegen § 105 Abs. 2 BGB unwirksam. Somit kann E von G die zwar wirksam entstandene, aber rechtsgrundlos erhaltene Grundschuld zurückverlangen.

Beachte: Der Sicherungsnehmer kann einen Rückgewähranspruch (hier z.B. aus § 812 Abs. 1 S. 1 Alt. 1 BGB) auf **drei verschiedene Weisen** erfüllen: Er kann die Grundschuld gem. §§ 873 Abs. 1, 1192 Abs. 1, 1154 BGB (vgl. Rn. 252) an den Sicherungsgeber **abtreten**, er kann gem. §§ 1192 Abs. 1, 1168 Abs. 1 BGB auf die Grundschuld **verzichten** oder die Grundschuld gem. §§ 875 Abs. 1, 1192 Abs. 1, 1183 BGB **aufheben**. Die Entscheidung liegt beim Anspruchsinhaber, der bei seiner Wahl allerdings beachten sollte, dass die Aufhebung gem. § 875 BGB zum endgültigen Erlöschen des Rechts führt, während Abtretung oder Verzicht in diesem Fall die Umwandlung in eine (rangwahrende) Eigentümergrundschuld zur Folge haben.

Neben der Bestellabrede ist die sog. **Zweckbestimmung** zentrales **247** Element des Sicherungsvertrags. Sie regelt, für welche Forderung(en) die Grundschuld als Sicherheit dient. Der Sicherungsvertrag bildet also – wie bei der Sicherungsübereignung – die **Klammer zwischen dem**

Sicherungsrecht und der zu sichernden Forderung. Banken verwenden regelmäßig sehr weite Zweckbestimmungserklärungen, nach denen nicht nur die Darlehensforderung, die Anlass der Grundschuldbestellung war, sondern auch alle weiteren gegenwärtig bestehenden und sogar zukünftigen Forderungen der Bank gegen den Schuldner durch die Grundschuld gesichert werden.

Nach ständiger Rechtsprechung muss der Sicherungsgeber, der eine Grundschuld zur Absicherung von **Schulden eines Dritten** bestellt, bei **Zweckbestimmungserklärungen in AGB** nicht damit rechnen, dass die Grundschuld außer der Forderung, welche Anlass für die Bestellung der Sicherheit war, weitere Forderungen absichert. Eine solche Klausel wäre überraschend und deshalb gem. § 305c Abs. 1 BGB unwirksam (vgl. nur BGH NJW 1990, 576 ff., damals noch zu § 3 AGBG).

248 Darüber hinaus enthält der Sicherungsvertrag regelmäßig Bestimmungen,

– wann der Sicherungsfall eintritt, also ab wann der Sicherungsnehmer seinen Anspruch auf Duldung der Zwangsvollstreckung aus §§ 1192 Abs. 1, 1147 BGB geltend machen darf. **Auch ohne besondere Abrede** ergibt sich aus dem Sicherungszweck, dass die Verwertung der Grundschuld **erst nach Fälligkeit der Forderung und nur in Höhe der Forderung erfolgen darf**.

  Zu beachten ist darüber hinaus allerdings, dass die Fälligkeit der Forderung mangels Akzessorietät nicht automatisch zur Fälligkeit der Grundschuld führt. Gem. § 1193 Abs. 1 S. 1 BGB muss die Grundschuld vielmehr im Anschluss noch gekündigt werden. Die **gesetzliche Kündigungsfrist von sechs Monaten** ist bei Sicherungsgrundschulden nicht dispositiv (§§ 1193 Abs. 1 S. 3 BGB i.V.m. Abs. 2 S. 2 BGB).

– worauf **Zahlungen** des Schuldners erfolgen (sog. Tilgungsbestimmung, regelmäßig auf die Forderung und nicht auf die Grundschuld).

– dass der Sicherungsnehmer nach Wegfall des Sicherungsgrundes (insbesondere nach Tilgung der gesicherten Forderungen) zur Rückübertragung der Grundschuld verpflichtet ist. Die **Rückübertragungspflicht** des Sicherungsnehmers ergibt sich auch ohne ausdrückliche Regelung aus dem treuhänderischen Charakter des Sicherungsvertrags und entsteht aufschiebend bedingt bereits mit dessen Abschluss (vgl. *Baur/Stürner*, § 45 Rn. 26 f.).

Nochmals zum Verständnis: Die Ableitung der Rückübertragungspflicht aus der Sicherungsabrede ist erforderlich, da § 1163 Abs. 1 BGB (Umwandlung der Hypothek in eine Eigentümergrundschuld) mangels Akzessorietät der Grundschuld auf diese nicht anwendbar ist.

– dass der Sicherungsnehmer die Grundschuld **nur zusammen mit der gesicherten Forderung abtreten** darf. Da die Grundschuld nicht akzessorisch ist und damit § 1153 BGB nicht gilt, können Forderung und Grundschuld nämlich getrennte Wege gehen.

Die schuldrechtliche Verpflichtung des Sicherungsnehmers aus dem Sicherungsvertrag, die Forderung nicht ohne die Grundschuld abzutreten, hat allerdings gem. § 137 S. 1 BGB keine dingliche Wirkung (vgl. Fall Rn. 260). Will der Sicherungsgeber ganz sichergehen, müsste er für Forderung und Grundschuld ein Abtretungsverbot vereinbaren (vgl. §§ 399, 413 BGB, aber bei Handelsgeschäften auch § 354a HGB). **249**

Fall: E und G vereinbaren, dass G dem E ein Darlehen über 50.000 € gewährt, nachdem E ihm an seinem Grundstück eine Grundschuld zur Absicherung der Darlehensforderung bestellt hat. Nach der wirksamen Bestellung der Grundschuld unterbleibt die Auszahlung des Darlehens. Welche Ansprüche hat E?

Lösung: Da sich G vertraglich verpflichtet hat, E ein Darlehen zu gewähren, kann E primär die Auszahlung verlangen. Alternativ kann E auch die Rückübertragung der für G wirksam entstandenen Grundschuld fordern. Dieser Anspruch steht ihm allerdings nicht aus § 812 Abs. 1 S. 1 Alt. 1 BGB zu, da Rechtsgrund für die Bestellung der Grundschuld nicht die Entstehung der Forderung, sondern der wirksam geschlossene Sicherungsvertrag ist. E hat aber aus dem Sicherungsvertrag einen aufschiebend bedingten Rückgewähranspruch, der sich – auch ohne ausdrückliche Regelung – aus dem treuhänderischen Charakter des Sicherungsvertrags ergibt. Steht endgültig fest, dass die Darlehensforderung nicht entstehen wird, ist die aufschiebende Bedingung eingetreten.

Der Sicherungsvertrag bedarf **keiner speziellen Form**. In Klausuren kann deshalb aus der Aussage, dass eine Grundschuld *„zur Absicherung einer Forderung"* bestellt wird, auf einen zumindest konkludent vereinbarten Sicherungsvertrag geschlossen werden.

II. Erwerb der Grundschuld

1. Erst- und Zweiterwerb vom Berechtigten

Der Ersterwerb einer Fremdgrundschuld unterscheidet sich nur insoweit von der Bestellung einer Hypothek, als **eine Forderung nicht erforderlich** ist. Das bedeutet konkret: Eine Grundschuld entsteht durch a) **Einigung** mit dem Inhalt des § 1191 Abs. 1 BGB (§ 873 **250**

Abs. 1 BGB), b) **Eintragung** (§ 873 Abs. 1 BGB) und c) **Briefübergabe** (§ 1192 Abs. 1 BGB i.V.m. § 1117 BGB), falls die vereinbarte Grundschuld eine Briefgrundschuld sein soll. Die Vorschrift des **§ 1117 BGB** hat nichts mit der Akzessorietät der Hypothek zu tun und ist deshalb gem. § 1192 Abs. 1 BGB uneingeschränkt auf die Grundschuld anwendbar. Soll die Grundschuld eine Buchgrundschuld sein, so muss dies gem. § 1192 Abs. 1 BGB i.V.m. § 1116 Abs. 2 BGB im Grundbuch vermerkt werden (z.B. „brieflos"). Es bleibt dann bezüglich der Entstehungsvoraussetzungen bei der Einigung und Eintragung nach § 873 Abs. 1 BGB.

Ersterwerb einer (Fremd-)Grundschuld vom Berechtigten (§§ 873 Abs. 1 Var. 2, 1191, 1192 Abs. 1, 1115 ff. BGB)	
– Einigung über die Bestellung einer Grundschuld (§§ 873 Abs. 1 Var. 2, 1191 Abs. 1 BGB) – Eintragung der Grundschuld in das Grundbuch (§§ 873 Abs. 1, 1192 Abs. 1, 1115 Abs. 1 Hs. 1 BGB) – Berechtigung des Bestellers (§ 873 Abs. 1 BGB)	
zusätzlich bei der **Briefgrundschuld**	zusätzlich bei der **Buchgrundschuld**
– Übergabe des Grundschuldbriefs vom Eigentümer an den Gläubiger oder Ersatz der Übergabe durch ein Übergabesurrogat (§§ 1192 Abs. 1, 1117 Abs. 1 BGB) **oder** – Aushändigungsabrede (§§ 1117 Abs. 2, 1192 Abs. 1 BGB)	– Ausschluss der Erteilung des Grundschuldbriefs und entsprechende Eintragung (§§ 1192 Abs. 1, 1116 Abs. 2 BGB)

251 Besonderheiten gelten hingegen für die originäre Bestellung einer **Eigentümergrundschuld gem. § 1196 BGB**. Statt einer Einigung (die mangels Vertragspartner ja auch gar nicht möglich wäre) reicht gem. § 1196 Abs. 2 BGB die Erklärung des Eigentümers gegenüber dem Grundbuchamt.

252 Bei der Übertragung einer bereits bestehenden Grundschuld (**Zweiterwerb**) kann demgegenüber nicht auf die Vorschriften des Hypothekenrechts zurückgegriffen werden, da die Regelung des § 1153 BGB Ausfluss der Akzessorietät zwischen Hypothek und Forderung und bei der Grundschuld gerade nicht anwendbar ist. Falls die Grundschuld, was die Regel ist, eine Forderung sichert (Sicherungsgrundschuld),

werden Forderung und Grundschuld **durch zwei selbständige Rechtsgeschäfte** getrennt voneinander übertragen:

- Für die **Forderung** gilt ausschließlich § 398 BGB, d.h. die Forderung wird durch formlose Einigung übertragen (§ 1154 Abs. 1 BGB ist nicht auf die Forderung anwendbar (Rn. 236), denn erhöhte Formanforderungen wären hier sinnlos, weil die Abtretung einer durch Grundschuld gesicherten Forderung nicht automatisch zum Übergang der Grundschuld führt, vielmehr ist § 1154 Abs. 1 BGB auf die Grundschuld selbst anwendbar, vgl. sogleich).
- Die **Grundschuld** wird nach § 1192 Abs. 1 BGB i.V.m. § 1154 BGB übertragen. Vorsicht: Da der Wortlaut von § 1154 BGB auf die Übertragung einer durch eine Hypothek gesicherten Forderung zugeschnitten ist, muss die Bestimmung für die Übertragung der nicht akzessorischen Grundschuld so gelesen werden, als stünde auch an Stelle des Wortes „Forderung" das Wort „Grundschuld" (vgl. Rn. 236). D.h.: Eine **Briefgrundschuld** wird durch schriftliche Erteilung der Abtretungserklärung (§ 398 BGB) und Übergabe des Grundschuldbriefs übertragen (§§ 1192, 1154 Abs. 1 S. 1 BGB), wobei die schriftliche Abtretungserklärung auch gem. §§ 1192, 1154 Abs. 2 BGB durch Eintragung der Abtretung im Grundbuch ersetzt werden kann (vgl. Beispiel Mustergrundbuch Abteilung 3 im Anhang). Wohlgemerkt: „Abgetreten" wird hier die Grundschuld selbst, nicht die Forderung! Für die **Buchgrundschuld** gilt § 1192 Abs. 1 BGB i.V.m. § 1154 Abs. 3 BGB: Sie wird durch formlose Einigung (Abtretung) und Eintragung im Grundbuch übertragen.

Dass die Abtretung einer durch Grundschuld gesicherten Forderung nicht automatisch zum Übergang der Grundschuld führt (§ 1153 BGB auf die Grundschuld also nicht anwendbar sein kann), zeigt sich auch daran, dass die Grundschuld in § 401 BGB nicht aufgeführt ist. Wird allerdings eine Forderung abgetreten, die durch eine Grundschuld gesichert ist, hat der Zessionar in aller Regel auch einen **Anspruch** darauf, dass ihm neben der Forderung (durch eine weitere Abtretung nach § 1192 Abs. 1 BGB i.V.m. § 1154 BGB) auch die Grundschuld übertragen wird. Dieser Anspruch lässt sich aus dem Grundgedanken des § 401 BGB ableiten, wonach mit der Abtretung einer Forderung grundsätzlich auch die ihrer Sicherung dienenden Nebenrechte auf den neuen Gläubiger übergehen sollen. Außerdem entspricht es in der Regel auch der Abrede im Sicherungsvertrag (Rn. 248), dass die Grundschuld nur zusammen mit der gesicherten Forderung abgetreten werden darf (Staudinger/*Busche*, § 401 Rn. 40).

Zweiterwerb einer Grundschuld vom Berechtigten (§§ 1192 Abs. 1, 1154, 398 BGB)
– Einigung über die Abtretung der Grundschuld in der vorgeschriebenen Form mit dem Erwerber (Zessionar) (§§ 1192 Abs. 1, 1154, 398 BGB)
– bei Briefgrundschuld: Abtretungserklärung in schriftlicher Form (§§ 1192 Abs. 1, 1154 Abs. 1 S. 1 BGB) oder Eintragung der Abtretung in das Grundbuch (§§ 1192 Abs. 1, 1154 Abs. 2 BGB) **und** Übergabe des Grundschuldbriefs (§§ 1192 Abs. 1, 1154 Abs. 1 S. 1, 1117 Abs. 1 oder 2 BGB)
– bei Buchgrundschuld: Grundbucheintragung der Übertragung gem. § 873 Abs. 1 BGB (§§ 1192 Abs. 1, 1154 Abs. 3 BGB)
– Veräußerer (Zedent) ist Inhaber der Grundschuld (Berechtigung)

Vergleiche: Gem. § 1153 Abs. 1 BGB geht mit der Übertragung der Forderung automatisch auch die Hypothek über. Demgegenüber müssen bei der Sicherungsgrundschuld Forderung und Grundschuld mangels Akzessorietät durch **zwei selbständige Rechtsgeschäfte** übertragen (abgetreten) werden. Die Abtretung der Forderung gem. § 398 BGB unterliegt dabei keinen speziellen Formvorschriften (demgegenüber gilt für die Abtretung einer hypothekarisch gesicherten Forderung die Formvorschrift des § 1154 BGB).

2. Erst- und Zweiterwerb vom Nichtberechtigten

253 Ist der Sicherungsgeber nicht berechtigt, an dem Grundstück eine Grundschuld zu bestellen, kommt ein **gutgläubiger Erwerb gem. § 892 Abs. 1 BGB** in Frage. Bis auf die für die Bestellung nicht erforderliche Forderung sind Besonderheiten gegenüber der Hypothek (vgl. Rn. 185 ff.) nicht zu beachten.

Beispiel: Als Alleinerbe seines Vaters wurde S als Eigentümer eines Grundstücks in das Grundbuch eingetragen. An diesem Grundstück hat er G anschließend zur Absicherung einer Darlehensforderung formgültig eine Grundschuld bestellt. Später stellt sich heraus, dass tatsächlich nicht S, sondern sein Bruder B Alleinerbe geworden war. G konnte die Grundschuld trotzdem gutgläubig erwerben, wenn die Voraussetzungen des § 892 Abs. 1 BGB vorlagen.

Gutgläubiger Ersterwerb einer Grundschuld vom Nichtberechtigten (§§ 873 Abs. 1 Var. 2, 1191, 1192 Abs. 1, 1115 ff., 892 Abs. 1 BGB)
– Einigung über die Bestellung einer Grundschuld (§§ 873 Abs. 1 Var. 2, 1191 Abs. 1 BGB) – Eintragung in das Grundbuch (§§ 873 Abs. 1, 1192 Abs. 1, 1115 Abs. 1 Hs. 1 BGB)
– Rechtsgeschäftlicher Erwerb der Grundschuld (§ 892 Abs. 1 S. 1 BGB) – Nichtberechtigter im Grundbuch als Eigentümer eingetragen (§ 892 Abs. 1 S. 1 BGB) – Guter Glaube des Erwerbers und keine Eintragung eines Widerspruchs (§ 892 Abs. 1 S. 1 Hs. 2 BGB)
– Zusätzliche Voraussetzungen für das Entstehen einer Brief- oder Buchgrundschuld (§§ 1192 Abs. 1, 1116, 1117 BGB)

Auch ein **gutgläubiger Zweiterwerb** einer Grundschuld ist gem. **254**
§ 892 Abs. 1 BGB möglich, wenn die übertragene Grundschuld tatsächlich nicht besteht („Mangel im dinglichen Recht"). Besteht dagegen nur ein „Mangel in der Forderung", handelt es sich nicht um einen Fall des Erwerbs vom Nichtberechtigten, da ein Wegfall der Forderung mangels Akzessorietät keine Auswirkungen auf den dinglichen Bestand der Grundschuld und damit auf die Berechtigung des Zedenten hat. Dementsprechend ist auch § 1138 BGB bei Grundschulden nicht anwendbar.

Beispiel 1: S hat G1 wirksam eine Grundschuld zur Absicherung einer Darlehensforderung bestellt. Nachdem S das Darlehen getilgt hat, tritt G1 die Darlehensforderung und die Sicherungsgrundschuld formgerecht an G2 ab. Da das Darlehen zum Zeitpunkt der Abtretung bereits gem. § 362 Abs. 1 BGB erloschen war und ein gutgläubiger Forderungserwerb grds. nicht vorgesehen ist, wird G2 nicht Inhaber einer Forderung. Die Grundschuld erwirbt er dagegen gem. §§ 1192 Abs. 1, 1154 BGB vom Berechtigten, da das Erlöschen der Forderung keine Auswirkungen auf den Bestand der Grundschuld hat. Zur Frage, ob S gegen den Anspruch aus §§ 1192 Abs. 1, 1147 BGB Einreden geltend machen kann, vgl. allerdings Rn. 259.

Beispiel 2: Ausgangsfall wie Beispiel 1, allerdings hat S das Darlehen noch nicht getilgt. Es stellt sich jedoch heraus, dass S zum Zeitpunkt der Bestellung der Grundschuld unerkannt geisteskrank war. G2 konnte die Darlehensforderung – sofern sie wirksam entstanden war – gem. § 398 BGB von G1 erwerben. Unabhängig vom Bestand der Forderung scheitert der Erwerb der Grundschuld gem. §§ 1192 Abs. 1, 1154 Abs. 1, 398 BGB allerdings an der Berechtigung von G1, da eine Grundschuld mangels wirksamer Einigung gem. § 873 Abs. 1 Var. 2

BGB (vgl. §§ 104 Nr. 2, 105 Abs. 1 BGB) für G1 nicht entstanden war. Liegen die Voraussetzungen des § 892 Abs. 1 BGB vor, kann G2 die Grundschuld allerdings gutgläubig von G1 erworben haben.

Gutgläubiger Zweiterwerb einer Grundschuld vom Nichtberechtigten (§§ 1192 Abs. 1, 1154, 398, 892 Abs. 1 BGB)
– Einigung über die Abtretung der Grundschuld in der vorgeschriebenen Form mit dem Erwerber (Zessionar) (§§ 1192 Abs. 1, 1154, 398 BGB) – bei Briefgrundschuld: Abtretungserklärung in schriftlicher Form (§§ 1192 Abs. 1, 1154 Abs. 1 S. 1 BGB) oder Eintragung der Abtretung in das Grundbuch (§§ 1192 Abs. 1, 1154 Abs. 2 BGB) und Übergabe des Grundschuldbriefs (§§ 1192 Abs. 1, 1154 Abs. 1 S. 1, 1117 Abs. 1 oder 2 BGB) – bei Buchgrundschuld: Grundbucheintragung der Übertragung gem. § 873 Abs. 1 BGB (§§ 1192 Abs. 1, 1154 Abs. 3 BGB)
– Zedent ist Nichtberechtigter, da die Grundschuld nicht wirksam entstanden ist – Erwerb der Grundschuld erfolgte rechtsgeschäftlich (§ 892 Abs. 1 S. 1 BGB) – Zedent ist im Grundbuch als Inhaber der Grundschuld eingetragen (§ 892 Abs. 1 S. 1 BGB) – Guter Glaube des Zessionars und keine Eintragung eines Widerspruchs (§ 892 Abs. 1 S. 1 Hs. 2 BGB)

III. Anspruch des Grundschuldgläubigers auf Duldung der Zwangsvollstreckung gem. §§ 1192 Abs. 1, 1147 BGB

1. Anspruchsvoraussetzungen

255 Die Voraussetzungen, unter denen gem. §§ 1192 Abs. 1, 1147 BGB aus einer Grundschuld vorgegangen werden kann, entsprechen grundsätzlich den Regeln für die Hypothek: Der Anspruchsteller muss Inhaber der Grundschuld, der Anspruchsgegner Eigentümer des belasteten Grundstücks sein. Allerdings kommt es mangels Akzessorietät für die **Fälligkeit der Grundschuld** nicht auf die Fälligkeit einer möglicherweise ebenfalls bestehenden Forderung an. Die Grundschuld muss

vielmehr gem. § 1193 Abs. 1 BGB eigenständig gekündigt werden (vgl. Rn. 248), bevor der Grundschuldinhaber Duldung der Zwangsvollstreckung verlangen kann.

2. Einreden des Anspruchsgegners

Steht dem Eigentümer aufgrund seines Rechtsverhältnisses mit dem Grundschuldinhaber eine **Einrede unmittelbar gegen die Grundschuld** zu, kann er diese nicht nur gegenüber seinem Vertragspartner, sondern gem. §§ 1192 Abs. 1, 1157 S. 1 BGB grds. auch gegenüber einem neuen Gläubiger geltend machen. Insofern bestehen keine Unterschiede zur Hypothek. 256

Beispiel: G1 ist Inhaber einer isolierten Grundschuld am Grundstück des E. Die Grundschuld ist auch fällig, allerdings vereinbaren G1 und E die Stundung des Anspruchs aus § 1147 BGB für drei Jahre. Geht G1 vor Ablauf der drei Jahre gegen E aus der Grundschuld vor, kann dieser erfolgreich die Stundungseinrede erheben. Überträgt G1 die Grundschuld gem. §§ 1192 Abs. 1, 1154 Abs. 1, 398 BGB auf G2, steht E die Einrede gem. §§ 1192 Abs. 1, 1157 S. 1 BGB auch gegenüber G2 zu. Anders wäre die Rechtslage allerdings, wenn G2 von der Einrede nichts wusste und diese auch nicht in das Grundbuch eingetragen worden wäre, da G2 die Grundschuld dann gem. §§ 1192 Abs. 1, 1157 S. 2, 892 Abs. 1 BGB **gutgläubig einredefrei** hätte erwerben können.

Handelt es sich bei der Grundschuld um eine **Sicherungsgrundschuld**, ist fraglich, ob sich der Eigentümer auch dann gegen den Anspruch auf Duldung der Zwangsvollstreckung wehren kann, **wenn die gesicherte Forderung nicht oder nicht mehr besteht**. Eine Heranziehung der für die Hypothek geltenden Grundsätze ist nicht möglich, da § 1163 Abs. 1 BGB, der diese Frage für die Hypothek regelt, Ausdruck des Akzessorietätsprinzips ist und daher auf die Grundschuld nicht anwendbar ist. Da sich jedoch aus dem **Sicherungsvertrag** zumindest konkludent ergibt, dass der Sicherungsnehmer aus der Grundschuld nur bei Eintritt des Sicherungsfalls und nur zur Befriedigung der (noch) bestehenden Forderung vorgehen darf, kann der Eigentümer – wenn er Partei des Sicherungsvertrags ist – gegenüber dem Sicherungsnehmer eine Einrede aus diesem Vertrag geltend machen. Es würde zudem gegen Treu und Glauben verstoßen, wenn der Sicherungsnehmer noch aus der Grundschuld vorginge, obwohl er sie eigentlich an den Anspruchsgegner (rück-)übertragen müsste: sog. **„dolo-agit-Einrede“** gem. § 242 BGB (vgl. *Weller*, JuS 2009, 969, 972). 257

Beispiel: Grundstückseigentümer S bestellt seinem Gläubiger G zwecks Absicherung eines Darlehens eine Grundschuld. Nimmt G den S bei Fälligkeit der Grundschuld gem. §§ 1192 Abs. 1, 1147 BGB in Anspruch und wurde das Darlehen bis dahin entweder nicht ausbezahlt oder bereits zurückbezahlt, so kann S nicht einwenden, es bestehe überhaupt keine Grundschuld. Er kann sich aber auf den Sicherungsvertrag berufen und geltend machen, dass die wirksam entstandene und weiterhin bestehende Grundschuld nicht „isoliert" bestellt wurde, sondern nur zu dem Zweck, ein Darlehen abzusichern. Da es nichts (mehr) abzusichern gibt, ist G zur Rückübertragung der Grundschuld verpflichtet, ähnlich wie auch der Sicherungseigentümer zur Rückübereignung des Sicherungsgutes verpflichtet wäre (= Einrede aufgrund zumindest konkludenter vertraglicher Absprache).

258 Gem. **§ 1192 Abs. 1a S. 1 BGB** (eingeführt durch das Risikobegrenzungsgesetz vom 12.8.2008) kann der Eigentümer Einreden aus dem Sicherungsvertrag nach der Abtretung der Grundschuld auch gegenüber dem neuen Gläubiger geltend machen, obwohl dieser gar nicht Vertragspartei des Sicherungsvertrags ist. Da § 1157 S. 2 BGB für diesen Fall gem. § 1192 Abs. 1a S. 1 a.E. BGB keine Anwendung findet, kann sich der neue Gläubiger auch nicht auf gutgläubigen Erwerb berufen.

Der Eigentümer kann sich auf § 1192 Abs. 1a BGB allerdings nur berufen, wenn er auch **Partei des Sicherungsvertrags** ist. Dies ergibt sich eindeutig aus dem Wortlaut der Norm. An dieser Voraussetzung kann es beispielsweise fehlen, wenn der Schuldner zur Absicherung der Forderung dem Gläubiger eine ihm zustehende Fremdgrundschuld überträgt oder wenn das mit einer Sicherungsgrundschuld belastete Grundstück an einen neuen Eigentümer übertragen wird, ohne dass dieser in den Sicherungsvertrag eintritt.

259 Gem. Art. 229 § 18 Abs. 2 EGBGB gilt § 1192 Abs. 1a BGB nur für solche **Sicherungsgrundschulden, die nach dem 19.8.2008 erworben wurden**. Bei älteren Grundschulden kann sich der Eigentümer bei Einreden aus dem Sicherungsvertrag zwar nach allgemeiner Meinung auf §§ 1192 Abs. 1, 1157 S. 1 BGB berufen, es besteht aber die Gefahr eines gutgläubig einredefreien Erwerbs gem. §§ 1192 Abs. 1, 1157 S. 2 BGB.

Anspruch aus §§ 1192 Abs. 1, 1147 BGB

– Anspruchsteller ist Inhaber der Grundschuld (ordnungsgemäßer Erwerb, kein Erlöschen oder keine Umwandlung in eine Eigentümergrundschuld)
– Anspruchsgegner ist Eigentümer des belasteten Grundstücks
– Fälligkeit der Grundschuld (Kündigung, § 1193 Abs. 1 S. 1 BGB – beachte insbesondere die Kündigungsfrist gem. § 1193 Abs. 1 S. 2 BGB)
– Keine Einreden gegen den Anspruch:
  – direkt aus dem Grundschuldverhältnis unabhängig vom Sicherungsvertrag (vgl. §§ 1192 Abs. 1, 1157 BGB)
  – aus dem Sicherungsvertrag (vgl. § 1192 Abs. 1a BGB)

Fall: E hat im Jahr 2012 bei G1 einen Kredit über 100.000 € aufgenommen und ihm zur Absicherung der Darlehensforderung eine Grundschuld in entsprechender Höhe bestellt. Nachdem E das Darlehen in Höhe von 40.000 € getilgt hat, tritt G1 die Forderung „über 100.000 €" und die Grundschuld formgemäß an den gutgläubigen G2 ab. Was kann G2 von E verlangen?

Lösung: Fraglich ist, ob G2 von E Rückzahlung des Darlehens in Höhe von 100.000 € gem. §§ 488 Abs. 1 S. 2, 398 BGB verlangen kann. Das Darlehen war in dieser Höhe entstanden, vor der Abtretung allerdings gem. § 362 Abs. 1 BGB in Höhe von 40.000 € erloschen. Da ein gutgläubiger Forderungserwerb grds. nicht möglich ist, konnte G2 den Anspruch nur noch in Höhe von 60.000 € erwerben.

G2 könnte darüber hinaus einen Anspruch auf Duldung der Zwangsvollstreckung in Höhe von 100.000 € gem. §§ 1192 Abs. 1, 1147 BGB geltend machen. Da die Tilgung der Forderung den Bestand der Sicherungsgrundschuld mangels Akzessorietät nicht beeinflusst, konnte G1 die Grundschuld als dinglich Berechtigter gem. §§ 1192 Abs. 1, 1154 Abs. 1, 398 BGB an G2 übertragen. In Höhe von 40.000 € steht E gegen den neuen Gläubiger G2 jedoch eine Einrede gem. § 1192 Abs. 1a S. 1 BGB zu, wenn ihm eine entsprechende Einrede aus dem Sicherungsvertrag auch gegenüber dem bisherigen Gläubiger G1 *zustand*. Dies ist hier der Fall, da sich aus dem Sicherungsvertrag zumindest konkludent ergab, dass G1 nur in Höhe der bestehenden Forderung aus der Grundschuld vorgehen durfte (vgl. Rn. 248). G2 kann somit bei Fälligkeit der Grundschuld nur in Höhe von 60.000 € die Duldung der Zwangsvollstreckung verlangen.

Variante: Wie im Ausgangsfall, aber E, dem die Abtretung von Forderung und Grundschuld an G2 nicht bekannt war, hat erst danach 40.000 € an G1 zur Tilgung der Forderung bezahlt.

Lösung: Auch in dieser Variante kann G2 von E nur Zahlung von 60.000 € gem. §§ 488 Abs. 1 S. 2, 398 BGB verlangen. Zwar hatte G1 an G2 die Forderung in voller Höhe abgetreten, E kann sich aber gem. § 407 Abs. 1 BGB auch gegenüber G2 auf die (Teil-) Erfüllung gem. § 362 Abs. 1 BGB berufen. Der Anspruch des G2 gegen E auf Duldung der Zwangsvollstreckung gem. §§ 1192 Abs. 1, 1147 BGB ist ebenfalls auf 60.000 € beschränkt, denn in Höhe von 40.000 € kann E dem Anspruch des Grundschuldinhabers eine Einrede gem. § 1192 Abs. 1a S. 1 BGB aus dem Sicherungsvertrag entgegenhalten. Die Einrede stand dem Eigentümer zwar noch nicht gegenüber dem bisherigen Gläubiger zu, da zum Zeitpunkt der Übertragung der Grundschuld die Forderung noch nicht teilweise getilgt war. Nach dem Wortlaut des § 1192 Abs. 1a S. 1 BGB reicht es aber auch aus, wenn sich Einreden „aus dem Sicherungsvertrag *ergeben*". Mit dieser Formulierung sollen genau die Einreden von § 1192 Abs. 1a S. 1 BGB erfasst werden, die im Zeitpunkt des Übergangs der Sicherungsgrundschuld im Sicherungsvertrag bereits begründet waren, deren Tatbestand aber erst später – also nach Abtretung der Grundschuld – vollständig verwirklicht wurde (vgl. BT-Drucks. 16/9821, S. 16 f.).

Beachte: § 1156 BGB, der bei der Grundschuld grds. anwendbar ist und das „Durchgreifen" der §§ 406–408 BGB auf das Grundpfandrecht verhindern soll, wird bei der Sicherungsgrundschuld von § 1192 Abs. 1a Alt. 2 BGB als lex specialis verdrängt (str., so auch *Weller*, JuS 2009, 969, 974).

Der Fall zeigt, dass auch bei der Grundschuld streng zwischen dem **schuldrechtlichen Zahlungsanspruch** aus der Forderung und dem **dinglichen Anspruch auf Duldung der Zwangsvollstreckung** aus der Grundschuld unterschieden werden muss. Regelmäßig sind in Klausuren beide Ansprüche zu prüfen.

260 § 1192 Abs. 1a BGB spielt auch im Zusammenhang mit dem klassischen Klausurfall der getrennten Abtretung von Sicherungsgrundschuld und Forderung eine Rolle, da § 1153 BGB bei der Grundschuld keine Anwendung findet.

Fall: G1 hat gegen E eine Kaufpreiszahlungsforderung, die E durch eine Sicherungsbriefgrundschuld an seinem Grundstück abgesichert hat. G1 tritt die Kaufpreisforderung mündlich an G2 ab, mit G3 einigt er sich schriftlich über die Übertragung der Briefgrundschuld und übergibt ihm den Grundschuldbrief. Was können G2 und G3 von E verlangen?

Lösung: G2 könnte gegen E einen Anspruch auf Zahlung aus §§ 433 Abs. 2, 398 BGB haben. Die Forderung wurde von G1 laut Sachverhalt gem. § 398 BGB wirksam an G2 abgetreten. Fraglich ist, ob E dem Anspruch eine Einrede gem. § 404 BGB entgegenhalten kann. Gegenüber dem Zedenten G1 hätte E aufgrund der zumindest konkludenten Vereinbarung im Sicherungsvertrag nur zahlen müssen, wenn er im Gegenzug die Grundschuld zurückerhalten würde (vgl. Rn. 248). Diese Einrede kann E nunmehr gem. § 404 BGB auch gegenüber dem Zessionar G2 geltend machen. Da G2 mangels Berechtigung nicht in der Lage ist, die Grundschuld zu übertragen, kann er die Forderung nicht realisieren.

G3 könnte gegen E einen Anspruch auf Duldung der Zwangsvollstreckung gem. §§ 1192 Abs. 1, 1147 BGB haben. Dafür müsste er Inhaber der Grundschuld sein. Die Grundschuld war für G1 entstanden und wurde gem. §§ 1192 Abs. 1, 1154 Abs. 1, 398 BGB formgerecht auf G3 übertragen. Dass G1 aufgrund der (zumindest konkludenten) Vereinbarung mit E die Grundschuld nicht ohne die Forderung hätte übertragen dürfen, ändert nichts daran, dass die Übertragung wirksam ist (vgl. § 137 S. 1 BGB). E kann dem Anspruch aber die Einrede aus § 1192 Abs. 1a S. 1 BGB entgegenhalten: Aufgrund des Sicherungszwecks der Grundschuld musste E nur gegen Befreiung von der Forderung auf die Grundschuld leisten, diesen Einwand kann er nunmehr einredeweise auch gegenüber G3 geltend machen (BeckOGK-BGB/*Rebhan*, § 1192 Rn. 13).

Hinweis: G2 und G3 müssen sich also zusammentun, um den Anspruch auf Zahlung der Forderung **oder** auf Duldung der Zwangsvollstreckung realisieren zu können. Im Übrigen sind sie auf Schadensersatzansprüche gegen G1 angewiesen.

Durch § 1192 Abs. 1a BGB entsteht bei der Sicherungsgrundschuld – entgegen der dogmatischen Grundkonstellation – im Ergebnis teilweise eine engere Verknüpfung mit der Forderung, als dies bei der Hypothek der Fall ist. **261**

IV. Zahlungen an den Gläubiger

Auch bei der Grundschuld hängt die Beantwortung der Frage, welche Auswirkungen Zahlungen an den Gläubiger auf Forderung und Grundpfandrecht haben, von verschiedenen Kriterien ab: **262**

- **Wer zahlt** an den Gläubiger (der persönliche Schuldner oder der Eigentümer, wobei der persönliche Schuldner auch personenidentisch mit dem Eigentümer sein kann)?
- **Worauf** wird gezahlt (auf die Forderung, auf die Grundschuld, auf beides)?

Der entscheidende Unterschied zwischen Hypothek und Grundschuld besteht darin, dass Zahlungen auf die Forderung bei der Grundschuld mangels Anwendbarkeit des § 1163 Abs. 1 BGB nicht automatisch zu einer Umwandlung der Fremd- in eine Eigentümergrundschuld führen (zur Hypothek vgl. Rn. 221). **263**

1. Der persönliche Schuldner zahlt

264 Zahlungen des persönlichen Schuldners erfolgen grundsätzlich **immer auf die Forderung**. Die Zahlung auf die Forderung führt zum **Erlöschen der Forderung** gem. § 362 Abs. 1 BGB. Demgegenüber behält die Grundschuld zunächst der Sicherungsnehmer. Der Sicherungsgeber hat bei Wegfall des Sicherungszwecks aber aus dem Sicherungsvertrag einen **Anspruch auf Rückgewähr der Grundschuld**, der sich auf Rückübertragung, Verzicht oder Aufhebung richtet (vgl. Falllösung Rn. 246).

Hat der Schuldner ausnahmsweise einen Regressanspruch gegen den Eigentümer, kann er von ihm zur Absicherung dieses Anspruchs ggf. die Abtretung des Rückgewähranspruchs oder die Übertragung der Grundschuld verlangen. § 1164 BGB ist demgegenüber bei der Grundschuld nicht anwendbar.

2. Der Nureigentümer zahlt

265 Der Eigentümer, der nicht zugleich persönlicher Schuldner ist, leistet **im Zweifel**, wenn er nicht ausnahmsweise dem Schuldner gegenüber zur Tilgung der Forderung verpflichtet ist, **auf die Grundschuld**. Die Zahlung unmittelbar auf die Grundschuld hat zur Folge, dass diese **kraft Gesetzes auf ihn übergeht** und zur Eigentümergrundschuld wird. Dieses interessengerechte Ergebnis erreicht die h.M. durch eine entsprechende Anwendung der §§ 1142 Abs. 1, 1143 Abs. 1 S. 1 BGB auf der Grundlage des Verweises in § 1192 Abs. 1 BGB. Ein Forderungserwerb gem. § 1143 Abs. 1 S. 1 BGB kommt im Grundschuldrecht nicht in Frage, da die Vorschrift insofern Ausdruck des Akzessorietätsprinzips ist, doch kann die Norm auf den Übergang der Grundschuld angewendet werden. Bei entsprechender Anwendung über § 1192 Abs. 1 BGB ist der Begriff „Forderung" in § 1143 Abs. 1 S. 1 BGB durch Grundschuld zu ersetzen (vgl. Rn. 236; BGH NJW-RR 2003, 11; Palandt/*Herrler*, § 1191 Rn. 10).

In der Literatur wird dasselbe Ergebnis (Übergang der Grundschuld kraft Gesetzes) teilweise anders begründet: § 1163 Abs. 1 S. 2 BGB analog oder §§ 1168, 1170, 1171 BGB analog (vgl. *Baur/Stürner*, § 44 Rn. 24).

266 Die **Forderung** geht demgegenüber nach h.M. nicht kraft Gesetzes auf den Eigentümer über (§ 1143 Abs. 1 S. 1 BGB ist in Verbindung mit § 1192 Abs. 1 BGB so zu lesen, dass das Wort „Forderung" durch das Wort „Grundschuld" ersetzt wird, vgl. Rn. 265). Klar ist aber auch, dass der Gläubiger, nachdem er vom Eigentümer befriedigt wurde, nicht mehr aus der Forderung vorgehen kann. Hat der Eigentümer einen Regressanspruch gegen den Schuldner, kann er vom Gläubiger die Abtretung der Forderung verlangen, anderenfalls erlischt die Forderung (vgl. Jauernig/*Berger*, § 1191 Rn. 11).

3. Der Eigentümerschuldner zahlt

Da der Eigentümerschuldner grundsätzlich ein Interesse daran hat, die Forderung und die Grundschuld zu tilgen, ist bei ihm besonders genau zu prüfen, worauf die Zahlung erfolgt. Vorrang hat – wie immer – eine ausdrückliche Tilgungsbestimmung des Zahlenden. Fehlt eine solche, ist bei Rückzahlung der gesamten Forderung davon auszugehen, dass der Schuldner **auf Grundschuld und Forderung gleichzeitig leistet**, bei Teilzahlungen soll der Wille des Schuldners aber regelmäßig darauf gerichtet sein, nur die Forderung zurückzuzahlen. 267

Banken haben in ihren Sicherungsverträgen nahezu ausschließlich Bestimmungen, die festlegen, dass Leistungen des Eigentümerschuldners ausschließlich auf die Forderung erfolgen. In der Praxis gibt es deshalb regelmäßig keine Auslegungsprobleme.

Je nachdem worauf der Eigentümerschuldner zahlt, unterscheiden sich die Rechtsfolgen: 268

- Leistet er **nur auf die Forderung** (Normalfall), erlischt diese gem. § 362 Abs. 1 BGB. Die Grundschuld bleibt beim Sicherungsnehmer, dem Eigentümerschuldner steht nur der schuldrechtliche Rückgewähranspruch auf Übertragung, Verzicht oder Löschung zu (vgl. Rn. 248).
- Leistet der Eigentümerschuldner **auf die Grundschuld**, geht diese gem. §§ 1192 Abs. 1, 1143 Abs. 1 S. 1 BGB kraft Gesetzes auf ihn über (vgl. Rn. 265). Auch die Forderung erlischt im Regelfall, weil dies dem Sicherungszweck entsprechen soll (BGH NJW 1980, 1846).
- Leistet der Eigentümerschuldner auf Grundschuld und Forderung (sog. **Doppeltilgung**), geht die Grundschuld kraft Gesetzes gem. §§ 1192 Abs. 1, 1143 Abs. 1 S. 1 BGB über, und die Forderung erlischt gem. § 362 Abs. 1 BGB.

4. Zusammenfassung

Die Folgen von Zahlungen an den Gläubiger und Grundschuldinhaber sind wegen der verschiedenen Varianten recht verwirrend. Dies wird durch die teilweise eher akademischen Meinungsstreite noch verstärkt. Zu viel Detailwissen ist in Klausuren allerdings meistens gar nicht gefragt. 269

Merken Sie sich vor allem die wichtigsten Grundsätze:

1. Zahlungen auf die Forderung führen nicht zu einem Übergang der Grundschuld kraft Gesetzes.
2. Demgegenüber führen Zahlungen auf die Grundschuld zu einem Übergang der Grundschuld kraft Gesetzes (§§ 1192 Abs. 1, 1143 Abs. 1 S. 1 BGB).
3. Der Gläubiger kann unabhängig vom Schicksal der Forderung im Ergebnis nur einmal Zahlung verlangen.

Kapitel 9. Dingliche Nutzungsrechte

Neben den **Verwertungsrechten** (v.a. Hypothek und Grundschuld) und dem dinglichen Vorkaufsrecht als **Erwerbsrecht** ist die dritte Kategorie von beschränkten dinglichen Rechten die Gruppe der **Nutzungsrechte.** Diese gewähren dem Berechtigten bestimmte Nutzungsmöglichkeiten an dem belasteten Gegenstand (in aller Regel einem Grundstück). Die dinglichen Nutzungsrechte (vgl. für eine Gesamtübersicht Rn. 4) sind allerdings kaum prüfungsrelevant. **270**

A. Nießbrauch (§§ 1030 ff. BGB)

Der Nießbrauch ist gem. § 1030 Abs. 1 BGB das **umfassende Recht zur Nutzung des belasteten Gegenstands**. Er berechtigt den Begünstigten zur Ziehung aller Früchte und Gebrauchsvorteile (§ 100 BGB i.V.m. § 99 BGB). Ein Nießbrauch kann nach der Legaldefinition des § 1030 Abs. 1 BGB sowohl an unbeweglichen Sachen (= Grundstücken) als auch an beweglichen Sachen und nach der ausdrücklichen Klarstellung in § 1068 Abs. 1 BGB sogar an Rechten (z.B. GmbH-Anteil oder Patentrecht) bestellt werden. Der Nießbrauch an Grundstücken wird nach § 873 Abs. 1 Var. 2 BGB bestellt durch Einigung (mit dem Inhalt des § 1030 Abs. 1 BGB) und Eintragung im Grundbuch, während der Nießbrauch an beweglichen Sachen gem. § 1032 S. 1 BGB durch Einigung und Übergabe bestellt wird. **271**

Beispiel: Zugunsten des N ist das Grundstück des E, auf dem mehrere Obstbäume und ein Mehrparteienmietshaus stehen, mit einem Nießbrauch belastet. N darf das Obst pflücken und erwirbt nach § 954 BGB Eigentum an den geernteten Früchten. Darüber hinaus gebühren dem Nießbraucher auch die sog. Rechtsfrüchte (§ 99 Abs. 2 und 3 BGB), sofern diese Nutzungsform nicht explizit nach § 1030 Abs. 2 BGB ausgeschlossen wurde. Dem N stehen daher auch die Mieteinnahmen aus dem Wohnhaus zu.

Der Nießbrauch ist an den Berechtigten gebunden und kann **nicht übertragen** (§ 1059 BGB) und **nicht vererbt** werden (§ 1061 S. 1 BGB). Ausnahmen bestehen für juristische Personen und rechtsfähige Personengesellschaften (§ 1059a BGB). In der Praxis verbreitet ist der sog. **Versorgungsnießbrauch**. Dabei wird das Eigentum an Vermögensgegenständen, insbesondere an Grundstücken, bereits zu Lebzeiten auf die Nachkommen übertragen, wobei sich der Verfügende einen **272**

Nießbrauch und damit ein lebenslanges dingliches Nutzungsrecht vorbehält (sog. vorweggenommene Erbfolge in Form einer Schenkung unter Nießbrauchsvorbehalt).

B. Grunddienstbarkeit (§§ 1018 ff. BGB)

273 Mit Hilfe einer Grunddienstbarkeit kann gem. § 1018 Var. 1 BGB ein Grundstück in der Weise belastet werden, dass der Gläubiger das Grundstück **„in einzelnen Beziehungen benutzen darf"** (also nicht umfassend wie beim Nießbrauch). Die zentrale Besonderheit der Grunddienstbarkeit ist, dass diese **zugunsten des jeweiligen Eigentümers eines anderen Grundstücks** (des sog. herrschenden Grundstücks) bestellt wird (vgl. Beispiel Mustergrundbuch Abteilung 2 im Anhang). Die Grunddienstbarkeit ist also nicht personengebunden, Berechtigter ist vielmehr immer der Eigentümer des herrschenden Grundstücks.

Beispiel: E errichtet im Garten seines Grundstücks einen Bungalow, der über eine eigene PKW-Zufahrt verfügen soll. Diese ist allerdings nur über das Nachbargrundstück möglich. E vereinbart daher mit seinem Nachbarn N, dass (gegen Zahlung eines Entgelts) zugunsten seines Grundstücks auf dem Grundstück des N eine Grunddienstbarkeit (Wegerecht) eingetragen wird. Wechselt der Eigentümer des herrschenden Grundstücks, hat dies auf den Fortbestand der Grunddienstbarkeit keinen Einfluss, vielmehr kann der neue Eigentümer weiterhin vom Eigentümer des dienenden Grundstücks die Duldung der Überfahrung verlangen.

274 Nach § 1018 Var. 2 BGB kann eine Grunddienstbarkeit auch in der Weise bestellt werden, dass der Verpflichtete auf dem Grundstück **gewisse Handlungen nicht vornehmen** darf (z.B. eine gewisse Bebauungshöhe nicht überschreiten). Des Weiteren ist es möglich, die **Ausübung eines Rechts auszuschließen**, das sich aus dem Eigentum an dem belasteten Grundstück ergibt (z.B. Verpflichtung, keine Unterlassungsklage gegen Industriebetrieb auf Nachbargrundstück zu erheben). Die Grunddienstbarkeit wird nach der allgemeinen Vorschrift des § 873 Abs. 1 Var. 2 BGB durch Einigung (mit dem Inhalt des § 1018 BGB) und Eintragung im Grundbuch bestellt.

C. Beschränkte persönliche Dienstbarkeit (§§ 1090 ff. BGB)

275 Die beschränkte persönliche Dienstbarkeit kann nach § 1090 Abs. 1 BGB den **gleichen Inhalt haben wie eine Grunddienstbarkeit**. Der Unterschied besteht lediglich darin, dass die Grunddienstbarkeit dem jeweiligen Eigentümer eines (herrschenden) Grundstücks zusteht, während die beschränkte persönliche Dienstbarkeit **einer bestimmten Person zugutekommt** (z.B. Wohnungsrecht nach § 1093 BGB). Die beschränkte persönliche Dienstbarkeit ist streng personengebunden und deshalb unveräußerlich (§ 1092 Abs. 1 S. 1 BGB) und unvererblich (§ 1090 Abs. 2 BGB i.V.m. § 1061 BGB).

D. Reallast (§§ 1105 ff. BGB)

Bei der Reallast ist der Eigentümer des belasteten Grundstücks dem Berechtigten gegenüber verpflichtet, diesem wiederkehrende Leistungen zu gewähren (§ 1105 Abs. 1 S. 1 BGB). Oft wird eine Reallast zur Besicherung von Rentenzahlungen bestellt, die der Grundstückseigentümer dem Berechtigten gegenüber zu erbringen hat. Dass die Leistungen „aus dem Grundstück" zu entrichten sind, bedeutet nur, dass bei Ausbleiben der Leistung das Grundstück dinglich haftet, also in das Grundstück vollstreckt werden kann. Insofern steht die Reallast nach Inhalt und Funktion den Grundpfandrechten nahe. **276**

E. Erbbaurecht (§§ 1 ff. ErbbauRG)

Das Erbbaurecht ist im Erbbaurechtsgesetz (ErbbauRG) geregelt. **277** Das Erbbaurecht gibt dem Berechtigten ein zeitlich befristetes Recht (oft 99 Jahre), auf dem belasteten Grundstück gegen Zahlung eines Erbbauzinses ein (bereits bestehendes oder zu errichtendes) Gebäude zu haben (§§ 1, 9 ErbbauRG). Nach § 12 Abs. 1 ErbbauRG erwirbt der Erbbauberechtigte unter Durchbrechung des allgemeinen Grundsatzes, wonach ein Gebäude als wesentlicher Bestandteil des Grundstücks anzusehen und daher nicht sonderrechtsfähig ist (§§ 93, 94 Abs. 1 BGB), **Sondereigentum an dem Bauwerk**. Nach Ablauf der vorbestimmten Zeit erlischt das Erbbaurecht, und das Sondereigentum fällt gegen Zahlung einer Entschädigung (§ 27 Abs. 1 ErbbauRG) an den Grundstückseigentümer zurück (§ 12 Abs. 3 ErbbauRG). Praktische Relevanz hat das Erbbaurecht als Mittel der Eigenheimförderung, da nur das Bauvorhaben selbst finanziert werden muss, ohne den Kaufpreis für das Grundstück aufbringen zu müssen. Auf die Bestellung und Übertragung des Erbbaurechts finden nach § 11 Abs. 1 ErbbauRG die **Vorschriften des BGB über Grundstücke entsprechende Anwendung**. Ein Erbbaurecht entsteht also gem. § 11 Abs. 1 ErbbauRG i.V.m. § 873 Abs. 1 Var. 2 BGB durch Einigung und Eintragung im Grundbuch des belasteten Grundstücks. Daneben erhält das Erbbaurecht, das grundbuchmäßig wie ein Grundstück behandelt wird, gem. § 14 ErbbauRG ein eigenes Grundbuchblatt (sog. Erbbaugrundbuch, vgl. *Weirich/Ivo*, Grundstücksrecht, Rn. 1718).

Kapitel 10. Abwehr von Eigentumsbeeinträchtigungen

A. Systematik

Das Eigentum wird als absolutes Recht von der Rechtsordnung umfassend geschützt. So kann der Eigentümer bei einer schuldhaften Eigentumsverletzung nach § 823 BGB **Schadensersatz** verlangen oder bei einem (auch schuldlosen) Eingriff gem. § 812 Abs. 1 S. 1 Alt. 2 BGB oder § 816 Abs. 1 BGB **Bereicherungsausgleich** geltend machen. Außerdem kann er sich mit dem dinglichen **Herausgabeanspruch** (§ 985 BGB) gegen die Entziehung oder Vorenthaltung des Besitzes zur Wehr setzen und im Wege der **Grundbuchberichtigung** (§ 894 BGB) die Eigentumsbeeinträchtigung abwehren, die in einer unrichtigen Grundbucheintragung zu sehen ist. § 1004 Abs. 1 BGB komplettiert diesen Eigentumsschutz durch die Gewährung eines Anspruchs auf **Beseitigung** (§ 1004 Abs. 1 S. 1 BGB) oder **Unterlassung** (§ 1004 Abs. 1 S. 2 BGB) einer Beeinträchtigung. 278

B. Beseitigungs- und Unterlassungsanspruch (§ 1004 BGB)

I. Grundlagen

279 § 1004 BGB (sog. actio negatoria oder negatorische Haftung) gewährt Schutz, wenn **„das Eigentum in anderer Weise als durch Entziehung oder Vorenthaltung des Besitzes beeinträchtigt wird"**, also etwa durch Immissionen (§ 906 BGB), unbefugte Abladung von Schrott, unerwünschtes Aufkleben von Werbezetteln usw.

280 Der Sinn des **Beseitigungsanspruchs aus § 1004 Abs. 1 S. 1 BGB** besteht nicht darin, angerichtete Schäden wiedergutzumachen, sondern **fortwirkende Beeinträchtigungen des Eigentums abzuwehren** (Blick in die Zukunft). Dass der Eigentümer im Rahmen der Sozialbindung des Eigentums (Art. 14 Abs. 2 GG) gewisse Einschränkungen hinnehmen muss, ist eine andere Frage. Soweit diese Sozialbindung nicht zur Debatte steht, ermöglicht § 1004 Abs. 1 S. 1 BGB die Abwehr jeglicher Beeinträchtigung.

281 Wichtiger als der Beseitigungsanspruch ist in der Praxis der (vorbeugende) **Unterlassungsanspruch aus § 1004 Abs. 1 S. 2 BGB**.

Beispiel: A benutzt mehrfach mit seinem PKW den Privatweg des E. Falls E weitere Beeinträchtigungen seines Eigentums befürchten muss, kann er nach § 1004 Abs. 1 S. 2 BGB Unterlassung verlangen.

Beachte: Nach allgemeiner Meinung ist **§ 1004 BGB analog auf alle deliktisch geschützten Rechte, Rechtsgüter und rechtlich geschützten Interessen anwendbar** (vgl. *Vieweg/Werner*, § 9 Rn. 7). So kann z.B. der Verletzte bei wahrheitswidrigen rufschädigenden Behauptungen nach § 1004 Abs. 1 S. 2 BGB analog auch dann Unterlassung verlangen, wenn der Störer nicht schuldhaft gehandelt hat (Persönlichkeitsrecht als sonstiges Recht i.S.v. § 823 Abs. 1 BGB). Man spricht hier von einem quasi-negatorischen Unterlassungsanspruch.

II. Voraussetzungen

<table>
<tr><th colspan="2">Beseitigungs- und Unterlassungsanspruch aus § 1004 BGB</th></tr>
<tr><th>Anspruch auf Beseitigung
(§ 1004 Abs. 1 S. 1 BGB)</th><th>Anspruch auf Unterlassung
(§ 1004 Abs. 1 S. 2 BGB)</th></tr>
<tr><td>– Gegenwärtig fortdauernde Beeinträchtigung des Eigentums</td><td>– Gefahr (weiterer) Beeinträchtigungen des Eigentums (= Wiederholungsgefahr)</td></tr>
<tr><td colspan="2">– Anspruchsberechtigter ist Eigentümer
– Anspruchsgegner ist Störer
– Keine Duldungspflicht des Eigentümers aus Rechtsgeschäft oder Gesetz (§ 1004 Abs. 2 BGB)</td></tr>
</table>

1. Eigentumsbeeinträchtigung

Unter einer Eigentumsbeeinträchtigung ist grundsätzlich jeder dem **282**
Inhalt des Eigentums (§ 903 S. 1 BGB) widersprechende Zustand zu verstehen (BGHZ 66, 37, 39). Ein solcher liegt vor, wenn in rechtlicher oder tatsächlicher Hinsicht in das **umfassende Herrschaftsrecht** des Eigentümers an seiner Sache eingegriffen wird, das nur durch Gesetz (z.B. §§ 906 ff. BGB) beschränkt ist. Weil der Eigentümer in diesen Grenzen mit seiner Sache nach Belieben verfahren kann, ist der Kreis der möglichen Beeinträchtigungen denkbar weit (z.B. Immissionen durch Rauch oder Lärm, unbefugtes Betreten des Grundstücks).

Nicht ausreichend für eine Eigentumsbeeinträchtigung i.S.d. § 1004 sind **283**
nach h.M. aber regelmäßig sog. **negative Einwirkungen**, die dadurch gekennzeichnet sind, dass die Beeinträchtigung des Eigentums eine bloße Folge der grundsätzlich zulässigen Nutzung eines anderen Grundstücks ist (z.B. Einschränkungen der Aussicht durch Bebauung des Nachbargrundstücks oder Entziehung von Grundwasser, vgl. *Vieweg/Werner*, § 9 Rn. 19). Auch **ideelle Einwirkungen**, die lediglich das ästhetische oder sittliche Empfinden des Grundstückseigentümers verletzen (z.B. durch Betrieb eines Bordells auf dem Nachbargrundstück, vgl. BGHZ 95, 307) stellen nach h.M. keine Eigentumsbeeinträchtigung i.S.v. § 1004 Abs. 1 BGB dar.

Der **Beseitigungsanspruch** nach § 1004 Abs. 1 S. 1 BGB setzt vo- **284**
raus, dass die **Eigentumsbeeinträchtigung eingetreten** ist und gegenwärtig **noch fortdauert**, wobei es sich nicht um eine Entziehung oder Vorenthaltung des Besitzes handeln darf. Der Fall der Besitzentziehung wird ausschließlich von § 985 BGB erfasst. Im Gegensatz zum Beseitigungsanspruch muss beim **Unterlassungsanspruch** nach § 1004 Abs. 1 S. 2 BGB die Eigentumsbeeinträchtigung nicht fortdauern, sondern eine (weitere) Eigentumsbeeinträchtigung drohen. Das ist dann der Fall, wenn objektiv **Wiederholungsgefahr** besteht. Eine solche ist bei einer vorausgegangenen Verletzung i.d.R. zu vermuten, die rein abstrakte Möglichkeit genügt jedoch nicht (MüKo-BGB/*Baldus*, § 1004 Rn. 291 f.).

Trotz des Wortlauts von § 1004 Abs. 1 S. 2 BGB, der zumindest *eine* bereits stattgefundene Beeinträchtigung voraussetzt („weitere Beeinträchtigungen"), ist es allgemein anerkannt, dass schon eine **erstmals drohende Beeinträchtigung** die Geltendmachung eines **vorbeugenden Unterlassungsanspruchs** rechtfertigt, weil gegenüber solchen (drohenden) Störungen das gleiche Abwehrbedürfnis besteht (Staudinger/*Gursky*, § 1004 Rn. 214). Eine sog. **Erstgefahr** liegt vor, wenn eine Beeinträchtigung aufgrund objektiver Umstände unmittelbar bevorsteht oder ernstlich zu befürchten ist (juris-PK/*Ehlers*, § 1004 Rn. 21, 23).

2. Störer

Zur Geltendmachung der Ansprüche aus § 1004 Abs. 1 BGB be- **285**
rechtigt ist der beeinträchtigte Eigentümer, zur Beseitigung oder Unter-

lassung verpflichtet ist der Störer. Das ist derjenige, dem die Beeinträchtigung zugerechnet werden kann. Störer kann derjenige sein, der die Beeinträchtigung unmittelbar durch sein Verhalten herbeiführt (z.B. durch das unerlaubte Betreten des Grundstücks, sog. **Handlungsstörer**). Verantwortlich ist aber auch, wer die Herrschaft über eine gefahrbringende, die Störung mitverursachende Sache hat (z.B. der Verpächter einer lärmverursachenden Diskothek, sog. **Zustandsstörer**).

Bei Naturkatastrophen oder Unglücksfällen ist die Störerhaftung ausgeschlossen, wenn der beeinträchtigende Zustand nicht (mittelbar) durch eine eigene Handlung des Störers ermöglicht oder durch pflichtwidriges Unterlassen mitverursacht wurde.

3. Duldungspflicht (§ 1004 Abs. 2 BGB)

286 Nach § 1004 Abs. 2 BGB sind die Ansprüche ausgeschlossen, wenn der Eigentümer zur Duldung der Beeinträchtigung verpflichtet ist.

Beispiele: Der Eigentümer kann aufgrund rechtsgeschäftlicher Einräumung dinglicher (z.B. Nießbrauch oder Grunddienstbarkeit) oder schuldrechtlicher Rechtspositionen (z.B. Mietvertrag) zur Duldung bestimmter Beeinträchtigungen verpflichtet sein. Gesetzliche Duldungspflichten privatrechtlicher Natur bestehen insbesondere nach §§ 906, 912 ff., 917 ff. BGB; daneben begründen zahlreiche öffentlich-rechtliche Vorschriften weitere Duldungspflichten, vgl. insbesondere § 14 BImSchG.

287 In der Praxis ist vor allem die **Duldungspflicht aus § 906 BGB** bedeutsam. Sie gilt für unwägbare Stoffe (sog. Imponderabilien), die in § 906 Abs. 1 S. 1 BGB beispielhaft aufgezählt sind (dabei ist streng genommen der Begriff „unwägbar“ nicht ganz korrekt, denn Ruß oder Rauch haben durchaus ein – wenn auch geringes – Gewicht). Als „ähnliche Einwirkungen“ kommen etwa Laub, Bienen oder Licht in Frage. Nicht anwendbar ist die Vorschrift demgegenüber auf das Eindringen größerer Gegenstände (sog. Grobimmissionen) wie z.B. Geröll, Fallobst oder größere Tiere (z.B. Katzen), was demnach regelmäßig auch nicht hingenommen werden muss (*Vieweg/Werner*, § 9 Rn. 35).

Zu dulden sind nach § 906 Abs. 1 S. 1 BGB **unwesentliche Beeinträchtigungen** sowie nach § 906 Abs. 2 S. 1 BGB auch **wesentliche Beeinträchtigungen durch ortsübliche Benutzung**, die nicht durch wirtschaftlich zumutbare Maßnahmen verhindert werden können.

288 Trotz der detaillierten Normierung von Duldungspflichten etwa in §§ 906 ff. BGB hat sich die gesetzliche Regelung teilweise als lückenhaft erwiesen. Die Rechtsprechung hat daher auf der Grundlage des Gebots von Treu und Glauben (§ 242 BGB) das Institut des **nachbarlichen Gemeinschaftsverhältnisses** entwickelt. Hieraus leitet sie eine gesteigerte Pflicht zu gegenseitiger Rücksichtnahme unter Nachbarn ab, die sich – in atypischen Fallgestaltungen – zu einer Duldungspflicht i.S.v. § 1004 Abs. 2 BGB verdichten kann.

4. Rechtsfolgen

Nach § 1004 Abs. 1 S. 1 BGB hat der Berechtigte gegen den Störer 289
einen **verschuldensunabhängigen Anspruch auf Beseitigung der eingetretenen Eigentumsbeeinträchtigung**. Diese Rechtsfolge ist von der (umfassenden) Naturalrestitution zu unterscheiden, die im Falle schuldhafter Eigentumsverletzung etwa gem. § 823 Abs. 1 BGB i.V.m. §§ 249 ff. BGB verlangt werden kann.

Beispiel: Stürzen morsche Bäume auf ein Nachbargrundstück, kann nach § 1004 Abs. 1 S. 1 BGB der Abtransport der Bäume gefordert werden. Demgegenüber setzt der Anspruch auf Wiederaufbau eines zerstörten Gartenhäuschens einen Schadensersatzanspruch etwa nach § 823 Abs. 1 BGB voraus.

Schwierigkeiten bereitet die Frage, inwieweit neben der Beseitigung 290
der primären Störungsquelle **auch die Wiederherstellung des betroffenen Grundstücks** verlangt werden kann (vgl. bereits SachenR I, Rn. 193). Diese Frage ist dogmatisch schwer zu beantworten. Während die h.M. eher großzügig das Ziel verfolgt, mit Hilfe des Beseitigungsanspruchs einen **Zustand der vollen Gebrauchsfähigkeit** wiederherzustellen (BGH NJW 2004, 603, 604; BGH NJW 2005, 1366, 1367 f.), steht eine in der Literatur vertretene Gegenansicht auf dem Standpunkt, dass sich der Verantwortliche nur **aus dem fremden Rechtskreis wieder zurückziehen** müsse (Staudinger/*Gursky*, § 1004 Rn. 140).

Der Beseitigungsanspruch ist nach § 275 Abs. 2 BGB ausgeschlossen, wenn 291
die Beseitigung nur mit unverhältnismäßig hohem Kostenaufwand möglich wäre (BGH NJW 2008, 3122, 3123). Nach § 906 Abs. 2 S. 2 BGB analog wird dann Wertausgleich geschuldet (rechtlicher Duldungszwang vgl. Rn. 293 ff.).

Nach § 1004 Abs. 1 S. 2 BGB kann der Eigentümer auch **Unterlas-** 292
sung künftiger Beeinträchtigungen verlangen. Der Wortlaut der Norm („kann […] auf Unterlassung klagen“) ist jedoch missverständlich, weil nicht nur ein Anspruch darauf besteht, dass ein bestimmtes Verhalten in Zukunft unterbleiben muss, sondern auch die aktive Beseitigung drohender Beeinträchtigungen verlangt werden kann.

Beispiel (nach BGH NJW 2004, 1035): Die Wurzeln einer Fichte führen zu Druckschäden an der Garagenmauer des Nachbarn N. Weil N weitere Schäden verhindern will, kann er nach § 1004 Abs. 1 S. 2 BGB verlangen, dass die Fichte entfernt wird.

C. Exkurs: Nachbarrechtlicher Ausgleichsanspruch (§ 906 Abs. 2 S. 2 BGB)

293 Nach seiner systematischen Stellung und seinem klaren Wortlaut greift der **(verschuldensunabhängige) Ausgleichsanspruch des § 906 Abs. 2 S. 2 BGB** nur dann ein, wenn einem Nachbargrundstück unwägbare Stoffe i.S.v. § 906 Abs. 1 S. 1 BGB zugeführt werden (vgl. Rn. 287) und diese Eigentumsbeeinträchtigung nach § 906 Abs. 2 S. 1 BGB geduldet werden muss. In der Gerichtspraxis liegt das Hauptanwendungsfeld indes in einer **analogen Anwendung** des § 906 Abs. 2 S. 2 BGB. Voraussetzung für die analoge Anwendung der Vorschrift ist, dass eine eigentlich nach § 1004 Abs. 1 BGB abwehrbare Grundstücksbeeinträchtigung rechtlich oder faktisch zu dulden ist.

294 Ein **faktischer Duldungszwang** liegt regelmäßig vor, wenn der betroffene Eigentümer die Beeinträchtigung aus tatsächlichen Gründen nicht rechtzeitig nach § 1004 Abs. 1 BGB unterbinden kann.

Beispiel (nach BGHZ 111, 162): Von dem Schießstand eines Schützenvereins fällt regelmäßig Schrotblei auf das Grundstück des Nachbarn N. Eine hierdurch eintretende Bleibelastung des Bodens wird erst nach vielen Jahren festgestellt. Hätte N diese Gefahr gleich erkannt, hätte er nach § 1004 Abs. 1 S. 2 BGB Unterlassung verlangen können. Ihm steht daher nach § 906 Abs. 2 S. 2 BGB analog ein Ausgleichsanspruch zu.

295 Ein **rechtlicher Duldungszwang** kommt z.B. dann in Frage, wenn sich aus dem von der Rechtsprechung entwickelten Institut des nachbarlichen Gemeinschaftsverhältnisses ausnahmsweise – gesetzlich nicht geregelte – Duldungspflichten ableiten, vgl. oben Rn. 288.

Der Höhe nach ist der Ausgleichsanspruch gem. § 906 Abs. 2 S. 2 BGB grundsätzlich nicht auf Schadensersatz nach §§ 249 ff. BGB (Grundsatz der Totalreparation), sondern auf **angemessenen Wertausgleich** gerichtet. Die Rechtsprechung zieht zur Bestimmung des Anspruchsumfangs die Grundsätze der öffentlich-rechtlichen Enteignungsentschädigung entsprechend heran (BGHZ 49, 148, 155).

Anhang: Mustergrundbuch

Amtsgerichtsbezirk	Grundbuchamt	Grundbuch von	Nummer	Bestandsverzeichnis Einlegeblatt
Mannheim	**Mannheim**	**Mannheim**	**26.117**	**1**

Laufende Nummer der Grundstücke	Bisherige laufende Nummer der Grundstücke	Bezeichnung der Grundstücke und der mit dem Eigentum verbundenen Rechte			Größe		
		a) Gemarkung (nur bei Abweichung vom Grundbuchbezirk)		c) Wirtschaftsart und Lage	ha	a	m^2
		b) Karte	Flurstück				
1	2	3			4		
1	-	881.970	602	Gebäude- und Freifläche Schlossallee 101		21	6

Amtsgerichtsbezirk	Grundbuchamt	Grundbuch von	Nummer	Erste Abteilung Einlegeblatt
Mannheim	**Mannheim**	**Mannheim**	**26.117**	**1**

Lfd. Nr. der Eintra-gungen	Eigentümer	Lfd. Nr. der Grundstücke im Bestands-verzeichnis	Grundlage der Eintragung
1	2	3	4
1	Alexander Zepfel, geb. am 18.08.1960, Dortmund	1	Bei Neufassung der Abteilung ohne Eigentumswechsel eingetragen am 28.02.2007. *Unterschrift*
2a	Beatrice Kogel, geb. Altkamp, geb. am 09.02.1984, Brühl - Miteigentumsanteil ½ -	1	Aufgelassen am 10.01.2009 und eingetragen am 05.02.2009. *Unterschrift*
2b	Jasper Kogel, geb. am 26.01.1980, Stuttgart - Miteigentumsanteil ½ -		

Amtsgerichtsbezirk	Grundbuchamt	Grundbuch von	Nummer	Zweite Abteilung Einlegeblatt
Mannheim	**Mannheim**	**Mannheim**	**26.117**	**1**

Lfd. Nr. der Eintra-gungen	Lfd. Nr. der Grundstücke im Bestandsver-zeichnis	Lasten und Beschränkungen
1	2	3
1	1	Grunddienstbarkeit wegen Geh- und Fahrrecht für den jeweiligen Eigentümer des im Grundbuch von Mannheim Blatt 10.644 eingetragenen Grundstücks Flst. Nr. 603. Gemäß Bewilligung vom 04.01.2008 (Notarin Dr. Miriam Waldbrull, Worms, UR Nr. 27/08), eingetragen am 20.02.2008. *Unterschrift*
2	1	Widerspruch gegen die Eintragung der Miteigentümer Beatrice Kogel und Jasper Kogel für Alexander Zepfel, geb. am 18.08.1990, Dortmund aufgrund einstweiliger Verfügung des LG Mannheim vom 2.03.2009 (Az. 10 O 106/09), eingetragen am 12.03.2009. *Unterschrift*

Amtsgerichtsbezirk	Grundbuchamt	Grundbuch von	Nummer	Dritte Abteilung Einlegeblatt
Mannheim	**Mannheim**	**Mannheim**	**26.117**	**1**

Lfd. Nr. der Eintragungen	Lfd. Nr. der belasteten Grundstücke im Bestandsverzeichnis	Betrag €	Hypotheken, Grundschulden, Rentenschulden
1	2	3	4
1	1	25.000 €	Fünfundzwanzigtausend Euro Hypothek für Darlehen nebst 12% Jahreszinsen und einer einmaligen Nebenleistung von 5% für die Volksbank Mannheim eG in Mannheim. Sofort vollstreckbar nach § 800 ZPO. Gemäß Bewilligung vom 02.01.2009 (Notarin AnnKristin Burherr, Mannheim, UR 19/09), eingetragen am 07.01.2009. *Unterschrift*
2	1	100.000 €	Einhunderttausend Euro Grundschuld mit 15% Jahreszinsen für die Mayers Bank AG in München Gemäß Bewilligung vom 24.09.2011 (Notar Prof. Dr. Matthis Pauli, Freiburg i.B., UR 2017/11), eingetragen am 05.10.2011. *Unterschrift*

Amtsgerichtsbezirk	Grundbuchamt	Grundbuch von	Nummer	Dritte Abteilung Einlegeblatt
Mannheim	**Mannheim**	**Mannheim**	**26.117**	**1 R**

Veränderungen			Löschungen		
Lfd. Nr. der Spalte 1	Betrag		Lfd. Nr. der Spalte 1	Betrag	
5	6	7	8	9	10
1	25.000 €	Abgetreten nebst Zinsen seit dem 1.06.2010 und der einmaligen Nebenleistung an die Sparkasse Celle in Celle. Eingetragen am 1.07.2010. *Unterschrift*			
2	100.000 €	Abgetreten nebst Zinsen seit dem 10.06.2010 an die Sparkasse Celle in Celle. Eingetragen am 2.07.2010. *Unterschrift*			

Erläuterungen zum Mustergrundbuch:

- Zum Aufbau des Grundbuchs allgemein vgl. Rn. 39.
- Vom Abdruck der Aufschrift (§ 5 GBV), der Rückseite des Bestandsverzeichnisses (§ 6 Abs. 6 bis 8 GBV) und der Rückseite von Abteilung 2 (§ 10 Abs. 5 bis 7 GBV) wurde hier abgesehen.
- Aus **Abteilung 1** ergibt sich vorliegend, dass der ursprüngliche Eigentümer Alexander Zepfel (Lfd. Nr. 1) sein Eigentum gem. §§ 873 Abs. 1, 925 BGB auf die neuen Miteigentümer Beatrice und Jasper Kogel (Lfd. Nr. 2a und b) übertragen hat. Der ursprüngliche Eigentümer wurde durch die Unterstreichung in Abteilung 1 „gerötet" (im Original in rot, vgl. § 16 GBV). Der Text wird *unter*strichen anstatt *durch*gestrichen, damit er später noch lesbar ist und die chronologische Reihenfolge nachvollziehbar bleibt.
- In **Abteilung 2** (Lfd. Nr. 1) wurde eine Grunddienstbarkeit (hier Wegerecht, vgl. Rn. 273) für den jeweiligen Eigentümer eines anderen (herrschenden) Grundstücks eingetragen.
- **Widersprüche** gegen das Eigentum werden (wie auch Widersprüche gegen in Abteilung 2 eingetragene Belastungen) ebenfalls in Abteilung 2 eingetragen (vgl. § 10 Abs. 1a, b GBV). Demgegenüber werden Widersprüche gegen Grundpfandrechte unmittelbar in Abteilung 3 eingetragen (vgl. § 11 Abs. 1 GBV). Dem im Mustergrundbuch eingetragenen Widerspruch des Alexander Zepfel (Abteilung 2, Lfd. Nr. 2) kann z.B. eine (aus dem Grundbuch nicht ersichtliche) Anfechtung der Auflassung zu Grunde liegen.
- Bei der in **Abteilung 3** (Lfd. Nr. 1) eingetragenen (Brief-)**Hypothek** (ursprünglich für die Volksbank Mannheim) muss gem. § 1115 BGB die Höhe der gesicherten Forderung (hier Darlehen über 25.000 €) nebst Zinsen und Nebenleistungen angegeben werden. Bei der ebenfalls in Abteilung 3 (Lfd. Nr. 2) eingetragenen (Brief-)**Grundschuld** (ursprünglich für die Mayers Bank AG) sind gem. §§ 1115, 1192 Abs. 1 BGB ebenfalls Geldbetrag nebst Zinsen angegeben, diese Angaben beziehen sich aber auf die Grundschuld selbst und nicht auf eine abgesicherte Forderung.
- Hypothek und Grundschuld wurden von den ursprünglichen – nunmehr geröteten – Gläubigerinnen jeweils auf die Sparkasse Celle übertragen. Dies ergibt sich aus **Abteilung 3 Einlegeblatt 1R** (R = Rückseite). Der Text der Eintragungen in Abteilung 3 Spalte 7 ist für **Hypothek** und **Grundschuld** annähernd identisch, obwohl zwei konstruktiv unterschiedliche Vorgänge beschrieben werden: Bei der Übertragung der Hypothek wird die Forderung abgetreten, und die Hypothek geht gem. § 1153 Abs. 1 BGB kraft Gesetzes über (das Wort „abgetreten" in Spalte 7, Lfd. Nr. 1 bezieht sich also auf die Forderung). Die Grundschuld wird demgegenüber gem. §§ 1192 Abs. 1, 1154, 398 BGB selbst abgetreten (das Wort „abgetreten" in Spalte 7, Lfd. Nr. 2 bezieht sich also auf die Grundschuld selbst).

Stichwortverzeichnis

(Die Zahlen verweisen auf die Randnummern des Buches)